2016年度国家出版基金资助项目

"十二五"国家重点图书出版规划项目

中国科学技术研究领域高端学术成果出版工程

中国科学院自然科学史研究所"十二五"重大突破项目

国家出版基金项目
NATIONAL PUBLICATION FOUNDATION

科技革命
与国家现代化
研究丛书

张柏春　主编

科技革命与意大利现代化

田淼　方一兵　陈悦　李昂　马可·切卡莱利　著

山东教育出版社

图书在版编目（CIP）数据

科技革命与意大利现代化 / 田淼等著 . — 济南 ：山东教育出版社，2017.6

（科技革命与国家现代化研究丛书 / 张柏春主编）

ISBN 978-7-5328-9830-5

Ⅰ．①科… Ⅱ．①田… Ⅲ．①技术革新—关系—现代化建设—研究—意大利 Ⅳ．①F154.643 ②D754.6

中国版本图书馆CIP数据核字（2017）第172086号

KEJI GEMING YU GUOJIA XIANDAIHUA YANJIU CONGSHU
KEJI GEMING YU YIDALI XIANDAIHUA

科技革命与国家现代化研究丛书　　　　张柏春/主编

科技革命与意大利现代化　　　田淼　方一兵　陈悦
　　　　　　　　　　　　　　　　李昂　马可·切卡莱利　/著

主管单位：山东出版传媒股份有限公司
出版发行：山东教育出版社
　　　　　地址：济南市纬一路 321 号　邮编：250001
　　　　　电话：（0531）82092660　网址：www.sjs.com.cn
印　　刷：山东临沂新华印刷物流集团有限责任公司
版　　次：2017 年 6 月第 1 版
印　　次：2017 年 6 月第 1 次印刷
开　　本：710 毫米×1000 毫米　1/16
印　　张：18.5
字　　数：240 千
定　　价：80.00 元

（如印装质量有问题，请与印刷厂联系调换）印厂电话：0539-2925659

总　序

　　现代化和科技革命是当代中国社会的热议话题，也是出版物中的高频术语。现代化是19世纪60年代以来中国的宏大实践，在20世纪30年代成为学者们广泛关注的议题。中华人民共和国在建国伊始就着力推进产业和国防的现代化，并且在五六十年代将现代化逐步具体化为农业、工业、国防和科学技术等方面的现代化。1964年，中央政府宣布以建成"一个具有现代农业、现代工业、现代国防和现代科学技术的社会主义强国"为发展目标。1978年，中央强调科学技术是生产力，是"四个现代化"的关键。此后，"科学革命""技术革命""科技革命"等概念深得学者们的认同。三四十年来，政府和科技界希望国家能抓住"新科技革命"的机遇，且借此实现现代化。那么，科技革命与现代化究竟存在怎样的关系？这正是本套《科技革命与国家现代化研究丛书》试图探讨的核心问题。

　　现代化、科学革命和技术革命等都是非常复杂的概念。本套丛书中，我们将"现代化"理解为农业社会向工业社会的转变，工业化是这一转变进程中的一条主线。现代化始于西欧，逐步扩展到欧洲其他地区、北美以及亚、非、拉等地，其间伴随着工业强国的殖民扩张和"被现代化"国家的社会转变，包括转变中出现的弊端。我们所讨论的"科技革命"是科学革命和技术革命的简称，是指相对于知识进化而言的重大知识变革。第一次科学革命是指16和17世纪发生在欧洲的科学变革，其主线是由哥白尼拉开序幕，从伽利略到牛顿的物理学、天文学和数学等学科的理论突破及具有现代特点的科学建制化。第一次工业革命与第一次技术革命相伴发生，其主要标志是蒸汽机的发明和应用。历次的科学革命、技术革命和工业革命的成果在全球化的进程中传向世界各地，被人们普遍共享和发展，并影响到当地的知识和社会的转变。现代化、科学革命和工业革命（技术革命）早已成为一些史学家叙事的方法和框架，相关著述浩如烟海。有趣的是，此前学界对科学革命和技术革命的研究主要集中于欧洲，如意大利、英国、法国和德国，而对现代化的研究则主要关注该进程中的后起国家，如日本、中国、印度等。有关欧洲现代化的研究主要集中于早期现代国家制度产生的过程及文化上的现代性等方面。其原因显而易见，科学革命和技术革命主要发生在西方国家，而当以工业化为主线的现代化概念盛行时，西方发达国家已完成了由农业社会向工业社会的转变。然而，无论在西方还是在东方，每个国家都有其现代国家制度的确立及工业化的实现的具体过程，也同样都有现代科学和技术的形成和制度化的不同历程。

中国科技事业发展和现代化建设要求人们理解世界科学技术的发展历程，以求得历史借鉴和启发。李约瑟（Joseph Needham）等国际学者能够研究中国的科学技术传统，我们也应该以自己的眼光审视世界科学技术的发展，提出新的学术问题和见解。1978年以来，中国科学院自然科学史研究所将世界科学技术史列为一个新开拓的研究方向，其重点是西方近现代科学技术史，编著了《20世纪科学技术简史》和《贝尔实验室》等学科史和机构史的著作。为了进一步探讨世界科技史，我们与中国科学院规划战略局在2010年春季开始组织研究"科学革命、技术革命与国家现代化的关系"，选择意大利、英国、法国、德国、俄罗斯（苏联）、美国和中国等国家为案例，着力阐释我国社会普遍关注的科技革命、现代化等重大问题，其中涉及发展的路径和模式。这个项目将对科学革命、技术革命的研究扩展到俄罗斯和中国等科学革命或工业革命的非原发国家，探讨"地域性的"科学革命或技术革命以及外力冲击下启动的现代化。一方面，从科学和技术的发展去理解社会的转变；另一方面，从社会的发展去理解科学和技术的变革。对这类复杂问题的探讨必定既有共识，又见仁见智。

　　经过认真筹划和评议，这项工作被中国科学院批准为"十二五"规划项目，同时被国家新闻出版总署列为"十二五"出版规划项目，并得到山东教育出版社的大力支持。为了实施这项计划，我们邀请自然科学史研究所、北京大学、清华大学、美国波莫纳加州理工大学（California State Polytechnic University, Pomona）、意大利卡西诺大学（Università di Cassino）等科研机构和大学的近30位专家学者，开展个案研究和综合研讨。为了完善研究计划，项目组在2012年访问德国马普学会科学史研究所（Max Planck Institute for the History of

Science），与雷恩（Jürgen Renn）所长等近20名西方科技史专家学者讨论这项研究的框架、主要内容、典型案例、方法论、前人工作和资料基础等重要问题。此外，项目组还听取了美国、法国、俄罗斯、意大利、英国等国专家的建议。国际同行的中肯意见对项目的设计和实施很有帮助。

科学革命、技术革命与现代化的关系是一个富有挑战性的、视野宽阔的大题目，对这个专题的研究在国际上非常鲜见。我们期望通过探讨这样的题目，能够为学术研究贡献点滴新知识，对读者思考有关问题提供线索。当然，在国内的世界科技史研究积累薄弱的情况下，研究这么大的新题目算是一次冒险的尝试。无论我们怎样努力，《科技革命与国家现代化研究丛书》都会挂一漏万，不过是万里长征的第一步。受研究基础的限制，目前完成的书稿中难免有疏漏，甚至错误，敬请学界同道和读者朋友们不吝赐教。

中国科学院自然科学史研究所

张柏春

2017年5月6日

于科学院基础园区

目　录

引 言

　　科学革命、技术革命或工业革命，以及现代化都是科学技术史和政治史、社会史上的关键概念。围绕每个主题词的著作均是汗牛充栋。一般来说，由于现代科学、技术及现代国家体制的全球化特点，研究者多是在世界史视角下讨论相关问题。以科学革命为例，如将科学革命视为现代科学产生的关键发展阶段，则科学革命只发生过一次。虽然很多研究者指出这场革命主要发生在欧洲，但是即使在与境（contextual）研究方法盛行的当今科学史研究中，史家对科学革命史的研究也多仅将其置于欧洲整体的文化、社会与经济与境之中，其呈现的结果仍主要是科学知识、方法、思想、体制在欧洲的进化历程。不仅像中国、印度这些在科学革命中无直接贡献的国家不被提及，意大利、法国、德国、英国等欧洲国家也多仅是在涉及与其相关的科学成果、科技体制的出现地或创造者的出生地等时被提及。即便15—18世纪欧洲确实因其学术语言、资料、教育的共享性和学者的流动性形成了学术共同体，但当时也适逢欧洲近代民族国家体制出现时期，具有社会、政治与文化的地域性特征，而这些特征也引发了欧洲地域间在科学革命进程中的不同表现。以本书关注的意大利为例，任何一部通论科学革命或16、17世纪的科学、技术发展的著作都不可能不提到意大利，以及意大利的科学家、学者、学院、大学和研究成果。确乎如此，在现代科学起源时期，作为文艺复兴和科学革命的发源地，意大利具有重要的意义。然而，在科学革命高潮时期，意大利的科学家似乎失去了踪影，代之而起的法、英、德等国作为科学革命的主战场，成为研究的关注点。这一关注点的转移本身便意味着科学革命虽然具有全球化的意义，但其具体进程也有地域性的特征。

　　本书旨在讨论在意大利的范围内，科学革命、技术革命与国家现代化进程及其相互关系。这是一个非常复杂和有难度的选题。意大利在文艺复兴和科学革命初期是欧洲文化和科学最为活跃的地区，但在科学革命进入高潮及完成阶段，意大利的科学发展则相对滞后。那么，在17世纪以后的意大利究竟发生了什么？而在国家现代化问题上，直到19世纪60年代，意大利才成为一个真正意义上的统一国家。在科学革命发生时，意大利半岛上存在着为数众多的大、小城邦。如果我们试图去探讨意大利的科学革命和技术革命及其与国家的现代化进程的关系，那么，在一个没有统一的国家体制的地区探讨这一问题是否有意义？另一问题是，如果在科学革命发生的时期，意大利尚不是一个统一的国家，那么，是否意味着科学革命与国家现代化之间根本不存在联系？17世纪之后意大利失去其在科学革命中的领先地位是否与国家制度间存在某种联系？换一个角度，国家体制与科学革命的发生和发展是否存在关联？更进一步，虽然科学革命发源于意大利，然而意大利却是在欧洲大国中接受技术革命成果及形成自身的工业体系相对较晚的国家，成为工业革命的追随者。那么，科学革命、技术革命与工业革命之间究竟存在什么样的关系？就意大利而言，本套丛书所探讨的三个主题词——国家现代化、科学革命与技术革命，它们之间是否存在内在关联？其关联度又如何？作者在此提出这些问题并不是为了困扰读者，因为它们也正是本书写作者们一直在努力探索并试图解答的问题。

本书第一章为文艺复兴时期的意大利及其科学与技术。此章分四节探讨意大利历史概况，文艺复兴时期意大利的政治体制、文化与教育及科学与技术。随着对中世纪后期和文艺复兴时期科学史研究的深入，科学史家发现，一些早期被认为是科学革命过程中独有的研究内容和方法自中世纪后期已开始出现，而在文艺复兴时期，意大利科学家已经开始对亚里士多德体系中的一些理论提出质疑，有些学者甚至由此质疑科学革命是否存在。意大利在文艺复兴时期的引领和中心地位无人质疑，正是从中世纪后期开始，意大利的城邦体制逐步发展起来，文艺复兴时期的人文主义和柏拉图主义的相继兴起也使得意大利在文化、教育、社会、技术、科学等方面异常活跃。本章便是围绕这些内容探讨政治体制、文化、教育、社会环境的变迁及其与技术和科学发展的关系，并由此对科学革命发生的背景做深入分析。

本书第二章为科学革命的发生。此章分四节，第一节探讨科学革命发生的与境，第二节和第三节以维萨里和伽利略两个案例分析在解剖学和天文学、力学等具有引领意义的学科中科学革命发生的过程、内容和条件等问题，第四节对科学革命发生的领域做一般性概述。

本书第三章为科学技术与意大利现代化。此章分四节讨论了意大利半岛从18世纪科学建制化到19世纪实现国家统一之后的科学、技术与工业革命和现代化的关系。第一节为18世纪中叶至意大利统一前的科学技术与工业化萌芽，这一时期意大利民族意识高涨，发生了科学的首次统一建制化以及工业革命萌芽。第二节概述了国家统一下的意大利科学系统的形成与发展。第三节阐述19世纪后半叶到20世纪20年代，意大利工业革命兴起的历史过程，并以机械制造业中三类典型企业为案例，论述意大利工业革命时期三种不同的工业化及其技术发展模式。第四节为战后意大利科学技术与经济发展，分别从战后意大利科技体系结构、国家研究委员会的发展与作用、核物理研究的优先地位、战后工业化发展及其与科学技术的关系这四个方面来寻求战后意大利科学技术发展的特点及其与战后经济发展的关系。

由于前人研究中对意大利的科学、技术和国家体制等方面的研究的不均衡性，本书各章的研究方法亦不完全一致。针对本书前两章的内容，前人研究非常丰富，我们将选取与本书主旨最为相关的研究内容进行综合性探讨。对于18世纪以后的意大利的科学技术发展和现代化历程，前人研究较为薄弱，我们则利用历史数据和文献的整理来进行历史的还原，并希望通过典型案例的研究达到从微观层面更深入讨论这一主题的目的。

本书各部分作者如下：

第一章：田淼。第二章第一节：田淼。第二章第二节：李昂。第二章第三节：陈悦。第二章第四节：田淼。第二章结语：田淼。第三章第一节：方一兵。第三章第二节：方一兵。第三章第三节：方一兵、马可·切卡莱利。第三章第四节：方一兵。第三章结语：方一兵。科学革命的先行者与技术革命的追随者——意大利：田淼、方一兵。

第一章
文艺复兴时期的意大利及其科学与技术

　　基于对中世纪科技史研究的深入，学界现已普遍承认中世纪并不像此前认识的那样野蛮和黑暗，一些前人研究中认为特属科学革命时期的科学成果和研究方法在中世纪后期和文艺复兴时期已经出现。本书仍坚持存在一场科学革命的观点，但我们确实看到欧洲自中世纪后期，科学、技术和政治体制都已发生了很多的变革，而这正是科学革命发生的基础和与境。本章主体虽为意大利在文艺复兴时期的政治、文化、科学与技术，但也将涉及中世纪后期的一些相关内容。

第一节　意大利历史简述

　　意大利半岛位于欧洲南部，呈靴子的形状并深入地中海，有着7 600千米的海岸线及多样性的地貌。阿尔卑斯山脉为意大利的北面屏障。意大利北部是由波河（Po，旧称Padus，来源于拉丁文"河"）及其支流浇灌的广袤平原，南部为长条形的土地。在地理条件上，意大利北部拥有肥沃的土地和联通欧洲大陆与亚洲的港口；而南部，即那不勒斯以南的地区，则土地相对贫瘠，交通也不便利。南北差异即使在当今的意大利仍明显存在①。相应的，当我们谈到意大利是文艺复兴的中心和科学革命的发源地时，很多相关讨论都是集中在意大利的一些城邦和地区。

　　对于多数读者来说，意大利的古代史也就是古罗马的历史。实际上，在罗马城兴起之前，伊特拉斯坎人为意大利半岛的主要统治者。公元前500年以后，罗马人通过起义摆脱了伊特拉斯坎人的统治，并建立了一种共和制度（republic），由贵族组成的议院和自由居民参与的公众集会选举执政官，由执政官和一些代表集会处理国家事务，并制定了宪法以监督并维持国内事务的平衡。在文艺复兴时期，一些意大利城邦便试图恢复古罗马的共和体制。公元前3世纪，罗马成为意大利半岛最为显要的城市，布匿战争之后，罗马第一次成为帝国的首都。公元前2世纪初，罗马开始介入希腊，不到50年就征服了希腊

---

　　① 限于本章篇幅和主题，我们在此不展开对此问题的讨论。

的大部分地区。此后，罗马继续征服西班牙，并踏足亚洲。在共和罗马末期，罗马几乎统辖了地中海地区。公元前27年，罗马进入帝国时代，也进入了罗马文明的顶峰，在其统治期间，拉丁语文化也进入了黄金时代。公元310年，国王君士坦丁一世（Constantinus I Magnus，272—337）皈依天主教，罗马主教（后来被称为教皇）成为西罗马帝国的高级宗教人物。公元395年，迪奥多西一世（Flavius Theodosius Augustus，347—395）去世后，罗马帝国分化为东西两个部分。"罗马帝国晚期是一个高度制度化的政体，由一个皇帝所统治，他除了具有立法、赋税和军事统帅的唯一权威之外，还紧紧控制了（基督教的）国家教会和一种因没有受到竞争性的市场影响而罕有任何活力的经济。"（埃特曼，2010）公元400年后，罗马城接连陷落，虽然当时的罗马已没有之前的政治地位，但其陷落标志着西罗马帝国的衰落。到公元5世纪60年代为止，西罗马帝国已丧失了意大利以外的几乎所有西部地区。

西罗马帝国崩溃之后，意大利半岛形成分裂状态。日耳曼人占领了意大利北部，建立了一些独立的公国，与自认为西罗马合法继承者的拜占庭帝国抗争。一些地区，例如威尼斯，宣称独立于拜占庭帝国，建立了自己的领地。由于没有统一的政治势力，天主教廷渐渐获取了政府行政权。公元6世纪，来自德国的伦巴第部落在意大利北部建立了王国。至7世纪末，意大利主要分成三个部分：北部的伦巴第王国，罗马教廷统治的中部和南部部分地区，由拜占庭统治的西西里、科西嘉、撒丁岛等岛屿。公元756年，法兰克打败伦巴第，并在意大利中部的大部分地区，成立了教皇国（Papal States）。作为回报，公元800年，教皇为法兰克国王查里曼（Charlemagne，742—814）加冕，使之成为神圣罗马帝国的国王。查里曼死后，除威尼

3

斯和热那亚之外的意大利北部和中部成为神圣罗马帝国的领土。9世纪，阿拉伯人占领了西西里之后成为意大利半岛最大的安全威胁。诺曼底人从阿拉伯人的统治中夺取了意大利南部和西西里，成立了那不勒斯王国，并获得教皇的认可。11世纪以后，意大利在地中海地区的地理位置使得它日益成为重要的市场，成为沟通中西方的商贸枢纽，出现了为数甚多的富庶的公国和城市。威尼斯和热那亚成为东西方商业贸易的主要港口，并经常控制着与拜占庭帝国和地中海地区的阿拉伯国家的商贸交流，佛罗伦萨发展出系统的商业和贸易组织，并出现了银行系统，成为欧洲丝绸、木器、银行和珠宝等交易的中心。

12、13世纪，意大利半岛成为欧洲最发达、最富庶及城市化最高的地区。不像欧洲的其他地区，意大利半岛上没有占统治地位的势力，富裕的城市商人占据北部的主导权。众多独立的城邦通过商业而日益繁荣，为文艺复兴时期的艺术和知识的发展提供了物质和社会基础。相较于英国和法国那样在封建体制下建立起来的集权式王国体制，意大利半岛的独立城镇和商人共和体制政治更为自由，科学与艺术也更为发达。随着意大利城市逐渐富庶起来，罗马教皇的权威日渐弱化。财富增加了意大利城市和小镇的权力。当神圣罗马帝国皇帝腓特烈一世（Frederick I, 1122—1190）试图重宣对意大利的权力时，这些城市组成联盟击败了他，并于1183年签订了和平协议，确立了意大利议会的自治制度。教廷和那布勒斯国王都支持该议会（Paoletti, 2008）[3-5]。

15世纪下半叶，意大利城邦开始了扩张进程。这些城邦都很富裕，且拥有一定的军事力量，逐渐形成了平衡的地理与政治环境。那不勒斯王国、威尼斯公国、教皇国、佛罗伦萨公国及米兰公国互相竞争在意大利的主导地位。15世纪末，这一权力平衡由于外部势力的介入而被破坏。1494年9月，法国国王查理八世（Charles Ⅷ，1470—1498）带领3万人的部队进入了意大利，并带来了150门大炮。查理八世在1494年冬天便占领了那不勒斯。威尼斯于1495年3月组织了意大利联盟对抗法国人。教皇和那不勒斯国王积极地支持这一联盟。应那不勒斯国王的要求，西班牙国王也派遣部队帮助那不勒斯。由威尼斯领导的意大利联盟的部队在1495年7月的福尔诺沃（Fornovo）战役之后将法国人赶出了意大利半岛。在这场战争中，意大利军队是第一次为了"意大利的荣誉"或者说"意大利的自由"而战。原本便存在的具有文化一致性的民族想法有了政治和军事的形式（Paoletti，2008）[9]。查理八世的入侵，尤其是战争中火炮的规模性使用对意大利的历史产生了深远的影响，甚至引发了所谓的"军事革命"。

在15世纪，火器技术仍处于发展初期，但是在16世纪早期，开始了快速且令人瞩目的发展。1512年拉文纳战役（Battle of Ravenna）是火炮成为战场武器的标志。很快，步兵和骑兵都意识到火炮的威力，并且开始改变他们的战术以避免或者减少伤亡。不仅如此，火炮威力的加大使得中世纪城堡变得非常脆弱，并且导致了军事建筑的转型。传统的城堡城墙高大且垂直于地面，容易被炮弹击毁。为了应对这一问题，新型的意大利式的要塞出现了。这种要塞的墙更矮，且是斜的。这样的墙体可以更好地抵御炮弹，因为倾斜的墙体能消耗掉一部分炮弹的能量。军事建筑师将五边形的设计确定为城堡的最佳模式，五边形的每个角再由其他小的五边形加固，这样的建筑称为堡垒。堡垒成为主要的防御工事，并且由很多外在的防御工事来保护，以图粉碎敌人的攻击。15世纪，佛罗伦萨在沃尔泰拉的城墙有很多堡垒的元素，但是第一个意大利式的城堡位于教皇国的奇维塔韦基亚（Civitavecchia）港口。它是由桑伽罗（Giuliano da Sangallo，

1445？—1516）建立的，但是最近的研究认为桑伽罗借鉴了米开朗琪罗的早期手稿。

经典的意大利式的城堡在16世纪中叶被普遍认识，其优雅的有效性被所有政权所认可。欧洲的君主们聘用意大利的军事建筑家来建筑此类城堡，一种风格和文化被散布到全欧洲。五边形的形式被沃邦（Sébastien Le Prestre de Vauban，1633—1707）进一步发展，并很快被传到美国。

这一在军事建筑上的发展被称为"军事革命"，意味着系统与统一。这一革命也发生在制服和军事武器上。当然，当时的军事统一化还只是初具雏形。

军事技术及军事建筑术的发展也影响到机械制造的发展，而对炮弹射程及飞行轨迹等的研究更成为日后科学革命时期的一些关键的力学问题争论和发展的内容，甚至对科学家的职业化产生一定的影响。关于这些内容，本书下文将有更为详细的论述。

第二节　欧洲现代国家雏形的出现与意大利的政体

史学界一般认为，可以称为现代国家的体制最早出现在18、19世纪的欧洲，但我们仍希望辟出一定篇幅谈一下欧洲，尤其是意大利文艺复兴时期的政治体制。

　　国家现代化理论最早是由德国社会学家韦伯（Max Weber，1864—1920）的理论发展而来的，帕森斯（Talcott Parsons，1902—1979）在20世纪30年代对韦伯理论的阐释成为第二次世界大战以后现代化社会学理论的主要流行版本。在此理论框架中，斯特雷耶（Joseph Strayer，1904—1987）认为，在12、13世纪，欧洲开始出现现代国家的雏形。他如是描述现代国家起源的迹象："我们要探寻的是在时间上持续和空间上固定存在的政治单元的出现，持久且非人格化的制度的发展，对需要做最终裁决的权威的认同，以及这一权威应该获得其臣民最基本的忠诚。"（斯特雷耶，2011）[5]他认为中世纪中期，教会已经拥有很多国家的特征，如持续的制度，而且正在发展其他的特征，如关于教皇统治的理论。事实是教会已深深进入了世俗政治，其政治理论和行政技能已对政府的建立产生了直接的影响。教会也教导世俗的统治者给予他们的臣民以和平和公正，这在逻辑上导出了建立新的法律和行政制度的需要。当然，教会的影响并不足以产生国家。欧洲当时的社会和经济环境也为国家的产生创造了条件。11世纪之后，欧洲逐渐稳定下来，政治稳定的增进提供了国家建立的关键条件之一，使某些权力机构的影响可以在空间和时间上连续，使得它们有机会和动机去发展出长久的制度。实际上，对于任何存在一定的稳定程度和持续性的政治单元，可以预期那里存在建立提高内部安全的法律制度和可以为抵抗外部侵略者袭击提供必要资金的财政制度的努力。

　　基督教教廷与世俗政权的互动也为欧洲国家的形成创造了条件。11世纪之前，在基督教国家，世俗权威与宗教权威的势力深深混淆在一起。一方面，国王们被认为是半宗教的重要人物，而且对宗教事务有广泛的影响。他们提名修道院长、主教以及教皇，甚至干涉教条的制定，正如查理大帝那样。另一方面，教会里的领袖在世俗事件里扮演了重要角色。11世纪时，在教会中产生的新领导阶层对神职人员进行改革。一些改革者认为，教会需要在政治关系和各种社会问题上有最终的权威。如果欧洲真的接受基督教，那它必须由基督教领导。而世俗统治者反对教会的这一方案，并导致了持续近半个世纪的冲突。教会取得了这场冲突的胜利。在冲突中，国王失去了他们半宗教的特征与他们对教会提名的控制权，然而也出现了教会的胜利者不可预见的结果：通过发挥教会的特质，通过把它完全从世俗政府中独立出来，教会在不知不觉中明确了世俗权威的实质。

这场斗争之后，欧洲政治结构的重组确实为国家的出现铺平了道路。西欧的每个王国或公国都以独立的个体形式存在，多元化的国家体系的基础已经建立了。与此同时，世俗统治者开始主要作为正义和司法的保证者与散播者。

在12世纪，也许最后导致欧洲国家出现的刺激因素是受教育人口的快速膨胀，这使得书写的记录和官方文件得以长期保存。欧洲复兴的一部分是学习欲望的极大提高，成千上万的年轻人涌入学校，然后成为世俗的或非宗教的行政官。可以说，在公元1000—1300年的几个世纪里，构成现代国家的一些关键元素都开始出现了。在12、13世纪，几乎在西欧的每个地方都出现了构成现代国家的基本元素，但其发展速度和水平是不同的。在当时的欧洲，高度系统化的封建制体系更容易转化为具有现代意义的君主体制的国家体系，如法国、西班牙和英国。具体到意大利，斯特雷耶称："发展的速度很快但有扭曲。"（斯特雷耶，2011）[5-19]

与这些国家不同，意大利半岛的体制为城邦制，但这些城邦已与古代的城邦有本质的区别。布兰克那（Reinhard Blaenkner）称：

"在关于'现代'的起源和特点的讨论中，'城邦'永远有一席之地。"（Blaenkner，1992）事实上，现代国家的一些管理模式在意大利城邦中的出现并不比欧洲其他国家晚，我们可以从意大利半岛上的两类城邦——专制王国和共和国的体制中发现现代国家体制的部分重要特征。

针对意大利的城邦制，自13世纪，至少有三类城邦值得我们讨论：其一为西西里和南部的地区，如腓特烈二世（Frederick II，1194—1250）统治下的神圣罗马帝国；其二为天主教教廷占据的意大利中部，即教皇国（Prodt，1987）；其三为北部的城市，如威尼斯和佛罗伦萨。

腓特烈二世统治的神圣罗马帝国，或者说南部和西西里组成的诺尔曼帝国的制度被很多史学家视为欧洲最早的具有现代国家意义的制度。腓特烈二世以《罗马民法大全》（公元6世纪）为基础构筑了一套法律体系。《罗马民法大全》于1070年在比萨的一个图书馆被发现，博洛尼亚大学的教授们对这部法典进行了阐释。腓特烈二世在他的统治范围内建立起中央集权的制度，他通过建立申诉制度将法庭和行政部门从封建宫廷的手中夺取过来，并最早雇佣律师来管理政府机构。他引入了国内税，制定了一系列的法律规则，如未经允许不得与外国人通婚，不得到国外（包括意大利半岛上与其敌对的城邦）求学，等等（Burckhardt，2012）。腓特烈二世于1198年被加冕为西西里国王，1212年被加冕为德国国王，1220年成为神圣罗马帝国的国王。1229年，他还为自己加冕为耶路撒冷国王，但他的王国政治框架在西西里最具影响力。

为了给王国培养专业化的政府行政人员、律师、法官，以及培养年轻的学生和学者，腓特烈二世于1224年建立了那不勒斯大学，这是欧洲最早的由世俗政权建立的高等教育和研究机构。与天主教大学不同，该校分为13个系，分别为农业、建筑、食品学、经济、工程、法律、哲学、数学科学、医学和外科学、药学、政治学、社会学、兽医学，具有明显的世俗性特征。

在宗教事务上，腓特烈二世承袭或者说为了其权力而采用了拜占庭的东正教模式，此模式与基督教在体制上最根本的区别是：东正教的教廷隶居于王权之下。他试图统一意大利的行为及其对宗教事务的干涉均引发了与教皇和教皇国的冲突。虽然他曾一度兵临罗马城下，但最终因突然去世而结束了统一意大利大业。虽然腓特烈二世自以为他在仿效古罗马的帝王，但很多历史学家认为，他是第一个现代意义的国王（Detwiler，1999）[43]。

腓特烈二世与本书主旨关系密切的另一个方面是，他的博学多才及对科学事务的探索和支持。他的西西里王宫成为知识活动（intellectual activity）的中心，翻译过亚里士多德著作和柏拉图主义著作的学者阿维罗伊（Averroes，Abu Al-Walid Muhammad ibn Ahmad ibn Rushd，1126—1198），数学家和星象学家斯考特（Michael Scott，1175—约1232），将阿拉伯数字和代数引入欧洲的列奥纳多（Leonardo of Pisa，1170—约1250），撰著了占星著作《天文书》（*Libes Astronomiae*）的意大利占星家、天文学家、数学家博纳蒂（Guido Bonatti）等，都在他的宫廷中工作。他还不分宗教信仰地雇用犹太人和阿拉伯人为他翻译古希腊和阿拉伯的著作。

腓特烈二世本人掌握6种语言，学习了数学、哲学和博物学，并对医药、建筑、占星学和天文学感兴趣，且撰著了历史上第一部关于鹰猎的著作《利用鸟捕猎的技术》（*De Arte Venandi cum Avibus*）。

哈斯金斯（Haskins）曾评论称："这是一部科学著作，虽然以亚里士多德的内容引入主题，但是全书以观察和实验作为根据。""同时这又是一部经院式的著作，其分目和子分目的结构精细甚至机械化。它也是一部严格的实践性著作，一个鹰猎者为鹰猎者们写作的，书中将其长期的经历结晶为系统的形式供其他人应用。"（Haskins，1927）

腓特烈二世在宫廷中组织了各种实验，其中对灵魂出窍和自然语言的实验具有特殊的意义。他将一个犯人关在一个桶里观察，以确定当犯人死时，灵魂是否可以从桶的一个小孔中飞出。他还将一些儿童自幼圈养，不允许其与外界有语言沟通，以观察他们是否可以形成一种自然语言，对此他声称是在寻求发现上帝传授给亚当和夏娃的最初的语言。这样的实验在现代人看来也许荒唐可笑，但在当时的环境中，对灵魂飞升的检验已隐然具有一种以实验检验《圣经》中内容的意义，而对自然语言的寻求也有着对拉丁语解释上帝教旨的挑战意味。这些行为固然与他和罗马教廷长时间对立的私人感情有关，但却具有超出他那个时代的意义。腓特烈二世对于科学的支持，让我们看到了文艺复兴和现代早期意大利宫廷对艺术和科学的资助的前身。

在意大利半岛上，两个具有重要意义的独立城邦佛罗伦萨和威尼斯是共和体制城邦的代表。

威尼斯于9—12世纪发展为城邦，作为亚得里亚前端的海岛城市，威尼斯一直与拜占庭帝国和伊斯兰世界保持着密切的商业关系。13世纪，它主导了地中海地区的商业，成为欧洲最富有的城市。在此段时间里，威尼斯的重要家族联合建立了辉煌的王宫，资助出色的艺术家的工作。如果说神圣罗马帝国的国王，特别是腓特烈二世试图仿照古罗马帝国的体制治理国家，威尼斯则选择了罗马共和时代的体制，城市由贵族家庭的成员组成的大议会（Great Council）主导。大议会选举200多名成员组成行政元老院（Senate），并从这200多名成员中选举10人组成十人委员会（Council of Ten），再从这10人中选举出1位成为公爵（Doge）作为城邦的领袖。这个委员会控制了城邦中的主要行政事务。这一体制使得威尼斯发展出相当完备的安全保障和社会福利体制，包括退休人员甚至是仆人的退休金制度、寡妇和孤儿的抚恤制度等。虽然威尼斯保持了天主教信仰，但值得注意的是，该城倡导自由且拒绝宗教狂热。在反新教的运动中，该城没有发生一起因宗教信仰而进行的审判，这使得威尼斯经常与教皇国发生矛盾。由于威尼斯的富庶与强大，它在意大利城邦中很难找到同盟。从城邦制度确立以后，威尼斯便成为意大利半岛上唯一能与法国、西班牙等外来势力抗衡的城邦。当意大利的其他城邦，甚至教皇国，均要依靠他国势力以保全时，威尼斯艰难地维持着其独立性，城市积聚的财富、市民对于政府的认同成为威尼斯可以制胜的最大法宝。这也是现代国家的一个重要特征。

布克哈特（Jacob Burckhardt，1818—1897）认为，佛罗伦萨比威尼斯更具现代国家的特征。1115年，佛罗伦萨成为一个共和国，其体制为：城邦由被称为执政团（Signora）的委员会治理，该委员会由9人组成，其中8人来自行业委员会，1人为执政官，执政官每两个月由佛罗伦萨的行业委员会选举一次。虽然战乱频仍，佛罗伦萨的经济还是于13世纪下半叶达到巅峰。由于经济扩张，乡村人口开始涌入佛罗伦萨，以至于其城市的人口在13世纪初达到3万。至13世纪末，佛罗伦萨成为欧洲的银行中心，其城市建设也开始形成系统的规划。14世纪的黑死病夺走了佛罗伦萨的大量人口，与欧洲大部分地区一样，佛罗伦萨也发生了经济危机（Holmes，2001）[250]。相较于威尼斯，文艺复兴时期佛罗伦萨的文化、艺术以及科学都更为发达。1434年，出身于银行家的科西莫·美第奇（Cosimo de Medici，1389—1464）得到了佛罗伦萨的统治权，开启了3个世纪的美第奇家族时代，文艺复兴便是在其统治下的佛罗伦萨发端的。此前，佛罗伦萨已经是古希腊著作翻译的一个中心。布克哈特如此评价当时的佛罗伦萨文化："最高尚的政治思想和人类变化最多的发展形式在佛罗伦萨的历史上结合在一起了，而在这个意义上，它称得起是世界第一个近代国家。在暴君专制的城市中一家一姓的一事情，在这里是全体人民所研究的问题。那种既是尖锐批评同时又是艺术创造的美好的佛罗伦萨精神，不断地在改变着这个国家社会的政治面貌，并不断地对这种改变做出评述和批判。佛罗伦萨就这样成了政治理论和政治学说的策源地，政治实验和激烈改革的策源地，但也像威尼斯一样成了统计科学的策源地。"（布克哈特，1983）[73]

意大利的城市很早便有转化为城邦的迹象，有的史学家认为，中世纪后期意大利中部与北部的历史主要是关于意大利城邦的历史。法国史学家布罗代尔（Fernand Braudel，1902—1985）盛赞意大利城邦体制为中世纪最为壮丽的政治、经济和文化现象。那么这些城市是否可以结成联盟并进而形成一个统一的民族国家？但丁（Dante Alighieri，1265—1321）等学者及政治家都曾为此呼吁。事实上，在12、13世纪，为了对抗外来势力的威胁，意大利的城市间也确实结成过短暂的联盟。然而，相对强大的城邦已经发展得具有鲜明特色，这使得意大利联盟的构想并不实际。在商业贸易中，强大的城邦不会放弃使竞争对手受到损失的机会，并使更为弱小的邻邦依附于它们。简而言之，它们都认为自己能够不需要任何外来帮助而独立发展，并可以有朝一日独掌整个意大利半岛的大权。这是意大利虽然有着发达的城邦体制却没有更早地成为一个国家的重要原因。另一方面，教皇国的地位也使得意大利半岛的统一更为困难。很多学者认为教皇国的存在是阻碍意大利统一的另一个重要因素。文艺复兴时期发展起来的部分富裕的城邦已经开始资助新的知识阶层，古代知识的复兴又使得原本一统于教会的知识系统和学者等级变得不稳定。而诸如神圣罗马帝国尝试统一意大利半岛的努力又使教皇国面临着确实的威胁。

在城邦体制中，意大利半岛出现了大大小小的宫廷，从最强的罗马的教皇宫廷到各类公国、共和国等小城邦王公的宫廷以及主教的宫廷。这些宫廷对意大利的文化和科学产生了很大的影响（Martines，1979）。严格来讲，意大利的宫廷是围绕着一个王公构成的，因为王公的权限包括制定法律、派遣和接待大使、维护正义、设置官员等等。虽然集权政府与共和国的行政体制有很大区别，但其宫廷结构差别并不明显，一个宫廷是由那个有着公共权威的人有权组成的空间，宫廷中的人围绕着他活动。对于威尼斯来说，公爵便是王公，威尼斯人也普遍接受这样的观念，虽然公爵的行为要由行政元老院和十人委员会监督。从官方结构来看，宫廷是一个城邦的缩影，实行和掌控城邦的事务。以王公为核心的宫廷结构使得宫廷内的人成为王公恩惠的接受者，而不是国家的雇员。这种关系中，一方是命令和期待，另一方则是服从，这便是宫廷赞助的条件。文艺复兴和科学革命时期，科学成为王公们喜欢的装饰物及对其自身形象的代表物之一，所以各宫廷资助了大量的专业人才，这些都是科学革命得以发生的重要原因。下文中，我们将对这些内容做更为详细的介绍。

意大利城邦体制也影响到其文化与教育的发展。欧洲大学出现的时间与意大利城邦制形成的时间基本一致，世俗政权更为关注与实践性政治相关的问题，这使得法律、医学等课程在意大利大学中受到了更多的重视，也导致了中世纪文化中占统治地位的经院哲学和神学研究在意大利并不占主导地位。虽然意大利在中世纪文化发展中的表现并不像我们所想象的那样亮眼，但是这样的环境更利于人文主义的发展，也为意大利在文艺复兴时期成为欧洲文化的中心埋下了伏笔。这是本章下节的主要内容。

第三节　文艺复兴时期意大利的文化与教育

提到意大利的文艺复兴，人们很快想到的便是辉煌的艺术成就，而任何一部艺术史著作都会提到文艺复兴时期的艺术与中世纪艺术的显著区别便是对人的生活的写实及对古希腊和古罗马艺术的复兴。实际上，这两个方面的特点不仅表现在艺术作品中，也表现在科学中，且都植根于文艺复兴时期的文化与社会理念。

一、人文主义的兴起与"新文化时代"的来临

12、13世纪，基于个人财产和私人契约的意大利北部城邦中，最为重要的受教育人群是那些参与商业和工业活动的人。随着资本社会的发展，意大利急需精于文件起草、记录、书写合同和书信的人才。这样的人才，即公证人，虽然不需要像律师那样受过长期专业的教育，但需要拉丁语法和修辞的训练。这种书信写作、起草官方法律

文件的训练一般是通过师徒相授，但在帕多瓦、博洛尼亚等地也有专业的教师，他们不仅传授此类技能，还提供罗马法方面的教育。随着意大利商业的发展及城市受教育人口的增加，专业的公证人为了显示自己与其他人的区别，便开始寻求掌握更复杂的技能，如成为法庭语言——拉丁语的专家，以及在文件和信函中引用古典文献和基督教作家的言论。不仅如此，社会对律师和公证人提出的研究、思索和应用古罗马律法的要求，使他们不仅对法律感兴趣，还要理解古代语言、文学、机构和习俗（Nauert，1995）[5]。

在此背景中，因法律和医学而著名的大学城帕多瓦最早聚集起一批研究古罗马语言和文学的人。13世纪后期，佛罗伦萨得到快速发展，聚集了大批的律师和公证人，其中大部分是早期帕多瓦古典文化学者中的活跃者，与现代学术联系最为紧密的意大利学者但丁便生活于此。虽然但丁等还保持中世纪传统，但他们是世俗平民且关注实践道德和政治问题而不是更为抽象和应时的逻辑、形而上学和神学等问题，这预示着中世纪末期意大利正趋向新的文化方向（Nauert，1995）[6-7]。帕多瓦的律师和公证人对古典文献的热衷与但丁等对中世纪传统的兴趣都体现出，大约在1300年，意大利城市受过教育的世俗平民正在开辟新的、与中世纪骑士文化和教士的经院文化不同的文化传统，即后世史学家所称的人文主义传统。

早期的人文主义并不是一个哲学体系，其研究的方法和内容属于考据学范畴。文艺复兴时期的经典研究与中世纪有本质的区别，中世纪的经典文献（包括基督教文献）一般是作为权威文献，基本上是一些关于特定事实或者问题的事实性陈述的集录。每一个陈述都被判定了对错，无论对错都被认定为某位权威的言论，其呈现出的是每一位权威者的著作都被解构成独立的陈述集，每一个陈述都是在脱离了其原有文本与境的情况下被引用和理解，更无论其原本的历史环境与作者给出该陈述的目的。中世纪学者利用逻辑来判定一个陈述的是非，并解释或者驳斥对立的陈述。14世纪，意大利人文主义学者反对这种基本经典研究方式，认为这样的方法不仅是有瑕疵的，甚至是不诚实的。他们坚持要在每一个陈述的与境中进行研读，进而回到原文的全文中去理解作者的真实含意。以这种方式，古代作者，包括早期基督教作者作为真正的生活在特定历史环境中的人得以重生。经院哲学家利用集选的经典中的论述或者说观点来论证他们自己的问题，具体来说，他们通过写阐释或注解来重构古代文献以达到自己的目的，原本的论述有时与中世纪的权威文集论及的问题毫无关系。正因如此，人文主义学者拒斥所有这些注解，并要求回到原文（Nauert，1995）[7-18]。

　　人文主义学者相信，通过他们对古典学术的研究，将带来新的时代。人文主义的先驱彼特拉克（Francesco Petrarca，1304—1374）提出了历史的不连续性，他认为，自古罗马崩溃直到他生活的时代，即我们现在所称的中世纪，是野蛮、无知、低等文化的黑暗时代，他们将完结这个黑暗时代，通过对古典学术的研究，曾经在古希腊和古罗马盛行的高等文明将得到重生，并由此开创人类历史的第三个时代，这便是文艺复兴的由来。

　　意大利城市尤其是佛罗伦萨的世俗学者很快吸纳了彼特拉克的人文主义理念。佛罗伦萨自14世纪末期开始成为人文主义的中心。佛罗伦萨在中世纪意大利文化中并不占重要地位，直到1349年才建立第一所大学，且该大学一直未在城市的文化生活中占据主导地位。可能正是大学教育的缺失使得其知识分子相对可以更加自由地不受经院哲学和大学职业化的影响。自1375年担任佛罗伦萨执政官的萨卢塔蒂（Coluccio Salutati，1331—1406）便是人文主义学者，他不仅将人文主义发展成为新的文化时尚，还将在佛罗伦萨建立起来的人文主义的主导地位推广到全意大利。他在学术上最大的贡献是恢复希腊经典。他说服佛罗伦萨政府聘请拜占庭经典学者赫里索洛拉斯（Manuel Chrysoloras，约1355—1415）教授希腊语法和文学。此后，赫里索洛拉斯在意大利各地，如博洛尼亚、威尼斯、罗马等地教授希腊语。

到15世纪中期，人文主义文化成为意大利北部城市上流阶层的规范，即使在此方面相对滞后的那不勒斯王国和罗马，人文主义也有很强的影响。可以按照古罗马的语言方式书写和谈话，掌握一定的关于古代历史和文化的知识，甚至一定的关于古希腊的知识，被认为是意大利受教育者的必备能力。

人文主义学者们于各地不遗余力地搜寻古代文献，他们不仅发现和恢复了大量的古罗马文献，还找到了古希腊文献。到15世纪30年代，意大利人文主义学者已经在语言上准备好了接纳古希腊哲学思想。而罗马教廷也聘用一些人文主义学者，1447年，尼古拉五世（1397—1455）成为教皇，他不仅收集了大批古典著作，还网罗了一批学者准备将古希腊知识译成拉丁语。

在此背景中，古希腊哲学思想也得到了较为全面的复兴，柏拉图主义和毕达哥拉斯主义便是如此。柏拉图及新柏拉图主义的阐释在中世纪已对基督教思想有很强的影响，但此影响主要是通过其他学者，如西塞罗、圣·奥古斯丁及其他基督教学者和阿拉伯学者的著作间接产生的。柏拉图（Plato，约前427—前347）本人的著作只有《蒂迈欧篇》的拉丁文译本在中世纪有广泛的流传。但是柏拉图作为他的学生亚里士多德（Aristotle，前384—前322）的对手，其哲学家声望一直为众人所熟知。虽然早期人文主义学者并不完全了解柏拉图的思想，但他们经常引用柏拉图的著作作为权威思想来批评经院哲学的亚里士多德主义。

赫里索洛拉斯的几个学生开始翻译柏拉图的著作。1438—1439年，拜占庭使者团来到佛罗伦萨，其中成员对柏拉图主义的介绍引起了佛罗伦萨学者的兴趣。很多意大利学者被柏拉图的思想所吸引，认为所有对立的古希腊哲学体系的根本都是一致的，而柏拉图可以完成哲学上的和谐和宗教上的统一。据称，科西莫·美第奇（Cosimo de Medici，1389—1464）曾想建立一所新的柏拉图学院（Platonic Academy）。他赞助费奇诺（Marsilio Ficino，1433—1499）进行柏拉图的研究，催促他翻译柏拉图的著作，并给他一座房子建立了柏拉图学院。费奇诺原本受的是经院哲学教育，但他反对亚里士多德主义中否认人类灵魂不朽的观念，而转向柏拉图主义。1484年，他已经完成了当时存世的所有柏拉图对话的拉丁文译本，并翻译了一些后期柏拉图学派学者的著作。虽然他翻译了大量的柏拉图及柏拉图学派的著作，但他并不是以一个历史学家的方式来探讨柏拉图本人的意图，而是将自己视为新柏拉图主义者，也即柏拉图理念的阐释者中的一员。

"学院"（Academy）一词直接来自柏拉图的对话，在柏拉图的文献中，它可以有三层含意：一个教授年轻人的私人学校，致力于一种教育传统及一些知识分子规律性的聚会。费奇诺的柏拉图学院应该具有前两个性质。他试图仿效苏格拉底来教授佛罗伦萨的上层青年，或者说是哲学朋友，并试图通过对话将他们本质中错误的部分引导出来（Celenza，2007）[83]。他认为，一个人需要把知识与正直的道德联系起来，而这正是他心目中柏拉图主义的真谛。

费奇诺是一位哲学家，他的著作《柏拉图神学》《基督教》等，都试图利用柏拉图主义，或者说为柏拉图画一幅尽可能趋于基督教真理的画像。在《柏拉图神学》的序言中，他指出，当时有一种将哲学与宗教分离的趋势，是他所设想的一种打破这一僵局的方式。他既想抵御这些新发现的古籍对基督教可能的危害，又试图能够像人文主义学者那样教育社会的上层和精英。费奇诺以为所有先贤都受到神的启示，他们通过传授超越物质利益的精神的优越性来为基督教信仰做准备，而在基督教出现之后，他们的角色是用哲学的盔甲来保护基督教信仰，尤其是为受教育者提供使他们相信基督教的思想源泉（Nauert，1995）[60-62]。费奇诺对当时大学教育中唯一的哲学体系——亚里士多德哲学非常敌视，因为其理性主义导向对信仰尤其是对不朽性的信仰的否定。他倾向于柏拉图是因为柏拉图贬抑物质世界、提倡精神和永恒（Nauert，1995）[63]。

费奇诺研究柏拉图哲学的另一个方面是对魔法的研究，这与他翻译的一些后柏拉图文献有关。他主要的兴趣点是精神魔法，其中，他结合了禁欲主义、冥想、音乐及星象的影响来加强他的灵魂以超越实物、他人，尤其是他自己。他的精神魔法的目标是释放和控制像他自己这样的学者会有的精神忧郁。所以，他的柏拉图主义的魔法研究成为一种自我施行的心理疗法，可以获得灵魂的平静。

费奇诺的魔法基础为宇宙的等级观念，虽然其最基本的思想来自柏拉图，但其直接来源为亚历山大的柏拉图主义者。在这一等级观念中，最高层级为自存的、纯粹的精神体，即神，其他的事物都是按照由精神性到物质性的秩序排列。任何确定的生物（无论是人还是动物）在此相互关联的巨大链条中的位置确定了它在现实图景中的真实价值。这一等级的一些不同部分紧密且神秘地相互连接，而其整体与一个巨大的乐器相连，其同样音高的部分同时振动，并与其他部分相和谐。这一理论为神秘的伪科学如占星术等提供了理论基础，在占星术中，因为天体在宇宙等级中占据高位，故可以影响与之相关联的低等级存在。

以更高级别存在的能力来影响或者控制事物，此为魔法的理论基础，自古代后期便被模糊地与柏拉图主义相关联。理解和利用这一关系的人便被称为魔法师。由于柏拉图主义世界承认精神力的存在，魔法师不仅能够利用物质体的关系，还可以召唤精神体，即神魔。当然，由于神魔亦分善恶，所以后一种魔法是非常危险的。正因如此，费奇诺对魔法知识和方法的教育有严格的限定，只有他本人和很少的受过教育、心灵纯洁的人可以进行魔法实践和学习。

在费奇诺设想的宇宙等级中，人类占有关键的中间位置：特有的可以联通精神世界和物质世界的位置。人类既有精神，也有身体，故在两个领地都有能力，作为统一体的创造物，人类也与上帝最为亲近。魔法师所具有的能力来自他对自身精神力的准备及获取的特定的知识，如占星术。费奇诺认为，这种能力也存在于艺术家中，他们有关于上帝的影像。每一个人都面临着是培植物质或者说身体天性还是培植灵魂天性的选择，只有后者才能够与上帝融合（Nauert，1995）[63-64]。

近代科学史研究中，学者一般认为，柏拉图主义的复兴是16、17世纪科学发展的一个重要因素。故本节特别就柏拉图主义复兴的过程及其关键人物费奇诺做一详细介绍。费奇诺本人的工作看似与科学，尤其是科学革命无关，但按照柏拉图的观点，几何是理解宇宙的一把钥匙。这是机械论取代亚里士多德宇宙论的重要思想来源，所以，复兴柏拉图主义本身便对科学革命有着直接的影响，而费奇诺的教育模式也被早期科学机构所仿行。与其魔法研究相关的炼丹术、占星术等虽然在现代被归入伪科学，但它们在16、17世纪非常流行，科学革命中的两个最重要的代表人物——开普勒（Johannes kepler，

1571—1630）和牛顿（Isaac Newton，1643—1727），都在此领域投入大量的精力，已有史学家专门研究此类知识在科学革命过程中的表现与意义。

在意大利文艺复兴的过程中，虽然经院哲学仍在大学教育中占统治地位，但各城邦中最为活跃的则是人文主义学者，他们对经院哲学构成了挑战。人文主义学者以其专业的考据方式挑战经院哲学文献的权威性，而柏拉图主义则从哲学和神学角度挑战亚里士多德关于灵魂的属性等理论。下文中，我们还会看到，在文艺复兴时期，力学家也已开始挑战亚里士多德的力学知识，而系统性地批驳亚里士多德哲学中的科学内容也正是伽利略（Galileo Galilei，1564—1642）等科学革命中的主角所进行的重要工作。将这样的批评置于文艺复兴文化的与境中，我们便可以更全面地了解他们在当时所处的地位。

人文主义在意大利取得如此巨大的成功与意大利的宫廷文化有很重要的关系，它提供了一种世俗文化并为公职人员和统治者的幕僚核心提供古代经典的教育，甚至教廷也需要受过经典教育的学者提供信件和文件书写。人文主义对人类天性的赞扬与世俗政府有着紧密的关系。早期人文主义学者将人性的伟大表述为道德的卓越，是融入社会与承担政治义务以及在日常生活和商贸关系中表现出的完美道德。而柏拉图主义对人类天性的赞颂则是在形而上的框架中将其置于宇宙秩序体系的关键位置。很多学者指出，文艺复兴时期意大利文化的发展可以归因为新兴的世俗资产阶级寻求自我表达和自我定位的一种尝试，实际上，正是各城邦的领导者和精英赞助和支持了人文主义和柏拉图主义的研究。在下文中我们还会看到，他们以同样的方式支持科学与技术的发展。另一个对人文主义盛行产生影响的是印刷术的变革。到1500年，很多经典都已出版了印刷本。这不仅使得文献有了固

化的学术版本，也促进了这些经典的流传，其中反映的思想和学术兴
趣也由此得到了更为广泛的流传。

随着人文主义文献研究的扩展，其与经院哲学的对立也更加明
显。通过对盖伦（Galen，约130—200）等的医学著作及一些古希腊
基督教文献的重新研究，他们在医学和神学方面的研究及其法学研究
不可避免地引向了对当时的权威著作的检视。基于他们的研究方法，
如果他们改变了经院哲学权威文献的字句或关键段落，在此领域的专
家必须承认他们的工作。当他们证实了经典法律文本是伪造的，也就
意味着律师不能再引用这个经典。由此，人文主义本身虽然不是一个
哲学体系，但是它们提供了一套可以应用于所有经院权威文献及对古
典经典的阐释和注释的方法。到15世纪末，由于人文主义学者对其方
法的价值愈加自信，他们对所有的学术领域都产生了影响。很多经院
学者认为他们是麻烦制造者，甚至是异端分子，由此，在16世纪引发
了很多的激烈争论。人文主义学者虽然对经院哲学提出挑战，但这并
不意味着他们要挑战基督教信仰或者天主教廷。他们认为传统学者和
经院派神学家对古典文献的注释对基督教教义是有损害的，全面恢复
古典文献也是对基督教的重构。当然，虽然人文主义学者仍是基督
徒，但这也并不能否定他们更为关注现世的事务。文艺复兴时期的意
大利人被物质财富、权力、世俗的爱情和家庭生活等强烈吸引。文艺
复兴的人文主义为这些世俗者，尤其是能量充沛且有才能的城市居民
提供了主导性文化（Nauert，1995）[52-58]。

意大利的人文主义学者不仅试图为城邦居民提供道德准则，还
试图为王公提供道德规则。彼特拉克在其1373年致帕多瓦大公卡拉拉
（Francesco Carrara，1359—1406）的信中提出了他理想中的王公所
应具备的素质，其内容可以归纳为：一个王公只有被其臣民爱戴才能

够取得成功，而他们只能在按照道德规范来统治城邦时才能够得到爱戴。统治者道德的第一规范为公正，与公正伴生的美德是宽恕。王公的公正还包含对私有财产的尊重。这一道德规范来源于古罗马的法律及西塞罗的理念。他还认为，统治者应该致力于公共事业的发展，即如果卡拉拉想获取荣耀，他应该为帕多瓦修建道路、城墙，为沼泽排水及清理乱跑的猪群等。归纳起来，彼特拉克理想中的王公不应以追逐权力和利益为目的，也即王公对于其地位的接受应该是被动的，他应该通过道德来获得他的荣耀，而社会的环境应该是有道德的行为总能够获得实际的有益结果。这样，好的即意味着有用的，由此一个公正的王公必然是有荣耀的。彼特拉克之后，意大利受王公赞助的人文主义学者们，或者说成为朝臣的人文主义学者们，继续以类似的规范来规劝其王公（Nelson，2007）[319-324]。

人文主义学者为城邦居民及其统治者所构建的理想道德规范正与韦伯等所认为的早期现代国家所应具有的特点相呼应，而他们对统治者所设想的道德规范中涉及公共事业的部分也正与意大利各城邦宫廷对技术的支持相一致。技术发展的需求及王公们对个人荣耀的追求为科学家提供了大学体制之外的工作机会，这是科学早期建制化的开端，也是科学革命的重要方面。

正是在人文主义的背景中，古希腊、古罗马的科学、技术著作也被重新发现、解读和出版，而很多科学家也是以人文主义的研究方法来进行研究的，可以说，人文主义研究正是科学革命的学术来源。

二、文艺复兴时期的经院哲学和亚里士多德主义

人文主义和柏拉图主义的相继兴起是否意味着经院哲学和亚里士多德主义的衰落甚至说是终结呢？早期史学界普遍认为，12世纪，随

着古希腊和阿拉伯文献被翻译后在基督教欧洲的传播，亚里士多德主义在13世纪达到顶峰，但在14世纪面临危机，并于15世纪面临着柏拉图主义的挑战。其结果是亚里士多德主义只在一些保守的地方存活，并最终被现代哲学和科学所取代（Blanchi，2007）[49]。但事实上，人文主义的成功并不一定意味着经院哲学的衰落。在意大利，尤其是在帕多瓦和博洛尼亚的大学，我们甚至可以说经院哲学进入了第二个黄金时期。意大利发展出它自己的大学哲学传统，不仅发展出独特的哲学、形而上学、自然哲学和心理学，同时意大利经院哲学家为了应对人文主义学者的挑战，搜寻了更多正确的原文，并复兴了古希腊学者对亚里士多德著作的注释。当然，他们的研究与人文主义学者的文本和修辞研究有本质的区别。经院哲学家并不批评中世纪学者，可以说，他们是在延续或者说是复兴他们的中世纪前辈的研究。事实上，他们持续地从中世纪经院传统，尤其是托马斯主义中获得启发，并由此建立起自己在形而上学和伦理学上的地位（Hankins，2007）[4]。

在14世纪，亚里士多德主义确立了其在大学教育中所扮演的基础角色，将其命运与有影响的哲学和神学学派相关联，且第一次获得了教廷的明确支持。由此，其地位得到了加强，直到16、17世纪，它都是占主导地位的哲学传统。

这并不是说亚里士多德主义传统优于其他传统，也不是说它是最具创造力的或者最为重要的哲学流派，而仅仅是说，从数量上来看，它远比其他哲学传统有更为广泛的影响。仅在16世纪，亚里士多德的著作及其后世注解的拉丁文译本及地方语言译本的数量便超过了此世纪其他哲学著作的总和。就其注解来说，其数量至少是柏拉图对话的注解的20倍。不仅经院派哲学教授致力于亚里士多德主义研究，前文所提到的意大利的人文主义学者及从拜占庭到意大利的希腊语教师也在进行新的亚里士多德及其后学的著作的拉丁语翻译。从这种意义上，我们可以说，亚里士多德主义也"复兴"了。当然，人文主义学者对亚里士多德主义著作的研究带有鲜明的人文主义特点，即上文提到的强调全文的翻译及严谨的考据学方法。由此，他们批评经院学者研究亚里士多德的著作仅是为了确定一些教义，或者说仅是为了引发一些与亚里士多德没有什么关系的论题。受此影响，亚里士多德学派的学者对重构文献、抄本的辨识、正确的拼写及古希腊术语的含义及不同拉丁文本的比较研究日益重视。同时，亚里士多德文献原文结构的发展、传播等问题也成为重要的研究对象。14世纪末至15世纪30年代，大量古希腊时期亚里士多德的著作和注解被重新发现，这成为此后哲学争论的有用论据。其中对菲洛波努斯（Philoponus）注解的发现使得对亚里士多德《物理学》（*Physics*）和《论天》（*Da Caelo*）的批评更为尖锐，由此引发的关于亚里士多德自然哲学的重新思考一直持续到伽利略生活的时代（Blanchi，2007）[59-60]。

与亚里士多德相关的材料的大量出版当然为其流行带来了机会，但是也带来了一些困难。在印刷术在欧洲被广泛使用的一百年内，与亚里士多德有关的著作有数千种之多。值得注意的是，这些文献中经常包括一些与亚里士多德哲学并不完全一致，甚至是反对亚里士多德主义的作者的著作。由这些文献可以分析文艺复兴时期的亚里士多德主义是如何将各种思想元素吸收至其体系之中。虽然亚里士多德主义传统一直在吸收其他哲学传统，尤其是柏拉图主义的思想，但自15世纪开始，由于亚里士多德主义获得了不同的地位，其发展更为快速。结果是，虽然在大学教育中占据主导地位，但它也很难被认为是一个哲学体系。由此，亚里士多德已失去了其在13、14世纪的唯一的伟大哲学家的地位，而成为众多哲学家中的一员。意大利人文主义学者瓦拉（Lorenzo Valla，约1407—1457）指出，亚里士多德学派的地位被高估了，他认为，亚里士多德及经院哲学中的逻辑问题有很多是伪问题。一些学者，如阿格里柯拉（Rodolphus Agricola，1443？—1485）等将这一批评进一步发展并将之转化为教育问题，还尝试在教学过程中以修辞学和辩证逻辑取代亚里士多德逻辑。对亚里士多德主义的批评不仅局限于伦理学和逻辑学，也有学者批评亚里士多德的物理学和形而上学。一些人文主义学者也攻击亚里士多德的权威性及其追随者的教条主义。这样的批评一直延续了很久，我们可以从伽利略、笛卡尔（Rene Descarte，1596—1650）、伽桑狄（Pierre Gassendi，1592—1655）的著作中看到其影响。

亚里士多德主义在文艺复兴时期以不同的方式应对其他哲学流派的挑战。亚里士多德学派的学者表现出强大的基于新问题、新发现而修正自身体系和学说的能力。一方面，新的理论和材料，尤其是数学、天文学、物理学、地理学和博物学的内容被融入其世界观；另一方面，在阐释亚里士多德思想的著作中也吸取了其他传统中的方法、问题和概念（Blanchi，2007）[61-63]。

三、　意大利文艺复兴时期的教育

12世纪，欧洲开始出现高等教育机构，其教育内容一般是统一的课程，包括基础的阅读、语法和基督教神学。道德哲学、物理学、宇宙论、形而上学和神学属于这一课程。13世纪大学的兴起对这些机构和课程的学习有革命性的影响。在专业化的教育系统中，医学、哲学、神学成为高等的教学内容，与之相应的是出现了一些基础教育机构，如教授阅读、写作和语法知识的语言学校和教授商业知识的算法学校。自此开始，意大利的基础学校一般已不再教授哲学①。虽然有一些意大利学者在中世纪欧洲文化中占有重要地位，如经院哲学的主要代表阿奎那（Thomas Aquinas，约1225—1274），但总体而言，意大利在中世纪文化中并不占重要地位。意大利的大学并不是由经院哲学和神学教育主导，而是由法律和医学教育主导，这两类教育可以直接满足城市和商业的世俗掌权者的需求。在经典研究方面，意大利一直到13世纪晚期才突显出来（Nauert，1995）[17]。

中世纪和文艺复兴时期，意大利的基础学校并不是由教廷组织、支持和控制的。伴随意大利在12、13世纪的城市化进程，社会发展使得一些机构对受教育人口的需求大于教廷。商业社会的高层的需求主要是律师和医生，这两类人才主要由大学培养。人文科学也在课程之内，是作为学习医学和法律的基础而教授的。在进入大学之前，年轻人还要学习大学的通用语言拉丁语。

在中世纪晚期和文艺复兴时期，意大利有三类不同等级的基础学校。第一类教授基础的当地语言（意大利语），学生主要是幼童。其中少数男童继续学习，大部分进入第二类学校，即算法学校。在这里，一些算法老师教授商业算术，多数算法老师还教授对土地测量有用的几何以及图籍保存方法，这一方法在商业城市非常有用。这类教育非常实用化。第三类为大学的预备教育，即拉丁语法学校。这三类学校的教师多是以学生的学费为收入，教授的课程为学生父母的付费科目。13世纪以后，有一些北部城市，尤其是小城镇，地方政府也主办社区学校，聘请专门的教师讲授特定的课程，并要求达到规定的程度。

---

① 在中世纪，哲学的内容涵盖逻辑、自然哲学（包括现在自然科学的一部分分支，下章中我们将有具体介绍）、道德与形而上学。

意大利文艺复兴早期的教育改革与人文主义的发展相比显得滞后，直到14世纪末，意大利的语法学校仍延续着中世纪的教育课程和模式。早期人文主义学者对这种教育模式多有批评，他们认为这些学校教授的拉丁语粗俗，教学内容浅显，其有关道德方面的教育对意大利市民解决所面临的问题无所助益。此处我们并不想造成人文主义教育注重自然科学的误解，实际上，意大利的人文主义学者倡导的教育不仅排斥形而上学，也排斥逻辑与经院哲学的自然科学，因为它们是纯粹的推理性的研究，而这样的研究一无用处。他们虽然强调实用，但其实用性表现为一种实用伦理，即使受教育者能够在日常生活中做出正确的道德选择。

此外，也有少数人文主义学者开设新型的学校传授科学技术知识。如费尔特（Vittorino Feltre，1378—1446）兴办了一所学校，他极力主张该校学生要擅长运动并学习军事技术。在学校里，学生们学习修辞、音乐、地理和历史，当然，基于人文主义学者对道德的重视，他要求学生将道德原则和政治活动置于三大学科（语法、修辞和逻辑）基本原理、传统的哲学和科学课程的学习之上（狄博斯，2000）[3-4]。但总体而言，文艺复兴时期，意大利大学仍是科学教育的主要机构。

在文艺复兴期间，意大利共有16所大学（Grendler，2002）[5]。与欧洲其他大学不同，意大利的大学一般不是由教廷建立，而是由城邦或者社区主持的[①]。这些大学一般主要关注法律和医学，神学和文理科不占重要地位。意大利大学的教师大都是已婚世俗学者，而不是教士。博洛尼亚大学是意大利建校最早的大学，该校早期由教师和学生

---

① 社区需有教皇的许可证才可以创办大学。

自发组成，直到13世纪教廷才有所介入。1350年，博洛尼亚社区开始为大学提供财政支持，并得到学校的控制权。由此，博洛尼亚大学成为公民事业（civic enterprise）的大学，其教学的主要内容为世俗科目——法律和医学。意大利的大部分大学都具有这一性质。博洛尼亚大学毕业的学生有很多在后来成为大学学者，其毕业生中甚至包括5位教皇。哥白尼（Nicolaus Copernicus，1473—1543）于1496—1501年在博洛尼亚大学学习法律和天文学（Grendler，2002）[20-21]。1224年，神圣罗马帝国国王腓特烈二世建立了那不勒斯大学，这是欧洲最早的由王公建立的学校[①]。文艺复兴时期的意大利人充分认识到高等教育的价值，他们都很重视学习。不仅如此，他们还相信大学可以为主办城市带来荣耀与声望。大学也为政府、地方社区和社会培养学者、法官、医生、教师及政府和社会需要的其他学者，所以各城邦都争相申请兴办大学教育[②]。

文艺复兴时期的大学继承了中世纪的教学课程。15世纪初，意大利大学的课程主要包括语法与修辞、逻辑学、自然哲学、医学、神学、数学、天文学、星象学、宗教法、民法及一定的形而上学和道德哲学。很多文理课程的内容都来自亚里士多德的著作，医学的教育内容主要来自盖伦、亚里士多德和阿拉伯学者的著作。在此后的二百年中，陆续引入一些新的教学内容，如解剖学和植物学。数学则涵盖了原有的数学、天文学和星象学三门学科，且数学的教学更加重视在实践中的应用。宗教法教授的数量在减少，而民法建立起一些新的专

---

① 上文对该校已有介绍。

② 有些城邦或社区虽然从教廷得到办学许可，但由于住宿及经费等问题未能建立大学。

业，每个专业都有自己的教授位置。

在人文主义学者进入大学教育之后，他们将原来的语法与修辞改为人文学；在人文学和人文主义在大学获得地位之后，其他学科的学者也从人文主义学者那里获得了考据学和语言学的方法及人文主义的理念，即将古代文献视为真正的学术源泉（Grendler，2002）[197]。

虽然大学教育中的逻辑学等受到了人文主义学者的强烈批评，但意大利大学的教育课程总体上并没有太大的变化，实际上，相比于巴黎等地的大学，意大利的大学教育显得更为保守。在意大利大学中，与科学相关的自然哲学的教学内容主要是基于亚里士多德的经典著作，其中最重要的是《物理学》和《灵魂论》（*De Anima*），其次则是《论天地》（*De Caelo et mundo*）和《生灭论》（*De Generatione et corruptione*）及其中世纪的注解。文艺复兴时期意大利大学教育中最为重要的转变是教学中开始使用基于古希腊文本的亚里士多德经典及古代的注释。文艺复兴晚期，如前文所述，亚里士多德主义的体系在15世纪变得更为庞杂，人们试图通过研究更多的与亚里士多德相关的文献以了解真正的亚里士多德，此趋势显然受到了人文主义学者的影响（Black，2007）。

在医学教育方面，意大利的大学继续使用中世纪的经院派教材，其内容来自希波克拉底、亚里士多德和盖伦。15世纪末至16世纪初，医学教育的情况开始改变，因为一些被称为“医学的人文主义学者”的人将人文主义的考据学和理念用于古代医学著作研究。自1409年至16世纪上半叶，费拉拉大学（University of Ferrara）由于强调医学人文主义而对文艺复兴时期的医学做出了突出贡献。此后，帕多瓦大学取代了它的领导地位。意识到古典文献与经院派医学著作的区别使得医学从亚里士多德-盖伦的结合体内获得自由。这一发展为解剖学、临床医学和医药植物学的发展奠定了基础（Grendler，2002）[327-328]。
在解剖学方面，维萨里无疑扮演了重要角色[①]。中世纪末期，腓特烈
二世在为那不勒斯大学设定的医学教育中即包含了人体解剖。虽然在当
时学校中是否确实进行了人体解剖仍不能确定，但在13世纪末和14世纪
初，意大利已有文献证明了存在解剖教学（Grendler，2002）[328-329]。
15世纪初，佛罗伦萨大学、博洛尼亚大学、帕多瓦大学等都在规章中
有要在学生面前做解剖的规条（Grendler，2002）[329]。医学人文主义
驱动了意大利大学医学教育转变。16世纪早期，进入大学的学生都受
过人文主义教育，而在大学得到医学学位的人也都坚信古希腊、古罗
马的文献只有在其原来的语言环境中才能得到更好的理解。至16世纪
中叶，大学都开始开设了解剖、临床医学和医药植物学的课程。虽然
大学的规条在一定程度上延用中世纪的内容，但意大利的大学的医学
研究和教学都发生了变化。在科学革命时期，亚里士多德-盖伦医学
结构开始解体（Grendler，2002）[351]。

意大利文艺复兴时期的大学还延续着中世纪将数学、天文学、
星象学合为一个教授职位的传统，但在15、16世纪其教育内容已发生
了很大的改变。由于古希腊数学文献的发现使得文艺复兴时期的数学
家开始对其学科进行重新思考。代数和几何的发展使得数学变得更为
重要和复杂。数学中加入了新的实践应用，天文学发展出关于行星
系统和宇宙论的革命性理论，而星象学的地位则有所下降。这些内
容上的变化甚至导致了学科名称的改变。1400年，很多学校称这一
教授职位为天文学、星象学和数学教授。到16世纪末，三者经常被归
结为数学。有些大学为天文学设立了单独的职位，而星象学不再出现

---

① 在本书第二章中，我们将有专节介绍维萨里的工作。

在教学职位名称中。12—13世纪的数学成果为文艺复兴早期的主要教学内容。中世纪学者将一些重要的古希腊和阿拉伯的数学文献译为拉丁文，这些译本成为学者和学生们的学习材料。1405年，博洛尼亚大学制定了四年的数学、天文学和星象学的课程，课程名称为星象学。一定程度上，这一课程延续了两个世纪。其中数学内容主要来自欧几里得（Euclid，前330—前275），天文学和星象学来自托勒密及阿拉伯学者的星象学注疏（Grendler，2002）[408]。古希腊文献在15世纪中后期被重新发现，将文艺复兴时的数学带到新的世纪。人文主义学者像在其他领域一样，积极地搜寻数学文献。到15世纪末，几乎所有古希腊数学著作都被重新发现。到16世纪下半叶，人文主义数学家将希腊著作译为拉丁语，为其写注解，并将它们引入自己的工作。阿基米德（Archimedes，约前287—前212）对文艺复兴时的数学起到了最为重要的作用。虽然他的大部分著作在1300年已有拉丁文译本，但中世纪学者没用到它们。阿基米德以发明家和实用机器的制造者身份最早引起人文主义学者的注意，此后，他以数学解决力学、水力问题的技巧受到了关注。大约在1450年，他的著作《论浮体》出现了新的拉丁文译本；1544年，阿基米德的大部分著作的希腊本及其拉丁文译本被出版。科曼迪诺（Rederico Commandino，1509—1595）于1558年出版了该文集的另一个拉丁文译本及含有数学校订的重要著作《论浮体》和《论图形的平衡》的拉丁文译本。阿基米德后两部著作中的动力学和静立学对伽利略有很大的影响。丢番图（Diophantus，约246—330）的《算术》于1460年被发现，该书对代数的发展起到了很大的作用。帕普斯（Pappus，约300—350）的几乎涵盖了所有古希腊几何学的著作《数学集》被发现，1588年该书的拉丁文译本出版，其中还包含了希罗（Hero，约前260—约前180）的工作。1566年，阿波罗尼斯（Apollonius，前262？—前190？）的《圆锥曲线论》（*Treatise of conic section*）的拉丁文译本出版。最终，亚里士多德的《力学问题》（*Questions of Mechanics*）的重新发现在以数学解决物理问题方面的发展中扮演了重要角色（Grendler，2002）[413-414]。

基于这些著作，大学学者们开始研究数学的实践应用问题。他们将数学应用于物理世界中的力学、运动学、潮汐预测、历法改革和城堡建造。最终，数学家发现数学不仅仅是对测量有用的学科，还可以描述物理真实性。伽利略说，那些可以用数学测量的，都应该用数学描述。数学的扩展不可避免地引起对托勒密天文学和亚里士多德物理学的疑问。关于此问题，我们将在下文做更进一步的介绍。

总体来讲，意大利的大学教育从一开始就不是由教廷组织和管理的，而是由社区和城邦管理，这使得其教育带有更为明显的实用色彩。

第四节 文艺复兴时期意大利的科学与技术及其发展与境

有些学者认为，中世纪后期已经开始了科学的复兴，也即文艺复兴之前就已发生了古希腊科学的复兴。这与十字军从阿拉伯地区带回的古希腊文献有关，通过翻译和研究这些古代文献，当时的人们对古希腊部分自然哲学和科学著作产生了兴趣，并开始在天主教大学中传播这些知识。其中最为我们所熟知的便是培根（Roger Bacon，约

1214—1294）。培根之所以在科学史和文明史上占有重要地位，一是
因为他强调关于自然的直接经验，二是因为他在13世纪不遗余力地提
倡数学。他认为，神学家如果想理解《圣经》的内容，就必须了解现
世的事情，数学可以帮助这种理解。如果像培根有时暗示的那样，所
有的知识最终都可以在《圣经》中找到，那么，这种理解就是一件紧
迫的事情。几何学知识之所以应受到高度评价，是因为它能帮助人们
想象《圣经》中所提到的那些几何形状。作为天文学的仆人，数学对
于神学研究尤其适合，因为正如培根所说的，"《圣经》从头到尾都
号召我们脱离尘世"，"领悟天上的事情"。数理天文学有助于纠正
历法，通过其在星象学中的作用，它还对教会的管理做出贡献，如证
明基督教的真理性、预测未来、预言疾病的发展过程。培根相信，通
过星象学，人们有可能查明人类历史的几大分支，如犹太人、迦勒底
人、埃及人、撒拉逊人和基督徒，更为迫切的就是人们可以通过星象
学预测敌视基督教者的动态。在当时的欧洲，对现世事务的认识是从
属于神学关怀的：认识活动本身包含神的恩典和启示，因为它不只是
善功的结果（布鲁克，2000）[60-61]。培根虽然由于其对亚里士多德主
义的大力宣扬和对科学与实验的推崇而受到教会的谴责，但作为一位
虔诚的基督教学者，他认为科学是从属于宗教的。

与培根不同，意大利城邦中世俗政府对科学和技术的支持与解
决实际问题及建立其自身形象的目的直接相关，而文艺复兴时期人文
主义学者又扩展了对古希腊哲学和科学的研究，并为之赋予了新的意
义。随着中世纪后期开始的城市化进程，出现了新兴的资产阶级。他
们认为习惯、方式、信仰和生活的物质环境等可以像天主教文化那样
被文明化。在意大利的城邦，一些学者开始关注他们称为关于人类的
学问的内容。这类研究关注人类的成果及可能性。他们关心的是要复

活那些他们认为是不可压制的人的智慧，尤其是古代的人的智慧。其中一些人系统性地在修道院搜寻，发现了一些保存着却从未被修士研究过的古代文本。借助于印刷术，这些新发现的手稿可以被保存，并被较为容易地在欧洲传播。虽然原本关心的是艺术著作，他们认为这些著作对于提高修辞学技巧和文明生活中的技巧非常有益，但很快他们将注意力转至哲学甚至古代数学著作。通过研究文稿，他们发现亚里士多德并不是古代唯一的哲学家，甚至不是最受喜爱的哲学家。包括柏拉图在内的其他哲学家的著作提供了取代亚里士多德体系的另外选择。亚里士多德贬低数学，但柏拉图显然将数学视为获得确定性知识的方法。很快，数学开始被更为重视，其复兴使得这一阶段传统的亚里士多德自然哲学权威让位于不仅是新形式的自然哲学，而且是新形式的关于知识是应该如何被发现及其确定性该如何被确立的新的概念。专家被认为是不可靠的。替换性的哲学体系，甚至非哲学的数学和魔术被用于发现知识。一个意义深远的改变是这一时期出现了一种更为重视自己通过经验和努力发现真理的方式。科学革命的一个特征是对通过经验和观察发现真理的强调。无疑，它是基于文艺复兴时期的改变的结果。科学革命的另一个特征是自然的知识应该是对人类生活有用的。正是这一点使得人们更为强调事物的本质不是建立新的方法，而且因为数学家和工匠地位的提升，使得以前被认为是低等的科学甚至技艺的内容与中世纪大学发展出来的自然哲学具有相同的地位（Henry，2002）[9-11]。

在本书第二章中，我们将对科学革命的领域有较为详细的论述，故本章不对文艺复兴时期意大利的科学与技术进行全面的论述。本节仅选取技术与科学的关系作为个案探索文艺复兴时期技术与科学及城邦政府之间的关系。

一、文艺复兴时期技术与数学的发展

文艺复兴时期，意大利宫廷资助了一批科学家和工程师。首先，无论是为了军事目的还是民用目的，世俗政权都需要工程师参与城市的军事和民用建设，而新兴的火炮技术也需要弹道学的研究。不仅如此，支持科学也与意大利王公的自我形象意识有关，一些王公希望能够通过为他们服务的人的工作建立起自己的声名。马基雅维利对此问题有专门讨论，他指出，一个王公通过雇佣有能力的人并给予那些在特殊专业上成就出色的人以荣誉，可以表现出对能力的热爱。归根结底，这可以为王公本人赢得他是有着出众能力的伟大的人的声誉（Machiavelli，1961）。

意大利王公们最迫切需要的是技术专家。为了重建城市和建造宫殿、桥梁和要塞，他们需要工程师、建筑师和数学家。佛罗伦萨工程师鲁彼西尼（Antonio Lupicini，1520—1598）为美第奇宫廷建造了洪水控制机械，并给威尼斯政府的排水泄洪系统提出建议。布拉格的鲁道夫二世向他咨询，最后，他在匈牙利费尔南德大公的军队中任工程师（Parsons，1939）。从鲁彼西尼的经历可以看到当时欧洲宫廷对这类技术专家的需求程度。实践需求也使得数学家进入宫廷。军事技术的变革，尤其是火炮和堡垒建造术的发展，提供了对弹道学知识和堡垒建筑家的需求。在15世纪，火药从东方传入，进入欧洲城市的日常生活。为抵御火炮的攻击及方便对沉重火炮的运送导致了新的城市规划。火炮强大的威力表明了中世纪城堡的脆弱，并且导致了军事建筑的转型。在城市的内部，与中世纪繁复的不对称的复杂小巷不同，文艺复兴时期建起了规划区域，筑起了宽阔的道路，并通常以直角相交。这些道路是为了城市不同区域间有更好的交通，尤其是沿着外墙防御间的交通。最早这样规划的例子是1492年在费拉拉（Ferrara），建筑师罗赛蒂（Rossetti）应用透视原理使得整个地区达到几何平衡。此后，仿照费拉拉的几何规划的城市建筑开始流行。

军事革命是使得应用数学家群体的数量大增、地位提高的最为重要的原因（Biagioli，1989）。文艺复兴时期意大利最为重要的中心之一是乌尔比诺宫廷。科曼迪诺建立的一所学校培养了许多数学家，其中包括圭多巴尔多（Guidobaldo dal Monte，1545—1607）和巴尔迪（Bernardino Baldi，1553—1617）等。乌尔比诺宫廷赞助的数学家促进了阿基米德力学传统在文艺复兴时期的复兴。塔塔利亚（Tartaglia），原名丰坦那（Niccolo Fontana，1500？—1557），也与乌尔比诺宫廷有着密切的联系，他虽然未受过高等教育，但成为当时意大利最为著名的数学家。塔塔利亚将其最重要的弹道学著作《新科学》（*Nova scientia*）献给乌尔比诺公爵，并称其《各种问题及发明》（*Qiestoto et omvemtopmo doverse*）一书中的很多问题是公爵的创造。正是在该书中，塔塔利亚给出了三次方程的代数解法。塔塔利亚的学生、同样没受过正规教育的博内德蒂（Giovanni Battista Benedetti，1530—1590）是帕尔玛大公的宫廷数学家，后来他成为萨瓦宫廷的数学家和工程师。在萨瓦宫廷中，他还为自己争取到数学家和哲学家的双重身份，并曾在都灵大学任教授。伽利略后来在托斯卡纳宫廷中也坚持要求哲学家的身份。

上述数学家中，科曼迪诺翻译和出版了多部古希腊数学与力学著作，如阿基米德的力学、托勒密的天文学、欧几里得的数学、阿波罗尼斯的数学、帕普斯的数学、希罗的力学等，这是阿基米德力学传统在意大利得到重生的基础。圭多巴尔多的父亲是一位军事建筑师，曾撰写过两部相关著作，并被授予贵族身份。圭多巴尔多的《论力学》（*Mechanicorum liber*）被同时代人认为是古希腊力学之后最为重要的静力学著作。在书中，圭多巴尔多有意识地采用阿基米德式的力学研究和著述方式，即书中的理论都包含严格的证明。这是阿基米德传统的力学研究复兴的重要一步，而阿基米德传统的复兴正是科学革命时期的力学发展的基础。圭多巴尔多的著述方式与同时代的塔塔利亚等人的著作有明显的区别，并为后世的力学研究者所继承。该书最为重要的成果是关于滑车的讨论。圭多巴尔多将滑车归结为一种杠杆，他的这一成果被伽利略在著作中引用。圭多巴尔多的另一项与科学革命直接相关的工作是关于抛物的实验。他在笔记中指出抛射物沿着抛物线形的路径运动，其路径类似于一个倒置的抛物线。其实验是以一条松弛的绳子连着蘸着墨水的球，向斜上方向发射该球，使球在一个近似垂直的平面上斜着滚动。通过这一实验，圭多巴尔多发现墨点留下一个抛物线形的痕迹。这一实验作为附录收入伽利略的《两种新科学》中（Naylor，1974）。圭多巴尔多与伽利略是多年的好友，曾作为赞助人资助伽利略的工作，并推荐伽利略获得帕多瓦大学的教职，对伽利略有着多方面的影响。

塔塔利亚是一位数学家、工程师。他曾出版阿基米德和欧几里得著作的意大利文译本。在《几何原本》的译文中，他纠正了前人对该书第五卷中关于比例的错误理解①，并为比例定理给出新的注解。因为比例定理在阿基米德传统力学中有广泛的应用，所以成为后人包括伽利略等研究的重要工具。在《新科学》中，塔塔利亚研究了弹道学问题，这是最早的将数学方法应用于炮弹飞行轨迹的研究，该著作对伽利略有很大的影响。塔塔利亚最为著名的著作是《论数字与度量》

---

① 此前通用的拉丁文本多根据阿拉伯文底本译成，塔塔利亚利用以希腊文原文为底本的拉丁文译本。

39

（*General tratteto di numri et misure*），该书可称为16世纪最好的算术著作，书中不仅全面讨论了各种数字运算问题及商业运算法则，还包括当时人的生活、习惯和16世纪为推进算术发展所做的努力。塔塔利亚与卡尔达诺（Girolamo Cardano，1501—1576）关于三次方程的公式解的争论是数学史上一段著名的公案，这也反映了当时科学技术专家对声名和发明优先权的重视。对发明优先权的争夺也是现代科学发展中的一个方面，限于篇幅，我们在此不做具体讨论。

博内德蒂在数学、天文学、力学、音律学和日晷制造等方面都有成就，其中，与科学革命最有关系的是关于落体问题的讨论。1552年，他在一封与西班牙教士古兹曼（Gabriel de Guzman）的信中提出了落体问题。博内德蒂指出：由同样物质构成的物体的下落速度相同，下落速度与物体的重量无关。他利用阿基米德的浮力原理来论述自己的论点。此理论与当时被普遍接受的亚里士多德理论相矛盾，所以一经发表便引起了争论与批评。但他继续在其文章《运动比例问题的证明：与亚里士多德及所有哲学家相反》（*Demonstratio propartionum motum localium contra Aristotelem et omnes philosophos*）中坚持他的观点，并做了进一步论述：自由落体中，物体运行的速度由于空气的阻力受其表面面积的影响；在真空中，不同体积的物体以同样的速度下落。他不仅阐述了自己的观点，还引述了亚里士多德的相关内容，明确了其反对亚里士多德理论的态度。在他的《与数学和物理著作不同的思考》（*Diversarum speculationum mathematicarum et physicarum liber*）中，他又提出了新的力学问题，指出在圆形轨道上运行的物体一旦脱离轨道，将沿着在其脱离点的切线方向做直线运动（Drake et al., 1969）。

我们可以看到，一些在科学革命中的关键问题已经引起了意大利宫廷数学家的关注，并已得出与亚里士多德传统不同的结论。在下一章中我们将看到，伽利略正是将这些成果加以系统化整理而形成了其对亚里士多德传统的力学的全面批评。科学革命发生之时，意大利宫廷仍是这些理论发展的重要场所。

二、文艺复兴时科学研究方法的转变及其社会与境

意大利城邦的王公们不仅资助实用性的科学与技术，也资助好奇心驱动的研究，这与天主教学术伦理是相悖的，但却有助于王公们建立自己的声名。王公、贵族甚至中产阶级收集大量的珍奇物品，以展示自己的财富、能力和对自然的占有，由此至少推动了两个领域的快速发展及职业化趋势，即博物学和关于神秘事物的研究。16世纪末，公立植物园和博物馆在原属私人的收藏展示场所基础上发展起来，为博物学家提供了稳定的职位，成为科学革命过程中科学家职业化的最早领域。炼丹术和魔法研究的神秘领域促进了应用科学和实验方法与理论的发展。在16、17世纪的意大利，科学成果还可以成为科学家向其赞助者或城邦王公馈赠的礼物。伽利略便曾将望远镜样品送给他的赞助者，并将其发现的星体命名为美第奇星，作为礼物送给了科西莫二世（Cosimo II de Medici，1590—1621）。这为赞助者带来荣誉，也为科学家带来稳定的地位。（Findien，1991）

16、17世纪科学研究的方法和认识的转化与意大利文艺复兴时期的资助系统有很大的关系，特别是与科学研究的机构性场所从传统大学转至宫廷、学院和画室等机构有关。由于科学的概念与宫廷的自我形象意识有关，是用以对抗他们认为是"沉闷的""无教养"的经院传统的方式。为了这一目的，王公们构建了有力的文化理念，本着

对艺术的追求，寻求资助的科学家不得不对此一致遵从。宫廷对科学家角色的界定日益加强，后者被希望能够完成使得宫廷增加荣耀和确立其权力合法性的工作。这种机构性支持的转变使得科学的研究领地由大学向资助者体制控制的机构转移。新型的职业化人员进入科学领域，包括那些从事此前被认为是自然哲学的从属职业的研究者，即工程师、工匠、数学家，以及那些研究被认为是不光彩甚至被禁止的技艺领域的人，如炼丹者、魔法师及其他神秘性技艺研究者。

这并不是说科学家就不再寻求学术性的生涯，或者说意大利大学在早期现代的科学研究中是逆行者。实际上，对于很多的意大利大学来说，16世纪是黄金时代。大学学生数量激增，教授收入提高，而且由于其教育质量很高，很多国外的学生都到意大利学习（Kagan，1986）（Schmitt，1976）[35-56]。王公和城邦政府意识到可以从外来的学生身上获得经济利益，就急切地复兴大学和扩大大学规模。他们建立起新的建筑，为教职人员提供更高的工资，并且推动更符合时代需求的学科的教学①。然而，16世纪意大利大学的复兴是有代价的，也没有形成持续增长。在16世纪末，其衰退已经开始。渐渐地，大学失去了其早期的自治而开始依赖于政府的支持。16世纪后期及17世纪，当政府的支持开始减少时，这些大学开始面临艰难的处境。反新教运动带来的文化环境的转变对于大学的发展也起到了不好的作用。这不仅影响了教学质量，也使得意大利学校对外国学生的吸引力下降。失去了政府的支持、外国学生的日益减少以及宗教教义和正统知识界变

---

① 医学及其相关学科在意大利大学中发展尤为显著。一些大学开始引入解剖学、外科和植物学的专门教职（Schmitt，1976）[39-44]。

得更为严格，使得意大利大学经历了很长时间的下滑过程（Dooley，1989）。

　　无论如何，科学作为一种新的学科在大学以外发展起来，并与经院学术文化的方法论相对立又有着互动关系。它隐约地出现于一些诸如力学、冶金、外科和火炮等著作中，使得16世纪的科学出版物的性质发生了转变（Rossi，1970）。意大利锡耶纳的比林格塞奥（Vannoccio Biringuccio，1480—1530）在他的冶金学著作《论高热技术》（*Piro-technia*）中嘲笑哲学家和大学者"除了思索什么都不用吃"，同时称赞有实践经验的人和探索神秘事务的人像"急切的猎犬"，经常在世界的任何地区旅行，极尽细心地搜寻难以理解的"神奇与力量"（Biringuccio，1942）。他们研究科学的方式是实验性的，几乎根本不考虑哲学性的分析。与哲学家相反，这类人考虑的是如何征服自然。对于这种类型的科学实践者，大学几乎不能提供教书或者研究的机会，而且他们无法在大学系统中得到合法地位（Eamon，1985）。而另一方面，这种科学研究恰恰适合文艺复兴时期王公的树立自我形象的需求。

　　总之，文艺复兴时期，在意大利半岛的各个城邦国中，在宫廷的支持下，科学和技术都有了很大的发展，同时研究科学的方法也出现了变化。这些成果被系统地吸收到科学革命时期的早期科学研究中，而科学方法的转变也在科学革命时期被强化。

三、艺术家-工程师与工程师-科学家的出现

　　文艺复兴时期，意大利城市人口的迅速增长、财富的更为广泛的分布及高动态的财富转换，促进了与城市建设相关的各种设备的加工和各类来自海外的原材料的运输。意大利商人通过对连接意大利与中

东的商业路径的控制获得了大量财富，这为文艺复兴时期意大利大量的艺术品、奢侈品的生产以及大规模建筑业的出现提供了经济来源。艺术家-工程师的出现便与此经济条件相关。建筑既包括民用建筑也包括军事建筑。由东方传来的火器几乎改变了欧洲所有城市居民的日常生活。前文已经提到，火炮的发展，包括为了方便火炮的运输和相关的城市的防卫，带来了新型的城市规划和城堡建筑，数学家开始介入城市建筑。围绕着城市建设，各类机器和设备，如起重机、风车、水车以及其他大型复杂的机器得到了发展。

对于专业的艺术家-工程师的需求急速增加，使得他们的社会地位得到了快速提升。意大利各地甚至出现了专门培养这类人才的机构。文艺复兴时期的意大利的艺术家工作场（Botteghe）、算术学校（Abaco school）、设计学院（Accademia del disegno）等场所都是艺术家-工程师这类人才成长的摇篮（Valleriani，2010）。

科学革命期间工程师-科学家的出现与此非常相似。17世纪之前，工匠与工程师的专业力学知识主要通过口耳相传以及实际参与获得。不过，自古便有记载实践者力学知识的技术文献传统，这种文献是包含各种机械装置及其使用技术与境的技术"手册"（manuals）。15世纪以后，各种关于机械的著作和手稿迅速增多，如达·芬奇（Leonardo da Vinci，1452—1519）、阿尔伯蒂（Leone Battista Alberti，1404—1472）、塔科拉（Mariano di Jacomo Taccola，1381—约1458）、安东尼·辛加罗（Antonio da Sangallo the elder，1455—1534）、小安东尼·辛加罗（Antonio da Sangallo the younger，1483—1546）、拉梅利（Agostino Ramelli，旧译剌墨里，1531—约1608）和宗卡（Vittorio Zonca，约1568—1602）的手稿和早期出版物。这些技术实践文献中包含的关于机械技术的描述显示，古代和近代早期机械技术之间具有连续性。

　　近代早期新兴的工程师-科学家社会共同体的出现表明自从文艺复兴以来，在诸如锡耶纳、佛罗伦萨、威尼斯、罗马、伦敦、安特卫普和莱顿等欧洲中心城市，也出现了技术发展的不连续性。如果没有一群把管理能力与技术能力相结合的专业的工匠、技师和工程师，近代早期的大工程将是不可想象的。也由于可利用的劳动力和其他资源的有限性，这些工匠、工程师一直面临着技术的而不只是逻辑的挑战。为了应对这些挑战，他们被迫探究传统技术知识的内在原理，以创造新的技术方法。举例来说，布鲁内莱斯基（Filippo Brunelleschi，1377—1446）为建造佛罗伦萨大教堂的八边形穹顶，设计了一组机器以避免使用昂贵的、经济负担不起的脚手架。因此，近代早期的工程师并不像大多数古代大工程的管理者那样，仅是传统知识的传播者，他们也参加了发明创新的积累和自我进化进程。16世纪这种发展导致了一类新的知识分子的形成——实践数学家和工程师-科学家，诸如卡尔达诺、塔塔利亚、圭多巴尔多、博内德蒂、第谷·布拉赫（Tycho Brahe，1546—1601）、哈里奥特（Thomas Harriot，1560—1621）、开普勒及斯蒂文（Simon Stevin，1548—1620）。他们并不像工程师那样完全地投入到技术实践之中，而是相当专注于思考实践中产生的新型知识，当然，他们的目的是通过这些思考来达成实践目标。作为技术精英，他们的再创造逐渐取得了一种新型学术机构的支持，例如佛罗伦萨的设计学院（Florentine Accademia del Disegno）。在整个近代早期，他们的社会地位一直不稳定，这使得他们依赖于并不可靠的宫廷资助者，也迫使他们同样不可靠地夸大他们的理论研究的实践意义。

　　正是这个共同体构想出科学革命时期伽利略等的研究项目，塔塔

利亚的关于弹道的新科学及博内德蒂的关于介质中的运动的新科学均
属此类。前文已经指出，这些新的研究对象具有固有的复杂性，这使
得所有的工程师-科学家都面临着同样的问题。在这些研究项目中，
他们夸张的陈述与能够取得成功的可能性很不相称。可以理解，他们
的社会地位与职业使得彼此竞争，甚至时而激烈地对立。但是，他们
都在思考所从事的活动中的实践知识，并致力于为这些知识寻求新的
理论基础（戴培德 等，2008）[29-30]。

结　语

　　文艺复兴时期，意大利半岛先于欧洲其他国家和地区发生了政
治、经济、文化、科学技术方面的新转变。引起该转变的原因是多方
面的，而且很难用单一的理论给出解释。通过人文主义学者的努力，
古希腊哲学、科学著作的重新被研究使得古希腊的精神在新的层面上
被提倡[①]。虽然意大利半岛上生活的人绝大部分都仍是基督教的虔诚
信徒，但古希腊哲学与基督教义间很多内容是冲突的，由此引发了对
教廷给出的神学阐释产生怀疑，并促发了新的关于现世的思想。人文
主义思想产生不仅是可能的，甚至可以说是顺理成章的。其他的因
素，如黑死病的迅速蔓延等，更强化了这一趋势。意大利的政治家们
以古罗马领袖的正统继承人的身份建立起新的城邦体制，他们制定法
律、规范税收、保卫邦国、开设医院，使得意大利半岛的居民对其生

---

　　① 我们必须注意，中世纪后期的很多哲学著作和科学著作是从阿拉伯文本
译成拉丁文的。阿拉伯人的注释中含有在中东地区发展的理论和科技内容，这些
内容是各文明传统的知识和思想在中东融合的产物。这些内容也同样被欧洲人研
究，并对欧洲近代文明产生了很大的影响。

活的地区和政府有了更强的从属感，从而有了相对坚实的经济保障及民众的支持，而教廷虽然代表了天主教的最高权力，但作为教皇国则又具有世俗的意义。虽然意大利一直是基督教国家，本章所涉及的人物也都还是虔诚的基督教徒，但当岛上的各城邦和公国、王国与教皇国产生冲突时，城邦国的王公、贵族及共和制的领袖们以世俗领袖的身份向教廷发起挑战。教廷为了应对这一挑战不得不依赖外部势力，如法国和西班牙，这使得半岛居民对其生活的城邦甚至意大利民族的认同性更为加强，甚至出现了统一意大利、重建古罗马辉煌的理念。虽然这一时期还没有出现统一的意大利王国，但意大利城邦政体已具有一些现代国家的管理体制的性质。

12—15世纪意大利经济和商业的发达为城邦君主积累了大量财富和实力，使他们可以根据其意愿支持学术以及具有实践功能的技术和学科，法律、数学和医学首先从中获益。自12世纪至19世纪早期，意大利半岛上战乱频仍。战争见证了火炮的威力，引发了火炮制造、弹道学的研究及城堡甚至城市建筑的变革。这不仅推动了技术发明和机械的创新，也对科学的发展产生了很大的影响。工匠无法以过去的经验处理这样的技术问题，数学家便应时进入这一领域，并由此得到世俗政府尤其是宫廷的重视，这为数学家提供了大学之外的工作机会，使得他们在有了经济保障之后可以更为自由地从事研究。在文艺复兴时期，他们已经发现了与亚里士多德自然哲学传统相悖的理论，并不惧权威地为自己的理论辩护①。这些理论在17世纪经伽利略等的系统

① 资助者为了自己的荣誉也支持他们资助的科学家对权威提出挑战，并鼓励他们与其他科学家论战。这一点促进了科学争论及科学家和技术专家的发明权的意识。

化综合而最终对亚里士多德自然哲学传统构成威胁。部分世俗君主为了建立自身的形象，对艺术、收藏、神秘性质的技艺与学科大力支持，这也直接或间接地促进了解剖学、博物学和实验方法的发展。

在某种程度上，我们可以说经济、技术的发展和城市化促进了政治体制的变革和文化发展方向的转变，政治体制的变革对技术提出了新的需求，而技术改革的需求和文化发展的变革又为科学的研究内容、方法的变化及科学研究者的职业化提供了动力和基础。但经济的发展实际上也与技术的发展相关，而技术的发展中也有科学家工作的影子。从文艺复兴时期的意大利，我们已经可以清晰地看到政府、文化、技术、科学之间的互动关系。

自11世纪，欧洲发生过所谓的"经济革命""军事革命""航海业革命""出版业革命""教育革命""现代国家性质的萌芽""新的文化时代的到来"等事件。虽然对于这些革命的定义、模式，甚至是否存在某一革命等都还存在争议，但无疑的是，从中世纪末期到文艺复兴时期，欧洲在政治、文化等很多方面都经历着根本性的变革，而意大利正是这些变革的中心。一系列的变革带来了社会秩序的动荡和学术等级制度的改变。科学革命正是在这个大变化的背景中产生的，这是我们下一章要讨论的主要问题。

第二章
科学革命的发生

　　科学革命是一个科学史家和科学哲学家给出的概念，其内容、发生的确切时段和表现形式，以及是否存在科学革命等在科学史界和科学哲学界都仍具争议。一般来讲，人们谈到科学革命时通常是指具有现代科学意义的科学发生的阶段，其时间跨度主要自16世纪的观念出现期至18世纪的完成阶段，历史学家也将这一时期称为近代科学发展时期，而大家关注的内容则主要是17世纪的欧洲科学。虽然哥白尼于1543年出版了《天体运行论》（*De Rerolutionibus Orbium Coelestium*），但当时的学者一般将书中的太阳中心体系视为一个便于推算天体运行位置的数学体系，而非真实的物理体系，故几乎没有人意识到该体系蕴含着对当时学术体系的摧毁性的力量，也没有引发学术界的广泛争议甚至是注意。17世纪，当伽利略等公开宣称该体系是一个真实的物理体系并指证亚里士多德自然哲学体系的错误时，科学的发展也明显地表现出一种革命性的变化。虽然科学革命自始至终都是全欧洲学术共同体一同参演的一部大剧，但在早期，与科学革命相关的理论的发表及论辩的发生主要是在意大利。

第一节　科学革命发生的与境

本书第一章中对意大利人文主义及科学、技术在文艺复兴时期的发展已进行了分析。我们认为，在科学革命发生的阶段，人文主义为其学术根源，而对技术的需求及其提供的研究课题则为科学革命发生的物质基础。本节中，我们主要关注科学革命发生的与境中的另外两个方面：经济、社会与境与宗教与境。

一、经济、社会与科学革命

经济、社会条件与科学革命的关系是科学革命研究的关键问题。20世纪30年代，赫森（Boris Hessen，1893—1938）的《牛顿的原理的社会经济根源》和格里斯曼（Henryk Grossmann，1881—1950）的《机械论哲学的社会基础》两篇论文为此方面研究的经典文献。由于他们二人均认为力学是科学革命的核心，所以二人的研究均以力学为核心，而并不关注宇宙论问题。但他们的工作对于我们理解科学革命的经济、社会与境有广泛的借鉴意义。

赫森在其文章中称："以马克思主义观点，人类历史可以被描述为个人财产形式的发展史，并可以被划分为三个阶段：第一阶段为封建主义；第二阶段开始于封建体制解体，其特点为商业资本和生产的出现和发展；私人财产发展的第三个阶段是工业资本主义阶段，此时出现了大规模工业，自然力被利用以满足工业、商业的目的，劳动分工最为精细。而16、17世纪自然科学耀目的盛放正是封建经济解体、商业资本发展、国际海洋关系的建立及重工业（如采矿和冶金）发展的结果。"（Hessen，2009）[44]赫森简要描述了商业对陆路交通、海上运输、工业、战争与军事工业的发展所起的作用，分析了为实现这些发展遇到的主要技术问题以及解决这些技术问题所使用的相应科学知识。以交通为例，其内容可归结如下：虽然中世纪初期商贸已达到一定水平，但由于陆路交通水平的限制，当时的经济仍处于孤立状态。水上运输由于其更强大的载重能力和更快的运输速度而在商贸中扮演了更为重要的角色，然而，当时的船舶制造技术仍未达到满足远航海运的地步。直到16世纪下半叶，海上罗盘才被广泛使用，海洋地理图也出现在同一时段。商业的发展结束了中世纪城镇和乡村社区的孤立局面。河上运输成为国家内部的连接纽带，而海上运输甚至连接起不同国家。河上运输自古便是最为方便和发达的交通方式，通过运河的开掘为内陆运输提供了更多的途径。

赫森进一步总结了商业资本需求的水上运输提出的技术问题及解决这些问题所需要的相应的科学知识：① 船舶吨位和航行速度的提升需要知道控制物体在水上漂浮的基本原理；② 改善船舶的浮力系统需要知道物体在水上运动的基本原理，即流体动力学的基本问题；③ 方便可靠地确定船舶在海中位置的方法需要对天体的观察，而其解决需要依赖于光学仪器和天体图及对天体运动规律的理解，这是天体力学问题；④ 改善水道并构筑将其与海洋连接的通道需要流体静力学和流体动力学基本原理[①]。

相应地，采矿和冶金发展面对的技术问题指向简单机械力学、静力学、流体和空气静力学、流体动力学以及复杂的传动机构和机器的发明及对化学知识等的需求，军事工业则主要指向抛物问题及其他相关力学问题。另外，赫森进一步详细分析了牛顿《自然哲学的数学原理》中内容与上述科学问题的相应关系，并建立社会、经济需要与《自然哲学的数学原理》中内容的对应关系（Hessen，2009）[45-101]。

然而，赫森对科学革命期间经济、技术与科学的互动关系是否是简单的经济决定论呢？费罗伊登塔尔（Freudenthal）和麦克劳芬（Mclaughlin）将赫森的论点总结为三点：① 理论力学是在对机器技术研究中发展出来的；② 与17世纪不存在的技术（如热机、电动机和发电机）相关的理论未能在当时出现；③ 牛顿将上帝引入其力学体系（Freudenthal et al.，2009）[5]。

通过分析赫森文章的内容可以建立两种并不完全一致的科学、技术与经济之间的互动关系：① 技术的发展是为了经济的发展，而科学研究的特定问题是为了促进技术的发展；② 技术的发展是为了经济的发展，而科学则是通过对已经应用或者说发展出的技术的研究而发展的。二者的区别在于：在17世纪，技术究竟是科学研究的目的还是研究对象。

正如赫森所列举的，17世纪的很多科学理论均可对应于某种或某些技术的需求，而这些技术又对应一定的经济发展需求。但在任何时代，都有一些需求未能被满足（Merton，1939）。而经济需求的满足

---

① 关于科学革命前后的航海技术，尤其是船舶建造相关的历史和科学技术知识的发展，请参见图书（Ferreiro，2007）。

也并不是只能通过唯一的途径。正如商业对运输业的需求并不一定指向船舶技术的发展，将经济需求界定为技术问题这一模式也不是不证自明的（Freudenthal et al.，2009）[6]。这种事后根据存在的科学理论与相关的技术发明，并进一步与相关经济需求对应的分析所得出的理论显然不能完全解释科学革命时期经济与科学之间的关系。虽然经济决定论并不能解释科学革命发生的原因，但赫森的研究也可以让我们看到，科学革命期间，经济、技术和科学确实存在着明显的互动关系。而认真分析赫森的全文，其理论也并不是简单的经济决定论。实际上，早期的力学研究者是通过研究已经存在的技术并理解其原理来发展理论，并不是以技术进步为研究目的。赫森强调，扩大商业的愿望本身并不一定指向与海运有关的技术的需求。商人也可以选取处理更小的商品、发展新的商品或以当地的产品替换进口产品等方式来达到目的。将改善航运作为扩大商业的目的，并由此形成的技术需求是建立在它们可以实现的可能性上的。就经济与技术的关系而言，技术方法并不是为了满足存在的需求或兴趣而发展的，而是使需求具体化的决定性因素。目的可以解释行动，而行动则取决于可用的方法。在一定程度上，可用的方法可以决定具体需求的可能性。

格里斯曼的研究则进一步比较了古罗马和中世纪欧洲城镇经济的差异，并指出只有在后者出现了对新的生产品的需求，才由此引发了对新的机械或者说新技术的需求。格里斯曼认为，中世纪城镇劳动力需要收入，这增加了雇佣者的花费，也由此引发了对可以替代劳动力的机器的需求。他指称，笛卡尔在《方法论》中提出的科学技术可以最终取代人力的说法是有历史依据的（Grossmann，2009）。

费罗伊登塔尔和麦克劳芬对赫森与格里斯曼的理论给出如下综合论述：科学通过对现存技术的研究得以发展，随着封建模式的生产被资本主义模式生产取代，城市和工业生产变得越来越重要，在此过程中，自然的概念也发生了变化。传统农业生产支持自然进程，即自然可以将种子变为果实，人力在其中仅扮演助力的角色。但是机器是由人制造的，并非自然的产品。当机器这种在传统中被认为是超越自然的产物被认为是一种自然的机构时，便引发了两个后果：其一，机器被认为是遵从而不是违反自然规律的；其二，世界被认为是理想的机器，而自然现象成为其运行的结果。这便是所谓的"机械世界观"。由此，关于自然、机器或者说是机械学的概念都发生了转变。在新的概念体系中，自然和机器得以并存。这一结合的结果是亚里士多德主义的关于"自然运动"和"受迫运动"的区别揭示了其存在的基础及意义：自然运动本身便是由机器产生的，控制机器的力的作用法则是自然法则。研究自然也意味着是研究人造的机器。研究控制机器结构的法则的力学由此成为最重要的科学。科学与技术的关系可以由此被总结为：物质和符号的方法决定了具体问题的提出及其可能的解决方法，科学的发展便是基于物质和符号的方法，而不是科学家个人的研究动机。这并不排除社会和经济的兴趣可以直接或间接地对机构和个人产生影响，使他们更倾向于选择符合社会需求或者有直接经济应用的研究项目。

技术对于经济发展重要性的增强及其相关活动引发了与其相关的人的社会地位的提升。对此问题，默顿（Merton）给出更为详细的论述：17世纪，经济、技术和科学的从业者的地位得以提升，一些早期会进入其他职业的社会精英开始从事科学研究（Merton，1970）。科学研究机构和科学学会的建立及对科学活动的赞助也与经济和技术的发展相关。

此外，基于技术对经济发展的重要作用，技术的社会地位日益提高，这使得力学与理科，即工匠知识与学者知识的结合成为可能。一方面，掌握复杂技术的工匠，如建筑师、仪器制造者等，比原来的工匠获得了更好的教育及更高的社会地位；另一方面，从事机械技术者社会地位的提高使得学者可能进入其研究领域。学者也直接或者间接地从工匠知识中获益，他们也可以在该领域进行观察和实验。伽利略在其《两门新科学的对话与数学证明》（*Discorsi e Dimostrazioni Matematiche, intorno a due nuove scienze*，以下简称《两门新科学》）中便对从事军工方面的威尼斯人表示感谢，并指出这一军工活动为科学研究提供了宝贵的材料。有理由推论，新的实验-数学科学正是由工匠的实验传统与学者的系统化和数学的传统的结合产生的（Freudenthal et al.，2009）[10-11]。意大利16、17世纪的两个主要致力于科学研究的机构——林琴学院和佛罗伦萨的实验学社的建立便与经济发展有着直接的关系，而且研究内容和组织结构又受到宗教因素的影响。我们将在第三章对意大利科学建制化的讨论中对这两个学院进行简单介绍，宗教与科学的关系，是我们下文要集中讨论的问题。

综上所述，科学革命时期，经济、技术与科学的关系可以概述为：资本主义经济的发展确实对技术提出了新需求，而这需求的具体化则是由当时已经存在的技术来界定的。技术与科学之间也存在着类似的关系，即技术一方面对科学提出要求，也为科学提供了研究和观察的对象，技术的发展甚至对人类重新定义自然从而为科学家从根本上挑战亚里士多德传统的自然哲学打下了基础，科学家与工匠的紧密合作也为科学革命时期的科学研究方法——数学-实验方法的出现提供了条件。而科学的发展在另一个方面也依赖于科学原本的方法与系统及其对自然真理的探索的内在本质，这使得科学家的研究超越了工匠。技术对经济的重要性的增长及新贵阶层对自身文化话语权的追求，使得科学家的社会地位和经济地位得以提升，为科学的发展甚至是职业科学家的出现提供了条件。

二、宗教与科学：天主教修会与科学技术

宗教与科学，尤其是天主教与科学的关系在科学史上被多方演绎。有趣的是，对于可能存在的三种理论——天主教与科学对立、天主教与科学互相支撑及天主教本身与科学革命之间并没有直接关联，学者都可以找到根据并进行有力的推证。实际上，在科学革命时期，教廷与学者及欧洲政府之间确实存在着学理、利益、政治上的矛盾；而同时，科学革命时期的重要科学家和技术发明家仍笃信上帝的存在，且他们大都曾在天主教修会主办的学校中受过教育。天主教修会成员虽然要维持其经院哲学的传统，但他们同时也是科学革命的参与者。正因如此，宗教与科学之间的关系是非常复杂的，并不能以单独理论解释。本书中，我们除简要概述科学革命时期宗教与科学的关系以外，还将以耶稣会为例探讨天主教修会与科学技术的关系。

1. 宗教与科学技术关系概述

1896年，怀特（White）的《科学与天主教神学的战争》（*A history of the warfare of science with theology in Christendom*）中指出，天主教神学教条在长期的历史中压制科学的发展。德拉普（Draper）的《宗教与科学的冲突史》（*History of the conflict between religion and science*）中的观点与怀特的一致，另外还强调了科学在现代社会中扮演的核心地位。两人的理论主导了20世纪对科学与宗教关系的历史阐释。一些史学家认为此理论过于简单化。20世纪后期，科学史家开始对此理论进行再评估。与此相反，布尔特（Burtt）称现代科学的

奠基性工作多与神学相关，怀特海（Whitehead）进一步分析称，现代科学的起源正是基于中世纪神学，因为中世纪神学坚持上帝是理性的，所以他的造物也是理性的。默顿通过对英国清教与科学的关系研究指出，科学与宗教是内在对立且必然冲突的（Wilson，2000）[2-3]。默顿也提出了其著名的清教对科学革命的推动作用的理论（Merton，1939）。此理论由于无法证明清教与科学革命之间的因果关系而引起争议。

在20世纪下半叶，科学史研究中开始盛行以非辉格式的或者说是与境方法探讨科学与宗教的关系。天主教学者巴特菲尔德（Butterfield）通过对伽利略、开普勒、笛卡尔、牛顿、莱布尼兹等科学家的具体考察，论证宗教因素在这些科学革命的引领者的工作中起到的作用。柯瓦雷（Koyré）提出，科学革命应该从哲学、神学和科学三个维度进行探讨，因为这三个维度通常可以统一于科学革命的引领者的身上。20世纪70年代，霍伊卡斯（Hooykaas）和杰希（Jaki）回归到怀特海的天主教是科学的基础的论点，而科学与宗教冲突的观点也在20世纪70年代继续发展。到20世纪80和90年代，学者开始探讨科学与宗教关系的复杂性（Wilson，2000）[2-11]。

我们认为，科学革命时期的科学家确乎都具有宗教性，他们每个人也确乎都在哲学、神学和科学三个维度进行过探讨。但我们不能够把宗教与当时的教廷等同起来。在中世纪的欧洲，基督教并不只是一种民众信仰或道德规范系统，教皇国实际上具有世俗国家的功能和结构，教廷具有解释世界图景及人与自然、上帝关系的职能。本书第一章已提到，在民族国家形成以及意大利城邦兴起之时，世俗政府已与教廷产生冲突，随着民族国家的日益强大及宗教改革运动的兴起，教廷对民族国家的控制力及学术的主导地位日益弱化。但直到18世纪，教廷与世俗政权之间的张力仍然存在。在学术方面，自12世纪欧洲开始出现对古希腊原著的翻译和研究运动之时，教廷就已经有所警惕。事实上，包括亚里士多德在内，以基督教的立场来看，古希腊学者也是异教徒，他们著作中关于神、人与神和自然的关系等都含有与基督教教义冲突的部分。通过阿奎那等基督教学者的努力，亚里士多德自然哲学与基督教神学得到了一定程度的结合，形成了新的平衡，新的经院哲学和自然神学在基督教学术研究中占主导地位。文艺复兴以来，全面的对古典文献的研究及时人对古代学术和政治体系的热衷自然会引发新的与基督教认识论的冲突。由于古希腊学者的异教属性（以基督教视角），基督教学者对古典文献的引用必然是片面的，其阐释也必然因出于基督教的视角而与原文原意存在偏差。由此，人文主义学者回到原文献与境理解原文的考据学研究引发对中世纪文献的质疑便也在情理之中了。值得注意的是，所有的意大利人文主义学者本身都仍是基督教教徒，他们对经院哲学甚至对《新约》的部分内容的质疑并不意味着他们对上帝的质疑。但他们通过对古典文献的研究对基督教神学和哲学提出新的阐释，这本身也意味着对占主导地位的学术传统的挑战。但通过历史分析我们可以看到，基督教神学和哲学可能并不像我们所想象的那样固化和僵硬，在历史的进程中，它一直在进行适应性的转化。人文主义学者与经院派学者的争论并未引发教廷对人文主义的全面禁止，而从本书第一章的相关探讨可见，基督教学者也参与到人文主义的发展过程之中，经院哲学虽仍保持着在大学教育中的主导地位，但其内容也随着人文主义研究的深入而有所转变。

自15世纪以来，古典科学技术文献成为人文主义研究关注的对象并成就了技术与科学的发展，新的理论或者是古典理论（如阿基米德传统的理论等）与亚里士多德自然哲学中的理论的冲突亦公开化。伽利略甚至提出让上帝管神学的事情，以不参与科学问题的论点限制上帝的权限范围，这使得科学家与教廷的冲突凸显出来。在本书第一章中，我们看到人文主义学者在对柏拉图主义和毕达哥拉斯主义的研究过程中，已经提出新的关于灵魂和宇宙体系的理论。现代科学史研究中一般强调科学家与基督教学者的冲突表现在两个方面：一是力学的新发现引发的对亚里士多德自然哲学的挑战，一是新的宇宙论对基督教教义的挑战。而在促使教廷对伽利略进行审判的原因中，后者扮演了更为重要的角色。本书第一章已述在文艺复兴时期，亚里士多德体系已吸收了很多其他哲学传统中的内容，使得它本身的哲学体系变得庞杂。博内德蒂在其力学研究中已明确提出了对亚里士多德理论的批评，但这并没有引起宗教问题。下文中我们将看到，一些耶稣会士科学家从一开始便参与到力学研究与宇宙论研究之中，也并未讳言其新成果与亚里士多德体系的冲突。当哥白尼宇宙体系仅仅作为一个数学体系时，虽然哥白尼本人宣称了日心说，但教廷仍可对其容忍。伽利略的受审固然与其本人的个性有关，但当他宣称上帝不应插手地上事务时，这不仅挑战了上帝的权威，更挑战了教廷对世俗事务的权威。更为关键的是，当伽利略等宣称哥白尼体系不是一个数学假说，而是一个真实的物理体系，并宣称通过望远镜观测到的宇宙是真实的宇宙时，这挑战的不仅是亚里士多德体系的天文学内容，更是上帝的存在性及其对世界的作用的模式问题。这一挑战对于教廷及当时的教义是根本性的。开普勒、笛卡尔、牛顿等的神学研究的关键问题是基于新的理论，如何解释上帝的存在及其对世界的作用。对这种根本问题的新阐释自然会引起与教廷的冲突。关于此点，我们将在本章第四节进行详述。下文中，我们将以耶稣会修会为例，探讨基督教学者在科学革命中扮演的角色。

2. 耶稣会与科学革命

耶稣会是西班牙人罗耀拉（Ignacio de Loyola，1491—1556）于1534年创立的天主教修会。1540年，该会得到教皇保罗三世的正式认可。罗耀拉试图将他的修会缔造成一支天主教新军，其宗旨是增进耶稣基督的荣耀。为此，耶稣会士可以说是不惜代价且不计手段地去征服和消灭全世界的异教徒及当时在欧洲得到迅猛发展的新教组织。耶稣会士们学识丰富、野心勃勃、不畏艰难且富有计谋和献身精神，这使得他们很快成为天主教会对付新教运动的最有力的一股力量。此外，耶稣会士还远涉重洋，在美洲新大陆及新开辟的亚洲传教区的传教事业中占据了重要地位。

耶稣会能够迅速崛起的一个重要因素是他们开办了为数众多的水平很高的学校。办教育并不是罗耀拉创建耶稣会的初衷，但他很快意识到从事教育是为了塑造人的灵魂和精神，是把他们引向上帝的最有效的途径之一。最初的耶稣会士个个都是受过大学教育的饱学之士，这在客观上为罗耀拉从事教育事业提供了基础[①]。1548年，他们在意大利墨西拿建立了一所大学[②]。该校的教学包括从一般的基础知识到哲学与神学等内容，招收了约260名学生，其中200名学习基础的语法、人文学科和修辞，大约60名学习辩证法、哲学、经院神学、数学、希腊语和希伯来语。由于得到总督和城市政府的支持，该校进行免费教育，这使得其对学生有着很强的吸引力（Murphy，2008）。在

[①] 罗耀拉和他最早的6位追随者沙勿略、勒费弗尔、拉伊奈兹、萨尔迈隆、包瓦迪亚以及罗德里格斯都曾在巴黎大学学习。

[②] 罗耀拉应西班牙在西西里的总督之邀，且得到了西西里可以为学校提供经济支持的保证后，派遣7名耶稣会士前往该地兴办了这所学校。此种政治和社会的支持对耶稣会的成功是非常关键的。

此后的200余年中，该修会已拥有了800余所大学。这些学校面向所有人免费开放。这些学校开展系统的人文教育，培养出大批天文学家、剧作家、神学家、语言学家、画家、建筑师、数学家及其他方方面面的学者。耶稣会学校的教育有三种体系，分别是人文学科体系、哲学体系与神学体系。其中哲学体系为修正了的亚里士多德哲学，具体教学包括哲学、物理学和形而上学。物理学的教学内容主要来自亚里士多德的自然哲学内容，如《物理学》《论天》《灵魂论》等。在哲学教学中也教授数学，其内容既包括纯数学，即几何、算术和代数，也包括一些使用数学的学科，如天文学、光学、力学和音乐。

耶稣会早期的科学教育与研究中，在意大利影响最大的人是罗马学院的数学教授克拉维斯（Christopher Clavius，1538—1612）。对于耶稣会士及其他学者，克拉维斯被认为是当时的欧几里得（Lattis，1994）[3]。克拉维斯一生中最重要的科学活动之一是他于16世纪70年代参加的改革《儒略历》的工作。在《格里高利历》于1582年被颁布之后，他又成为这一历法改革的解说者（Lattis，1994）[21]。

克拉维斯的著作主要是以古希腊著作的评注形式出版的。1570年，他出版了萨克罗博斯科（Johannes de Sacrobosco，约1195—约1256）的《论天球》（*Sphaera*）的评注。1574年，他又出版了15卷的欧几里得《原本》评注。克拉维斯的《原本》评注并不是简单的古典教科书的翻译和注释，他的目的不仅是要呈现欧几里得的理论，还要使它易于为人们所接受。为此目的，克拉维斯的评注本与原著有着较大的区别，并引入了与原著中不同的证明。在后来的版本中，他还加入了一些当时的新的研究成果及他自己的一些创造性工作，如对欧几里得公理五的证明等。克拉维斯的这些著作作为教科书对16—17世纪欧洲数学发展产生了深远的影响（Knobloch，1995）。数学家笛卡尔、伽桑狄等都曾在耶稣会学校中学习过克拉维斯编写的数学和天文学课本。1590年，伽利略在比萨讲课的教材就是克拉维斯1589年版的欧几里得的《原本》评注（Wallace，1978）。

除此之外，在科学仪器的制造方面，克拉维斯也是一位专家。几乎与伽利略同时，罗马神学院的天文学家也制造出了望远镜。所以，当伽利略发表了他利用望远镜观测到的结果时，罗马神学院的天文学家们立即对其给出了公正的评价。克拉维斯关于日晷的著作也是当时极为流行的教材。

克拉维斯的另一项著名的事业是他始终支持托勒密宇宙体系。虽然他认识到哥白尼的著作在天文观测、天文表的制作与天文计算方面有很高的价值，但他终生支持托勒密体系。他提供了大量的观测结果来证明地球是宇宙的中心。虽然他的大部分论点来自亚里士多德的著作甚至《圣经》，但他从来没用这些著作来反对哥白尼体系，或者说认为哥白尼体系对天主教信仰有害。在其《论天球》的最后版本中，他提到新星和1577年的流星，这些内容与亚里士多德体系中关于月上天永恒不变的理论相悖。他也提到伽利略利用望远镜观测到金星和木星的卫星，这证明了并非所有天体都围绕着地球运转。他承认天体运行的理论需要被改革，但这并不意味着他有接受哥白尼体系的倾向（Lattis，1994）[180-182]。

克拉维斯培养了大批的学生，这些学生不仅分布于欧洲的不同国家，甚至还有人到了美洲和亚洲[①]。

在传统的科学史叙事中，耶稣会士经常扮演着悲剧角色。他们早期支持并参与了新科学的发现，为此受到了教廷的谴责；而后，他们

---

① 对在中国传播欧洲科学贡献最大的利玛窦便是克拉维斯的学生。

转化为阻挡科学进步的主要力量，而在这方面，他们被描述为彻底的失败者（White，1993）。耶稣会科学家与伽利略之间的冲突为这一叙事中的重要案例。实际上，克拉维斯一直支持伽利略的研究。1587年，年仅23岁的伽利略送给当时被他认为是数学权威的克拉维斯关于固体重力的著作，此后他们之间一直维持着友好的关系[1]（Clavius，1612）[157-158]。1611年，红衣主教、耶稣会士拜拉米诺[2]（Roberto Bellarmino，1542—1621）要求罗马学院的数学家对伽利略的工作做出评估，克拉维斯等证实了伽利略的观测。伽利略与耶稣会科学家关系的破裂最早见于17世纪20年代，他卷入了与耶稣会科学家的两场争论。一场争论是17世纪20年代初与耶稣会科学家沙伊纳（Christoph Scheiner，1575—1650）关于太阳黑子观测优先权的争议[3]。伽利略与耶稣会科学家的另一场争论是关于彗星的，这为我们了解耶稣会科学家在科学革命中扮演的角色提供了一个宝贵案例。

　　1618年，罗马学者观测到三颗彗星。格拉西（Orazio Grassi，1583—1654）对它们进行了仔细观察，1619年，他匿名出版了《1618年的三颗彗星及天文学争论》（De tribus cometis anni 1618 disputatio

----

　　[1] 克拉维斯和伽利略之间维持着长时间的友谊与联系。1610年3月，伽利略发表了他利用望远镜得到的新发现。1610年11月28日—1611年4月6日，克拉维斯及其在罗马学院的同事们利用望远镜观测木星的四个卫星，证实了伽利略观测的正确性。1610年12月17日，作为当时的天文学和数学权威，克拉维斯致信伽利略，通报他们的观测结果，并鼓励伽利略继续其研究。12月30日，伽利略复信表达他对克拉维斯所给予的支持的感谢。克拉维斯对伽利略成果的证实确实对伽利略成果的传播及被接受起到了很大的推动作用。
　　[2] 拜拉米诺本人虽然不是科学家，但在科学革命的过程中扮演了特别的角色。作为宗教法廷的成员，他参与了教廷组织的对布鲁诺、哥白尼等的审判。
　　[3] 沙伊纳仍受亚里士多德哲学的影响，他认为没有足够证据证明太阳黑子是在太阳上的。

astronomica）。在书中，他依据第谷（第谷·布拉赫的简称）和开普勒的理论提供计算结果证明这些彗星是天上的天体，即属于月上天。同时，他还描述了它们的轨道等。格拉西的理论与亚里士多德的相关理论是相悖的。在亚里士多德体系中，月亮位于地球与天空的中间，月上天是不存在变化的。同时，亚里士多德认为彗星是大气现象而不是实体。关于彗星的理论也是科学革命时期的重要天文学内容。伽利略虽然没有观测到这次的彗星，但他似乎不能接受存在他未注意的关于天的问题。他以其学生的名义发表了对格拉西文章的应对。文中，伽利略捍卫了传统的理论，认为彗星不过是大气现象，并否认格拉西的计算。此后，两人继续争论。1623年，伽利略发表了其著名的《试金者》（*Saggiatore*），继续攻击格拉西和罗马学院的天文学家。在该书中，伽利略捍卫新科学的性质，即应该基于观测而不是权威。不满于伽利略对他本人、沙伊纳及罗马学院的教授们的批评，格拉西继续撰著捍卫他的观测，并提供了关于彗星是天体的正确阐释以回击伽利略。伽利略虽然没有再次作答，但他在其书信中以粗鲁的词语描述格拉西（Udias，2015）[19-20]。在这场争论中，格拉西无疑是正确的，而伽利略则站到了传统的亚里士多德体系的立场上。此争论为当今科学史研究中对17世纪天文学史及伽利略研究的重要案例。乌迪亚斯（Udias）认为伽利略之所以卷入这场争议是由于其自大的个性，伽利略认为只有他自己才能够在天文学上有新的发现（Udias，2015）[20]，而比亚焦利（Biagioli）则从伽利略作为佛罗伦萨宫廷朝臣的地位和角色的角度给出解释（Biagioli，1993）。我们无意评判伽利略的动机与个性，仅以此案例说明，耶稣会科学家早期确实是新科学发展的参与者；与其他科学家一样，他们也具有追求新知和真理的特点，而没有完全将其研究与阐释限定于经院哲学传统之中。

　　但在教廷审判伽利略之后，耶稣会士的立场确实有所转变。虽然他们仍在进行着科学观测与研究，但至少在宇宙论的研究中，耶稣会士接受了亚里士多德宇宙论作为其研究的纲领。他们致力于构筑一个接一个的防护带以保护此宇宙体系的核心原则。他们首先试图维护已被接受的亚里士多德观念与新的经验数据及日常经验之间的一致性，最明显的方式是为了维持地球静止的观念而支持第谷体系。

　　事实上，1558年被耶稣会认可的第一个章程中规定："在逻辑上，自然的和道德的哲学、形而上学，以及其他自由的艺术中，应该遵循亚里士多德体系。"这表现出修会建立者对于当时已被接受的教条的信任。当然，在当时，罗耀拉不可能想到会出现一种新的宇宙论。对于他来说，亚里士多德著作显然应该是全部修会应该一直援引的文献。1573年，耶稣会第三任会长在法规中加入了以下内容："在哲学上，亚里士多德理论应该不仅因为其自身的原因被教授，也应该作为神学的支撑被教授。"1599年的《教学规则》（ *Ratto Studiorum* ）中，规定哲学教师不能离开亚里士多德学说，除非教授一种新的受到学术界普遍认可的事物，或者关于其教育中存在与正统信仰相矛盾的问题。

　　耶稣会士意识到在亚里士多德体系中发现了与信仰相违背的元素。耶稣会的规则要求耶稣会士不以探索新的知识领域为目标，而是作为负责任的学术整体趋势的跟随者[①]。1651年，耶稣会第九任会长给出了一个禁止在耶稣会教学中出现的哲学和神学观点的列表。其主体想法是亚里士多德和阿奎那的观点应该被视为前提，且公共认知必须与此一致。这些规则对耶稣会和意大利科学的发展产生了多重影响。

　　一般来说，罗马裁判所本应在西班牙以外的所有天主教国家行使

---

　　① 当然，这并不能完全限制耶稣会科学家个人有探索新知的动机。

其权威①，然而在实践上，它在意大利之外没有权威。法国和德国虽然是天主教国家，但不能容忍来自罗马的干预。罗马权威有可能对意大利半岛之外的地区施加精神限制，诸如将违反者驱逐出教会等，但是关于哥白尼的宇宙论，他们事实上从来没有这么做过。17世纪下半叶之后，意大利科学的发展在欧洲日益被边缘化，很多史学家将其归因于教廷对新知识和新科学的反对态度，伽利略的受审便被认为是意大利科学发展的转折点。一些近期的研究中对此论点进行反思，指出意大利科学的滞后有着更为复杂的经济和社会原因（Biagioli，1992），但处于教廷权力辐射中心的亚平宁半岛确实受到了教廷更强的影响。自17世纪下半叶，耶稣会科学家成为意大利科学研究中的主要力量。

虽然耶稣会知识分子的成果受到了多重限制，但其中也留下了一些机动空间。它们使得耶稣会士在一个下滑的知识领域追循一条危险的道路。耶稣会士有责任反驳哥白尼学说。为了知识的完整性，他们也觉得有义务接受有真实证据的新知识。耶稣会虽然禁止哥白尼学说，但并不禁止任何人探讨或者评价日心说的可能性，正因如此，耶稣会科学家转向一个更为含蓄的关于互相竞争的假说优点的讨论。耶稣会士将哥白尼体系以错误假说的形式加入教材，耶稣会学者也被准许出版关于新宇宙论的不同方面的注释。通过耶稣会教育，事实性地造成其学生详细地了解了哥白尼的学说。

卡鲁阿纳（Caruana）认为，耶稣会士实际上在将哥白尼学说从由于不可能因而是谬论变为被认为是可能的但是不合适的并最终被认为是可能的而且是合适的这一过程中扮演了重要角色。他将耶稣会关于宇宙论的研究解释为一场安静的革命（Caruana，2008）。

---

① 西班牙有其自己的裁判所。

　　科学革命发生的与境是一个复杂的问题，简单地说，自中世纪后期以来的经济、社会和政治因素都在其中扮演了各自的角色。

第二节　维萨里与解剖学①革命

　　"革命"一词，往往意味着伴随着危险的巨大变革。1543年，帕多瓦大学教授维萨里的《人体结构》一书出版，不但开启了现代解剖学之门，改变了医学和生理学的发展道路，也引发了认识论中对"身体"这一概念的辨析（勒布雷东，2010）[51-54]，因此被誉为科学革命开端的标志之一。

一、维萨里之前的解剖学

1. 从古希腊到盖伦

　　科学活动就如同建筑，其进步总是以前人的成就为基础的。在古代，有关身体结构的知识掌握在屠夫、祭司和木乃伊制作者的手中，不过他们的实践活动多为各种迷信所笼罩。

　　古希腊的自然哲学家们开始摆脱宇宙处于神灵统治之下的观念，通过观察和思辨来探索自然界的规律。据说，毕达哥拉斯学派的阿尔克梅翁（Alcmaeon）是第一个带着科学精神做过系统解剖的学者②，

---

① 研究生物体组织结构的学科，在此强调人体解剖学。
② 只为了描述他所看到的一切，而不是出于占卜目的。

他的发现包括视神经和耳咽管这样精细的结构。到了亚历山大时期，希罗菲卢斯①（Herophilos，前335—前280）和他的弟子埃拉西斯特拉图斯（Erasistratus，前304—前250）在托勒密王朝统治者的支持下进行过更深入的解剖学研究②。前者已认识到脑是神经系统的中心，发现了动脉与静脉的区别，区分了肌腱与神经，并且对亚里士多德关于心脏是智力器官的说法表示了怀疑。后者则对很多器官的细微结构进行了观察，精确描述了二尖瓣、三尖瓣这些心脏构造，甚至还做过一些简单的实验以试图了解循环系统的奥秘③。此二者对医疗实践与解剖知识的态度迥然不同：前者坚持医疗开业者应该熟悉营养学、药物、外科手术和助产术；后者则不认为开业医生必须具有关于身体结构及其正常功能的一般知识。他们各自的门徒一度有过激烈的竞争，不过随着亚历山大帝国的衰落，所有的成就与争论都渐渐被掩埋了起来。

公元前2世纪，罗马人征服了亚历山大的继承者，对他们来说，有关建立帝国的实际事务比纯科学问题更为重要，士兵比哲学家更受尊重。尽管如此，在希腊-罗马时期，还是产生过一些对收集和记录知识感兴趣的人，比如众所周知的普林尼（G.Plinius Secundus，23—79？）。在这里值得一提的是公元前后的一位传奇人物塞尔苏斯（Cornelius Celsus，前25—50），有关其生平著述始终都存在争议，不过由他署名的著作《论医学》（De medicina）在文艺复兴之后很长一

---

① 亚历山大解剖学校的建立者。

② 他们获准处置死刑犯。传闻希罗菲卢斯曾经在活人身上进行解剖，不过因为二人的著作均已失传，对他们的了解只能依据一些间接材料。

③ 他把心脏看作一个水泵，似乎已把古希腊后期的力学应用于医学理论的研究，并采用实验方法探索生理问题。从这个角度上看，此二者就像后来的维萨里和哈维。

段时间里被奉为医学界的典范。该书以拉丁语写作，因此在他自己那个时代完全被忽视了①。直到1426年人们才发现了他的著作，但《药物论》一被发现就立即成了用新式印刷术出版的第一本书。不过，罗马人显然没有从中受到教益②。在他们的世界里，统治了医学、生理学和解剖学界一千多年的权威是盖伦，文艺复兴时期的解剖学家都是从他的著作中获得的基础知识。盖伦也成为革命的对象，因此有必要对其略微多加笔墨。

盖伦出生在珀加孟③的一个建筑师家庭④，早年曾拜柏拉图派学者为师，17岁师从一位精通解剖的医生，20岁丧父，从此便开始在旅行中追求医学知识。因为医术高明，他先后服务过4任罗马皇帝。除了医疗实践，他还忙于研究、演讲和著书立说⑤。虽然受过亚里士多德派的教育，盖伦却丝毫不赞成同时代人中宁愿费尽口舌争论而不愿动手验证的态度。他的解剖技艺精湛、观察敏锐，同时又不满足于纯粹的描述，还想把研究范围从人体的结构发展到器官的功能。事实上，在生理学上很难找到一个盖伦丝毫未触及的问题。他知道实验才是通向科学的正确道路，也常常提醒读者注意这一点⑥，但不幸的是，他自己在工作中并没有严格地遵循这条原则。

在罗马人统治的时期，人体解剖是严格禁止的，因此盖伦只能通

---

① 当时学术界的正式语言是希腊语。

② 他们可能认识到了希腊医学的价值，但是拒绝把人体解剖的实践作为基础的医学训练之一。

③ 小亚细亚爱琴海边。

④ 据说其父曾梦见有人告诉他，他的儿子命定是一名医生。

⑤ 他的作品异常丰富，并且他自己也很注重宣传。由于生怕作品被粗心的复抄者误传，又担心某些蹩脚的作者以低级的东西冒充他的著作，盖伦对其著作加以说明。他声称自己写了256本书，其中131本是关于医学的，幸存下来的有83本。

⑥ 维萨里和哈维正是通过盖伦的著作接受了教育，受到了鼓舞。

过动物来学习解剖，并把从动物身上得来的知识应用到人的身上①。他对人体内部的观察一是利用一度为角斗士治伤的职业，再就是一些偶然的机会，比如从坟墓中裸露出来的尸骨等。盖伦的生理学基于一种认为生命过程依赖"元气"和三个层次的灵魂②来控制的学说。他把人体看成制作、分配和改变元气的三种场所，它们与体内三个主要器官——肝脏、心脏和脑，以及三种类型的管道——静脉、动脉和神经相联系。对他来说，身体是灵魂的工具，这种观点使得这个异教的哲学家可以为基督教会所接受。

虽然盖伦的体系是以不完善的观察和不正确的推理为基础，但它却在1 400年里被视为令人满意的理论。因为它一方面满足了把医学和哲学传统结合起来的需要③，另一方面还充满了宗教精神——对伟大造物主及其杰作的钦佩之情洋溢在他著作的字里行间。今天要指出他的错误十分容易，但是在他所处的时代，盖伦所做的工作既没有竞争对手也没有先驱榜样，他的成就和错误就被一代一代地学习下去，并被奉为不可置疑的经典。

2. 中世纪至文艺复兴时期的医疗实践与解剖教学

西方医学的基本理论，自希波克拉底（Hippocrates，约前460—前377）以来，就是由四体液说所主导的④。有关人体结构的解剖学知

---

① 在这一点上他完全不加小心，因此带来了很多错误。
② 植物性灵魂、动物性灵魂和理性的灵魂。
③ 它结合了希波克拉底的四种体液说、亚里士多德把生命和灵气分为三级的学说以及斯多葛派的庞大宇宙精神灵气学说。
④ 希波克拉底认为血液、黑胆汁、黄胆汁和痰这四种体液的不同配合，使人们有不同的体质。他把疾病看作是发展着的现象，认为医师所应医治的不仅是病而且是病人。四体液说为维持个人健康和对疾病做出解释提供了框架和语汇。人们到18世纪末才逐渐摆脱它的控制。

识在医学体系中始终占有一定地位，但是如前所述，不同的学者根据自己的认识会把它摆在不同的位置。有些认为它是医学的基础，是理解人体机能的根本途径，有些则认为解剖之于医疗实践只是有益但不必要的补充。后者的观点很容易理解，因为在外科手术能够发挥比较大的作用之前，人们对身体结构上的异常通常束手无策，因此不如在哲学解释上多下些功夫。而外科手术的发展，在解决疼痛、出血和感染这三大难题之前，都没有出现质的变化。

中世纪的医疗实践者包含了若干等级并表现出一定程度的专门化，村庄里的接生婆、采药人及城市里的"江湖郎中"、兼做外科手术的理发师是凭经验吃饭的最低阶层；药剂师、受过专门训练的外科医生和学徒出身的医师是中间层；最高等的是受过大学教育的医生。不过这种结构并不严格，并且世俗和宗教的行医者也使事情更趋复杂化。在中世纪后期，对行医者的管理和授权逐渐开始制度化，但从没有达到普遍有效的程度。[1]

正规的医学院出现在10—11世纪的天主教学校中，其目的并非专为培养职业医生，而是作为普通教育的一部分。这种体制一方面保证了一个受过大学教育的医生团体的持续存在和医学研究的延续，另一方面也为医学和其他知识门类的融合创造了条件（林德伯格，2001）[341]，并造就了文艺复兴起始时的医学文化[2]。在正规的医学

---

[1] 零星的数据表明，彼时欧洲城市中的医患比例大约是1：1 000，这包括了"江湖郎中"在内的各级行医者（林德伯格，2001）[339-340]。

[2] 事实上，在大学中出现科学院系之前，医学院提供了所有的科学教育，很大程度上代表了科学。很多我们现在称之为科学家的人，当时首先会是个医生，哥白尼就是个著名的例子。在"公牛广场"的走廊里，悬挂了40位著名的外国校友的姓名，其中17位在帕多瓦学习的是医学（虽然他们后来并不都是从事相关工作）。

教育中，重要的文本知识来自伊斯兰世界保留下来的古希腊典籍。12世纪的翻译活动掀起了再次学习盖伦的新潮流，而完整阐述了其解剖学工作的《论解剖过程》（*De anatomicis administrationibusa，on anatomical procedure*）和《论身体各部器官的功能》（*De usu Partium，the usefulness of the parts of body*）等著作则唤起了人们对解剖学问题的重新关注。

在这一时期的医学课程中，解剖学是一门需要修习的科目，但主要是研读盖伦等人的著作。从13世纪起，解剖人体的做法逐渐恢复。最初是源于法律上的需要，虽然人们不认为这是什么光彩的事情，但是尸检作为确定有关死亡原因之法律问题的最佳方法，确实在博洛尼亚的法学院经常进行。一旦该活动发展成为看起来是合乎情理的事情，距在医学教学中使用解剖也就只有咫尺之遥了。腓特烈二世在位时就规定，医学院学生必须至少参加两次解剖。到14世纪，这种直接研究人体的做法在一定程度上已经成为意大利各个医学流派的习惯（沃尔夫，1985）。大瘟疫的流行使一般民众习惯了见到死尸，因此对人体解剖的抗拒也在逐步消解。

不过，解剖的重现并没有立即带来新的学术进步，原因首先在于学者的态度。在大学教授解剖的老师，通常熟读古希腊典籍，但却认为操解剖刀不过是种卑微的工作，只能让下属[1]去做。他们讲授课程，却不注意观察他所进行的陈述是否与事实一致，而下属则只关心如何避免冒犯讲师。盖伦的各种错误因此得以保持[2]。

博洛尼亚大学医学院的蒙迪诺（Mondino，1275—1327）可能是

---

[1] 通常是由兼做外科小手术的理发师来充任助手。

[2] 虽然在人类身上并不存在盖伦在动物躯体中找到的，并因此假设在人类身上也会出现的特征，但是这些特征还是一次次地在人类身上"被发现"。

教授中亲自进行解剖的一个先驱。他将解剖的过程公开化、系统化、程式化，并于1316年撰写了第一本完全针对解剖学的书籍，因此被称为"解剖学的重建者"。但是这并非真正的曙光。蒙迪诺的很多描述是基于过去的书本，而不是他自己的眼睛。他的解剖手册在此后的2~3个世纪里一直是医学院的通用本，其权威性甚至让学生们认为凡是与手册描述不符的现象都是异常的。在总体上学界仍维持让下属进行解剖的惯例。

总的来说，文艺复兴时期那些意识到古希腊解剖学作品价值的医生，开展解剖的主要目的是通过实践来复原这些著作，而不是剔除其中的错误[①]。他们所做的解剖，正如现代大学生在实验室里进行标准的"食谱式"的实验，并不是希望去发现任何新的东西，仅仅是复习或者验证已经被肯定了的现象，或是学习一种标准的实验程序而已（马格纳，2002）[153]。对于医学院的学生来说，上述口授与操作分离的上课方式对获得解剖学的经验来说并不是很有效，并且当时的解剖工具原始，技法粗糙，观察草率，学习过程基本只是走个形式。

二、人物简要生平

维萨里（Andreas Vesalius[②]，1514—1564，又译为维萨留斯）出生在布拉班特（Brabant）的一个医学世家，其曾祖是勃艮第玛丽女公

---

① 希望将自己的实践与古希腊经典对应起来的想法，在各领域都很常见。例如对植物的搜寻和观察，一开始就是这样，但随后就变成了构建新的分类和命名体系。

② 其家族的姓氏在1537年之前写作Wesalius，据说源自祖籍，即当时在克利夫斯公爵治下的维塞尔（Wesel）。在《人体结构》的扉页上，可以看到其家族纹章的图案与维塞尔市的一样都是三只鼬（Wesel = weasel）。

爵的御医①。维萨里的祖父既是玛丽女公爵的医生，又是著名的数学家，可惜在36岁就英年早逝了。维萨里的父亲则给查理五世和奥地利的玛格丽特（Margaret of Austria，1480—1530）担任过药剂师，这也使后来维萨里进入朝廷成为顺理成章之事。

作为世家子弟，维萨里在鲁汶大学接受了完备的古典文学教育，之后来到当时最好的医学院之一——巴黎大学医学院学习。1536年，第三次法德战争爆发，还剩一个学期就可以毕业的维萨里被迫回到鲁汶。为了获得医生资格，他转入意大利的帕多瓦大学学习，于1537年底获得博士学位，随即便被该校聘为外科教授，教授解剖学。在帕多瓦大学，他以亲自操刀的教学方式引领了一种新的潮流，并先后出版了《人体结构》（*De humani corporis fabrica*）②和《人体结构概览》（*De humani corporis fabrica librorum epitome*）③等教学用书。其中1543年出版的《人体结构》是一部里程碑式的著作，它不但纠正了盖伦许多在医学界被奉为圭臬的错误，而且以大量的非凡的插图赢得了医学学生数百年的拥趸，标志着写实的图像表达方法在医学、生物学领域首次得到正式应用。

维萨里的书激怒了盖伦的那些忠实信徒，《人体结构》出版后不久，他就离开了学校，开始以医生的身份长期供职于查理五世（及其儿子菲利普二世）的朝廷，直至1564年在一次朝圣之旅的回程中去世。他后来的研究工作因手稿烧毁而不为人知，不过《人体结构》一书和他在帕多瓦大学开创的解剖学教学，已经为他树立起了科学革命

① 从那之后维萨里一家与奥地利-勃艮第朝廷的关系就很密切。
② 也经常被译作《人体的构造》。
③ 前书的缩编本，减少了文字，更注重图像的使用，编排上也有不同。

之先驱的光辉形象。在他之后，一批学者继续将解剖学的工作带到了新的高度，并以此为起点开辟了现代医学、生理学的发展道路。

三、解剖学的革命

1. 维萨里的革命性工作

受家庭环境的影响，维萨里从小就对人体的结构很感兴趣，而且他也有条件接触各种解剖学著作。在大量研读前辈的书之后，他很快就发现，要真正学会解剖，不能依靠这些书本，而是得亲自动手，因此就用老鼠、猫、狗等小动物做了很多练习。

但是，拥有最好医学院的巴黎大学，其解剖学实践并不令人满意。维萨里的老师西尔维乌斯[1]（Jacobus Sylvius，1478—1555）虽然号称是在法国用人的尸体教授解剖课程的第一人，也经常称颂"自然之书"的重要，却根本没有给学生提供什么机会。为了能够亲手实践，维萨里不得不趁夜去刑场上取得犯人的尸骨。

维萨里的努力很快得到了师生的广泛承认，在第三次解剖课上，他就取代了原来的理发师助手，对腹部脏器和手臂肌肉做出了干净漂亮的展示。第三次法德战争期间，他在鲁汶组装了第一具骨骼标本，并在鲁汶大学进行了该校18年来的首次公开解剖演示。次年，他出版了对拉齐斯（Rhazes，865—925）[2]的著作《曼苏尔医书》（*Almansor*）中第九卷的译述[3]。该书一共10卷，包括了有关人体的

---

[1] 法文名字Jacques Dubois。

[2] 拉齐斯，波斯医师、炼金术师、化学家、哲学家。在医学方面，他发现天花与麻疹是两种不同的疾病，并最早阐明了过敏和免疫的原理。拉齐斯一生著有约200部书和大量文章，记载了他在各领域的探索。

[3] 这种释义性质的翻译是当时介绍古典作品的一种流行方式。这也是维萨里出版的第一本书。

各个方面和各种疾病的治疗。维萨里的翻译比原有的译本可读性强了不少，并且加入很多有用的注释，充分显示了其文学功底和医学造诣①。他也因此迅速成为医学界的知名人物。

任教于帕多瓦大学之后，维萨里陆续出版了几本教学用书，其中被谓为科学革命开端之标志的《人体结构》（图2-1）是一部663页的对开本大书，里面绘有大量非同凡响的整页插图②。书的第一部分是给查理五世的献词，但这不是一篇简单的歌功颂德的礼节性文字，维萨里在其中详细阐述了自己的医学观、对解剖学地位的认识、对盖伦的态度，以及图像在这类著作中的重要性等问题。书的正文分7卷，分别论述骨骼、肌肉、血管、神经、消化和生殖器官、心肺，以及脑和感觉器官。

图2-1 《人体结构》封面局部

---

① 他还给书中提到的药用植物配了图，因此更增加了译本的价值。

② 插图总数有200多幅，在它之前的所有解剖书中的插图加起来也不过十几幅，更不用说质量了。

对维萨里和这本大书的革命性，有几点是人们的共识。

第一，《人体结构》成功运用了图像艺术，是维萨里的重要成就之一，也是（写实的）图像方法首次得到正式应用（不同于以往的示意图）。在很多情况下，文字的表达远远不如图片有效，视觉形象表述在生物学中尤为重要[①]。维萨里对插图的使用和赋予它们的自然主义特征，都与中世纪绘画传统大不相同（巴特菲尔德，1988）。如果说博物学在16—17世纪的发展得益于文艺复兴时期的绘画中写实主义的胜利的话，这一胜利也极大地影响了解剖学的进步。

第二，《人体结构》纠正了盖伦的无数错误。1531年，在整理古代典籍的热潮中，盖伦的《论解剖过程》一书被重新发现并印刷出版，大大激发了当时对解剖学的研究。维萨里的《人体结构》一书被认为某种程度上就建立在盖伦著作的基础之上[②]。《人体结构》一书中的新发现，处处以盖伦的错误为参照[③]，但是并非像其他人文主义学者一样，维萨里孜孜寻找的是古代原著中的那些细小的错误，在撰

[①] 虽然《人体结构》里面的大幅插图被公认为是威尼斯画派的专业画家的作品，但是里面的诸多小图，很多人都认为是维萨里亲手绘制的。

[②] 维萨里在《人体结构》的前言中也交代了，他这7卷的编排次序是依照盖伦的原意。

[③] 从《人体结构》的文本中，可以看到很多段落是以驳斥盖伦为开头的。比如，在有关脑室的一章中，维萨里首先做了一个总的结构描述，接着写道："我得承认，在上面的叙述中，有许多与盖伦的教义相左……"（Singer，1952）[34] 然后他列举了前脑室与嗅觉相关、脑室门的柔软度逐渐升高并最终汇集到视神经等新的观察结果，并谦逊地说："这些事实是如此的明显，那些解剖过或观看别人解剖过大脑的人，如果不是只相信书本，都不需要多加提醒。"在谈到小脑蚓部的功能时，维萨里惊呼："想象蚓部是控制第三到第四脑室的孔道，盖伦的脑子出问题了吧。"（Singer，1952）[48] 在全书的结尾，他写道："所有这些在人体中都是如此的明显，如果你没有以盖伦的名义而不相信自己的眼睛的话。"（Singer，1952）[72]

写这部书的时候，他始终怀着这样的目标，即"真实地描写人体的构造，而不管这种描写与古代权威的观点有什么不同"①。

第三，维萨里不仅从图示上和词语上修正盖伦的错误，而且还主张每一个医学院学生和医生都应该把关于人体的知识建立在对人体直接解剖的基础上。在他进行过的多项改革中，最主要的一个就是在教学中不使用理发师助手，将解剖和演讲同时进行。维萨里毫不掩饰对那些照本宣科的同行的反感，他对学生们说，从一个肉店屠夫那儿学到的东西都比从那些傻瓜教授身上学到的多（马格纳，2002）[145]。他强调要重新观察人体，因为盖伦并没有机会亲自实施过人体解剖。1540年，维萨里用一副猿的骨骼和一副人的骨骼进行了一次戏剧性的演示，指出单就骨骼系统而言，盖伦的叙述就有200多处与事实不符。

简而言之，维萨里基于自己的观察展现给世人第一本准确介绍人体解剖学的书籍。他创造性地使用了写实的图示，不但在知识上大幅度超越前人，也在方法上做出重大革新，迈出了摆脱古代先贤束缚的革命性一步。

2. 前人和来者

到16世纪早期，欧洲已经走出了黑暗，并一跃达到了希腊科学的极限。但是，除非欧洲的知识分子被唤醒并意识到希腊书籍仅仅是一

---

① 维萨里《人体结构》的前言（马格纳，2002）[146]中一个令人困惑的问题是：维萨里虽然详细地描述了心脏的结构，也解剖了动脉、静脉和静脉瓣膜，清楚地表明找不到任何完全穿透中隔的通道，但是却没有以此为依据否定盖伦的系统。相反，他有意识地使他的教科书在很大程度上迎合盖伦关于系统的学说。科恩对此的解释是：维萨里之所以不敢越雷池一步，并非因为他不相信自己观察的正确，而是因为他觉得无力完成改革的工作。但是无论如何，维萨里已经点燃了革命的火种。

个开端，否则这一运动就无法再取得任何进展。当人们掌握了其中的知识后，必须将希腊书籍丢弃，而不是保留和崇拜它们，直至让它们成为禁锢思想的桎梏。

如前所述，15世纪，塞尔苏斯的书已经唤醒了人们对解剖学之于医疗实践的重要性的认识；在维萨里之前，巴黎大学医学院在布里索图斯（Brissotus）领导下已经做出了一些改革①。布里索图斯发现以前萨拉森人翻译的医学书有很多错误，为了不至于继续误导学生，在巴黎大学兴起了红红火火的翻译古典原著的运动，维萨里对拉齐斯著作的译述也是其中之一。

前面提到的西尔维乌斯虽然是个问题人物②，但确有雄辩之才，他开设的讲授希波克拉底和盖伦著作的课程非常受欢迎，其对单纯用数字编号命名肌肉③的改变也是对解剖学的一大贡献。他还首次写到通过注射颜色来显示不好分辨的结构的方法，并发现了若干重要人体部件。巴黎大学最具革新精神的医学家是费内尔（Jean Fernel，1485—1558）。因为曾经在军队中服务，他的解剖学和外科技术都很精湛。他受彼得拉米斯（Petrus Ramus，1515—1572）影响颇深，敢于挑战古代流传下来的教条，虽然他的很多生理学、病理学观念现在看来实属荒谬，但其学术上的独立精神远高于前人。

维萨里在他的《人体结构》出版后不久，就放弃了研究。不论他曾经有过什么打算，他的学术生命跟抚摸着《天体运行论》去世的

---

① 主要是把以前用作教材的阿维罗约和阿维森纳等人的作品，换成了重新翻译过的盖伦的作品。

② 他一方面因为盲从古代先贤，另一方面也是因为嫉妒，维萨里成名后，他是最狂热的反对者之一。

③ 由于每个著者的编号都不一样，导致学者们无法交流。

哥白尼一样，到此就结束了。后来在将他开创的现代解剖学发扬光大这件事上起了重要作用的，当属哥伦布（Realdus Columbus，1516—1559）、法洛皮奥（Gabriel Fallopius，1523—1562，也译作法罗比斯）、法布里修斯（Hieronvmo Fabricius，1537—1619）以及哈维（William Harvey，1578—1657）等人。

哥伦布和法洛皮奥都是维萨里的学生，《人体结构》出版之后的一二十年间，他们也各自出版了自己的解剖学作品。哥伦布的突出贡献是对肺循环做出了明确的描述，突破了盖伦的血液生理观点，并使后来哈维的研究成为可能。法洛皮奥的主要贡献是对生殖器官和感觉器官的认知，他发现了连接卵巢与子宫的输卵管，以及脑与面部的几处主要神经[1]；另外就是培养了法布里修斯这个卓越的继承人。法布里修斯1562年接替英年早逝的老师担任帕多瓦大学的解剖学教授[2]，并倡导建设了第一座永久性的解剖剧场[3]。这种形式的建筑在16—17世纪的欧洲遍地开花，将解剖学知识与一般社会生活紧密地联系了起来。

当然，在维萨里的后继者中最重要的一个，也是把革命深入到医学、生理学领域的是哈维。

哈维出生在英国的一个殷实人家，自幼受到良好教育，1593年进剑桥大学攻读古代文学、自然科学、医学和哲学。1597年获得文学学

---

[1] 在《解剖学观察》（*Observationes Anatomicae*）中，描述了耳内的半规管，并命名了阴道、胎盘、腭及耳蜗等组织器官。

[2] 法洛皮奥去世之后，帕多瓦大学邀请维萨里重回他的讲席，维萨里也答应了，可惜在返回途中去世。

[3] 1584年在帕多瓦大学建成。

士学位，之后一路从法国、德国游历到意大利，1599年进入帕多瓦大学跟从法布里修斯学习。其间，法布里修斯对静脉瓣的研究使哈维对血液循环产生了兴趣①。1602年，哈维获得博士学位，不久回到英国在伦敦开业行医，并娶了御医布朗的女儿。他在1628年出版的《心血运动论》（*An anatomical disqisition on the motion of the heart and blood in animals*）一书中，首次阐明了有关心脏运动和功能以及血液在身体中循环运动的新概念，并明确表示他对自己这些创新的颠覆性意义是有意识的②。

很多人在评价维萨里时之所以未把他看作一个革命者，主要是因为他没有推翻旧的医学生理学理论体系。但是，要求他在出版《人体结构》一书的时候就做出这样的学术判断，实在为时尚早③。摧毁盖伦主义医学生理学体系的突破口是血液循环的发现，而这正是哈维的贡献。由维萨里开启的解剖学革命，至此始告成功④。

3. 革命果实

文艺复兴时期的解剖学家面临许多问题的困扰：首先是缺乏尸

---

① 他也多次听过伽利略的演讲，并且跟他同为林琴学院的成员。哈维在生物学研究中首次应用了定量的实验方法，这与他在帕多瓦大学所接受的力学知识的影响有直接关系。

② "但我这部书是唯一的与传统相对立的著作，而且是唯一的断定血液是沿着它特有的、以前尚不为人所知的循环路线流动的著作。"（科恩I，1999）[239]

③ 虽然在《人体结构》出版之前，巴塞尔的帕拉赛尔苏斯（Paracelsus Philippus Aureolus，1493—1541）就试图从医疗化学的角度掀起一场对旧医学体系的革命，但是他提出的新理论并没有坚实的根基。

④ 古代的影响在哈维对血液循环的论证中也不是没有地位。哈维在许多方面属于亚里士多德学派（这应该与帕多瓦大学有关）。"他把心脏看作人体的中心器官，是最基本的特征，以至于对心脏问题，他有时显得那么热情奔放，使我们不免想起哥白尼对太阳问题进行研究时的那种激情。"（巴特菲尔德，1988）[36]

体，同时也缺乏可信赖的教师；即使得到尸体，又缺乏得心应手的工具；当时还缺乏关于身体各部分器官名称的标准术语，以至于他们所做的任何观察都难以与同行交流。维萨里之后，这些问题在意大利和许多西欧国家陆续得到了解决。

首先在帕多瓦大学，维萨里时代的临时讲坛被固定下来，建成了永久的解剖教学建筑，这种建筑连同维萨里式（亲手持解剖刀）的解剖教学在1600年以前已经被意大利的其他城邦和许多西欧国家引进，如博洛尼亚（1563年）、来登（1596年）、乌普萨拉等。他的《人体结构》成为解剖学的标准教材[①]，里面提到的工具也得到了推广[②]。当然名词术语的问题不可能一蹴而就，但是解剖学新的学术范式已经确立。到了16世纪末，每一所有名望的医学院都在进行包含公开解剖课程的新的解剖学教育[③]。

不仅如此，现代解剖学的确立也直接关系着生理学和医学的发展[④]。虽然解剖学本身并不能直接解决有机体功能的问题，但是在维萨里生活的时代，人们就已经认识到解剖学之于生理学就如同地理之于历史，它提供了事件发生的舞台。在维萨里看来，真正的解剖学，亦即基于解剖的解剖学，是整个医学唯一坚实可靠的基础。许多创新的解剖学研究都以阐释机能为目标，例如，用注射方法显示细小的血

[①] 它再版的次数不多，但是流传非常广。到20世纪初，在书店和图书馆中都还很常见，并且售价也不算贵（根据品相不同，大约10~20英镑）。

[②] 那些激烈反对维萨里的盖伦主义者，倒不反对使用他书中精美的图片。《人体结构》中的图经常被盗版后配以其他的文字，以各种各样的名义出版。

[③] 事实上，巴黎的西尔维乌斯是公开解剖教学的先行者之一，但是整个法国都迟迟不肯接受维萨里的新解剖学。

[④] 马格纳《生命科学史》第二版的中译本就以维萨里为封面，某种程度上反映了他在整个生命科学史中的地位。

管、肺、腺体和淋巴管。解剖学就这样为生理学实验或相关的推断提供了背景知识[①]。

解剖演示甚至成了意大利城市生活的一部分，并带来了其他社会意义。它们不但标志着大学作为学术中心的地位，同时也是城邦国家向游客们展示的"奇迹"和"丰碑"。更重要的是，解剖剧场成了举行世俗仪式的重要场所[②]。虽然限于容纳的人数[③]，解剖剧场并不能让所有的平民百姓观看到人体内部的景象，但是，维萨里还是影响了关于人（微观世界）的概念。

维萨里在生物医学领域掀起的这场革命，影响要比哥白尼在天文学领域中掀起的那场革命来得更快。《人体结构》中的主张，从表面看来，并不像大地在天空中运动那样令人难以置信。相反，它以一种颇具吸引力的方式，向世人呈现出器官的形状与排列方式（不管它可能与古代权威观点不一致到何种程度），任何人只要依样进行观察都可以自己做出相同的判断。

维萨里在依靠实践的基础上开创了一条能够有效从事相关研究的道路，通过几代人的继承、传播与发展，才有后来哈维的血液循环论等革命性理论成就。在这个过程中，学者们从事研究的方式、学术机构的组织建制、知识的传播途径，以及社会生活的诸多方面都在发生

---

① 继血液循环之后，人们才开始应用恰当的方法来理解呼吸、消化等功能的问题。

② 例如，在比萨、罗马、费拉拉、博洛尼亚和帕多瓦，面向公众的解剖课是在狂欢节期间开展的。解剖剧场的建立正时值城市试图对大学的特权进行限制，通过这个活动，政府和大学向公众明确了各自的地位和管辖范围（Biagioli，1992）。

③ 帕多瓦的解剖剧场只能容纳200人。另有记录称维萨里时代的解剖演示厅曾挤进500名学生（Andrioli et al.，2004）。

着深刻变化并互相影响，下面就与解剖学革命关系比较密切的几点稍做分析。

四、讨论

维萨里生活的时代，欧洲正经历着巨大的社会变革。1517年，马丁·路德（Martin Luther，1483—1546）提出九十五条论纲，标志着宗教改革的开始。1533年，亨利八世（Henry Ⅷ，1491—1547）在英国教会法庭批准下，与阿拉贡的凯瑟琳（Catherine-of-Aragon，1485—1536）离婚并迎娶了安妮·博林（Anne Boleyn，1501？—1536）。教廷的权威在整个欧洲受到极大的挑战，为了夺回统治地位，其内部产生了一股维新改革的思想。1543年，也就是《人体结构》出版的同年，耶稣会这一天主教的重要修会也正式开始了它以建立学校、开展教育为主要模式的传教活动。

在宗教改革中，15世纪中叶发明的古腾堡印刷术起了重要作用。据统计，在古腾堡印刷术发明后的半个多世纪里，欧洲各地建立的印刷工厂有1 000多个（刘景华 等，2008）。印刷业的繁荣，使16世纪成了"书的文明"的世纪。与此同时，视觉艺术也在文艺复兴中获得了极大的发展。这些都对解剖学的发展起了重要作用。

另一方面，纷繁的战事在意大利半岛上接连不断①。 15世纪初发

---

① 作为地中海上的要地，意大利半岛一向纷争不断。从罗马帝国分崩离析到1861年意大利统一之间的1 000多年里，这一地区处在多种势力的斗争与制衡之下，而它的政治则由若干个城邦国家所控制。

明的火绳枪在意大利战争①中开始逐渐应用到实战，这种新型武器带来的新型创伤迫使医生们对人体的结构和功能有更准确的认识，包括维萨里在内的很多医生都在战地服务时获得了有关人体的一手知识。军事上的革命是促使解剖学发展的一个特殊因素（McClellan et al.，1999），战争和瘟疫也使普通民众对人体的观念发生变化，但是我们更为关心的则是政治、经济、宗教、文化和思想等一般条件。

1. 威尼斯的政治经济与帕多瓦大学的财政（学术的赞助者）

财富是西方文明兴起的重要基础之一。威尼斯在中世纪盛期，由于控制了海上贸易而变得非常富裕。其政治体制早期可被归为独裁统治，执政官近乎是专制的统治者，任期是终身的（当然也有些被逼下台）②。13世纪起，威尼斯执政官的权利被削弱，贵族们建立了参议院，名为威尼斯元老院（Consiglio dei Pregadi 或 Senato）。实权从执政官转移到了威尼斯大议会③。某种程度上，威尼斯确如声称的那样是一"古典的共和国"，因为其政府是由公爵的王权、参议院的贵族政治和大议会的民主政治三种体制混合而成。

15世纪早期，为了应对米兰公爵的扩张威胁，威尼斯人开始向意大利内部安插贵族去管理这些地区。帕多瓦就是在这个时期被纳

---

① 15世纪末到16世纪中叶，意大利的强邻——法国和西班牙在争夺亚平宁半岛的斗争中矛盾激化，导致了持续半个多世纪的意大利战争（1494—1559）。这场战争原本是意大利的强邻为宰割和瓜分意大利而发动的，后来演变成了争夺欧洲霸权的战争。威尼斯在战争中一度丢失了伦巴第的领地，不过共和国的版图在战争前后倒是变化不大。

② 威尼斯在8世纪脱离拜占庭帝国获得自治权，执政官早期由拜占庭帝国任命，11世纪以后则由本地人士选举产生。

③ 这个议会式机构只准许共和国内的贵族成员参与。

入了威尼斯的保护范围①。威尼斯的执政者们从一开始就明确表示要大力扶植帕多瓦大学的发展②。最初，他们与帕多瓦大学共管会每年各支付3 000金币，但从1407年秋天开始，威尼斯元老院同意每年支付4 000金币作为学院的全部费用。威尼斯政府还关闭了尚在孕育中的、可能与帕多瓦大学形成竞争关系的两个学院（Treviso和Vicenza），并在当年春季颁布法令，要求所有想获得大学学位的境内居民入学帕多瓦大学，否则就要缴纳500金币的罚款。这条法令在此后的200年间被重申过多次，但并未真正执行，不过其存在已经表明了威尼斯政府对帕多瓦大学的重视程度。③

1414年，参议院废除了4 000金币的年度预算限额，并在帕多瓦地区开征新的税种以提供额外的经费。1434年，威尼斯为学校的财政制定了一个可持续的政策。与意大利其他城市一样，威尼斯认为大学所在地应该承担它的费用。参议院规定将帕多瓦的车辆和人口税用于大学，在15—17世纪，用这两项税收支付了大学费用的绝大部分。据统计，1525—1560年，帕多瓦大学的年均总支出为8 000~10 000弗洛林④。教师的平均人数是25名法学家和30~31名人文学者，他们的薪金为每年人均55~60弗洛林。

---

① 这一时期，教皇国、威尼斯、佛罗伦萨、那不勒斯和米兰是5个旗鼓相当的城邦，尽管规模和性质有很大差异，但大致上维持着政治势力上的均势。从15世纪开始，奥斯曼帝国的扩张，使欧洲传统的贸易航线受到威胁。加之新大陆被发现，绕非洲通往东方的航路被开通，而传统东西方通道又被土耳其人控制。从此，国际贸易逐步从地中海沿岸向大西洋沿岸转移，威尼斯开始衰落。

② 威尼斯人认为，帕多瓦大学是他们的，不属于帕多瓦人。

③ 1463年，威尼斯还颁布过另外一条法令，规定那些从其他地方取得学位的人不得担任威尼斯的公职。

④ 文艺复兴时期流通的金币单位。

另一方面，大学对地方经济的贡献也是很大的。单是每个学生的生活费，每年就要花费80~100金币，甚至更多①。虽然大部分学生不是那么富裕，但是在学的1 000~1 500人中，95%不是本地人，他们的贡献远高于学校自身的经费。

因此，在帕多瓦，世俗统治者和普通有产阶级共同为学术发展提供了一种可持续的经济基础。

2. 解剖与宗教（现代意义的"人"）

在古希腊，理性的医学和自然哲学差不多同时兴起，亚里士多德的研究中就有很多与医学直接相关。他还教育人们"当灵魂离去时，剩下的就不再是一个生灵（动物），除了结构相同之外，它的各个部分都不是原样了"。也许正是这种观念让解剖成为可以接受的研究方法。对解剖的反对意见存在于某些宗教信仰当中，例如：古埃及人认为，如果希望来世获得应有的享受，就需要保持肉体的完整；而对犹太人来说，解剖是亵渎神圣的行为②。

基督教兴起后，逐渐从思想和实践上控制了医疗活动，医学知识和治疗活动越来越向神职圈子集中。当然，世俗的医疗活动始终存在着，但是他们没有像教士们那样掌握着古希腊的学术遗产。在基督教世界里，身体上的不适被认为是罪恶的反映，通过祈祷、净化心灵来治愈疾病是教会的专利③，但他们同时也保留了对世俗医书的学习。

事实上，基督教神学教义并没有直接禁止解剖实验，但它将盖伦

---

① 有些能花上500~1 000金币。

② 因为人体是仿照上帝创造而成的，所以是神圣的。

③ 奥古斯丁发展出这样的观念，即"基督本人是真正的医生，他治愈的不仅是心灵还有肉体"。

的权威置于一个不可挑战的位置，对解剖学的发展确实起着一种抑制作用。另外，中世纪还流行着一种以宣扬神迹为宗旨的解剖，这与第一批解剖学家为了了解人类身体不可见的内部结构而进行的解剖截然不同[①]。

文艺复兴时期，艺术领域出现了一种强调精确地再现自然的倾向。艺术家们认为人体是美丽的，是上帝创造的最完善的作品，要表现它的完美仅有人体外部的知识是不够的，因此他们开始学习解剖，以了解肌肉和骨骼的运动以及它们和身体内部的联系。这些活动甚至在某种程度上得到了教会的支持，一个突出的例子来自米开朗琪罗。据说，1495 年，在奉命为圣灵教堂雕刻一个木质十字架之后，米开朗琪罗在佛罗伦萨解剖了第一具尸体。教堂的副院长赐给他房间，以便他通过解剖研究如何令人信服地展现垂死耶稣的肌肉[②]。

相对于当时意大利的其他城市，威尼斯更具有一种独特的宽松的宗教环境。威尼斯人虽信奉天主教，但是不受罗马教皇约束。在反对宗教改革的过程中，竟然没有一个人在这里被处决。当然，这种与教廷的分庭抗礼并不总是面对面地进行，有时也采取虚与委蛇的办法。据说，帕多瓦大学的解剖台面可以翻转，预备在教皇派人视察的时候随时将台子上的人体翻倒进下面的河水中，并替换上动物尸体。

《人体结构》的出版，向受到宗教认可的盖伦学说提出了挑战。作为科学革命先驱的维萨里，在科学与宗教不断发生冲突的大背景下也因

---

① 坎波莱斯（Piero Camporesi）曾提到，在蒙特佛科的圣嘉拉修女于奥古斯坦修道院仙逝之后，人们于1308年对其尸体进行了仔细而缜密的解剖。……人们依次从她那取之不尽用之不竭的心脏里发现了耶稣受难日的物品：圆柱、王冠、钉子……（勒布雷东，2010）[49]

② 他最后一次有证可寻的解剖于 1548 年在罗马进行。

此承担着一定风险。不过，或许是由于他有意识地隐藏锋芒，或许是教廷对其不以为意，与《天体运行论》的命运不同，维萨里的作品从来没有遭到禁毁，其中的图还被大量盗版，因而遍行于世。

个别生物学史著作中写到《人体结构》中有关男女肋骨数相同的论述如何否定了《圣经》中的说法激怒了教廷，但是大多数作者不把它当作一个重要问题。因为维萨里所揭示的这些现象实在无法质疑其真实性了，教廷的反应只能是在《圣经》的框架下为这些现象做出一些新的解释[①]。

随着宗教改革的推进，欧洲的基督教会逐渐放松了对公众事务的掌控，并在某种程度上促进了科学的发展。

中世纪对解剖的顾忌并非源自教会的反对或是由于复活教条在起作用，而是因为在人们眼中躯体与人乃是不可分的。其后教廷将1300年的一份教皇诏书解读为禁止解剖人体，但其实这份文书的意图是阻止人们将十字军的尸体切成小块运回家的图省事的做法。在威尼斯共和国，人体解剖是合法的，教会只要求这个过程要受到合理的监督，并且在结束之后死者的遗体要获得教会的赐福。不过，由于上述身体观念根深蒂固，解剖学家的尝试总是带着小心翼翼甚至踯躅不前的意味。

维萨里的《人体构造》一书，开始将人及其身体彼此区别开来。他的作品充斥着模棱两可之处，生动地展现了这一过渡阶段的主要问题。而此后解剖学家们的离经叛道之举则见证了这一西方思想重大改变的不同时刻。

随着人体解剖的普及，西方认识论中出现了"身体"这一概念，

---

① 如同在越来越多的证据支持下对进化论的反应一样。

它构成了西方人文主义发展的关键环节，以及二元论的理论源头。在知识体系领域，身体与人之间的划分同时也体现了本体论取得了决定性的进展。在这个基础上，16世纪到18世纪期间，人与自身、人与他人，以及人与世界的分离带来了现代意义的人的诞生（勒布雷东，2010）[51-54]。

3. 意大利视觉艺术的发达

在文艺复兴中，艺术在社会和经济上的重要性上升到了相当高的位置。由于人们从意大利获得的艺术品和相关著作是最多的，因此一向认定意大利是文艺复兴的主要舞台。确实，从中世纪晚期开始，意大利的城邦国家们为艺术家的创作提供了强大的支持，目的是为统治者、政府以及地方上的各种商业组织做宣传，各教区的教会也同样想办法以建筑的艺术装饰作为使自己地位超越邻区教会的方法。在商业活动中获利颇丰的新贵们，为了炫耀富豪的新生活气派，就无厌地追求种种更动人、更突出的形式。因此，艺术家的地位升高了，在意大利大多数城市里设立了艺术室。艺术本身虽不完全脱离传统，但已有意识且合于科学了。艺术家向自己提出了一些新问题，并从物质和知识上找到一些新的解决方法。绘画本身已可称为一种科学（贝尔纳，1959）。

艺术家们了解到如何采用透视法则让他们的绘画呈现出三维效果。一旦学会了这一技法，艺术家们就开始竭尽所能提高艺术对自然的模仿效果。一种新的自然主义在艺术领域中迅速发展起来。为了让人物肖像显得真实，画家不仅必须研究皮肤本身的轮廓，而且还必须研究皮肤以下肌肉的轮廓、筋络和肌腱甚至骨骼的排列。因此，艺术家们无法避免地都成了业余的解剖学家，例如上文已经提及的米开朗琪罗。不过，在艺术家当中对解剖学研究最为深入的还是达·芬奇。

出于创作的需要，达·芬奇进行了大量人体和动物的解剖，并开创了制作肌肉和脑室模型的方法。与普通的解剖学家相比，他的一项明显优势是能够用一流的素描为自己的发现提供图解①。他留下了许多精致、准确的解剖图，但是与众多其他计划一样，其庞大的人体解剖著作未能完成。很长一段时间里这些解剖图都是在图书馆中被束之高阁，只是到了19世纪才得到人们的关注，因此对他那个时代解剖学的进程未起到直接的作用②。但是他个人的影响显然是很大的。他是王宫政客的朋友，也认识当时学术界的主要人物，他的许多思想由他们保留下来，后来促进了科学的新发展（丹皮尔，1975）[164]。

维萨里本人并不具备达·芬奇那样高超的绘画技巧，不过他通过与专业画家的密切合作，成功地将艺术家与科学家的头脑合二为一。《人体结构》中令人叹为观止的插图，被认为出自威尼斯画派的卡尔卡（Jan Steven van Calcar，1499—1546）之手。

维萨里时代的威尼斯，是地中海沿岸最繁盛的商业中心。新兴的资产阶级拥有雄厚的经济实力，为这个城市共和国带来勃勃生机。市民阶级由于生活比较富裕，对文化艺术也产生了较高的要求。而

———————

① 他研究（并且绘制）骨骼与关节排列的方式。通过这么做，他率先准确地指出，尽管人类的腿部与马的腿部在外表上存在诸多不同之处，然而二者骨骼的排列方式却非常相似。这是一个"同源性"的实例，这种关系将会把很多外表看来千差万别的动物共同归入内部有着密切联系的组群，并将有助于为各种进化理论打下进一步的基础。

② 达·芬奇还研究并绘制了心脏的工作模式。因为对设计一种能够让人类有可能飞翔的机器感兴趣，他还专心研究了鸟类，并绘制了一些它们飞翔时的图画，他的解剖工作也扩展到植物（花的结构）。但是，他却将所有这些资料保存在用代码编写的记事本中了。

统治阶级则崇尚奢华，需要高雅的娱乐和艺术点缀。在这种物质条件和社会需要中诞生的威尼斯画派①，将人文主义思想体现在对人体美的崇尚和对人间欢乐的颂扬上。其代表人物提香（Tiziano Vecellio，1490？—1576）和乔尔乔内（Giorgione，1477—1510）创作了一系列描绘裸女的油画，并借宗教或神话故事来表现人间的生活情趣。他们用人体美和人生美来表露反宗教的精神。这一时期文艺复兴的高潮在意大利许多地方已经过去，而在威尼斯却正值鼎盛。38岁便荣任威尼斯共和国首席画家的提香②收了不少门生。1536年进入其画室的比利时人卡尔卡，以对两位前辈的模仿出神入化而著称③。《人体结构》在当时大受追捧的原因之一就是很多人以为其中的插图出自提香亲笔，人体都是在自然状态下展现出来的，而肌肉插图的艺术价值极高。

事实上，《人体结构》之前的解剖书籍并非没有图示，并且自15世纪以降，解剖图解也日益脱离中世纪传统的桎梏而贴近真

---

① 该画派以贝里尼一家为鼻祖，以乔尔乔内和提香为核心。其中，提香这个命运的宠儿，不但像米开朗琪罗那样长寿，又像拉斐尔那样幸运。在上层社会里，他的作品是最有威望的，同时他与威尼斯进步的人文主义学者又有着广泛的交谊，对欧洲后来的绘画有很大影响。

② 后被封为侯爵。1548年，提香被请到罗马为教皇保罗三世工作。在教皇那里，除了他自己得到丰厚的赐赠之外，他的儿子也得到了一份可观的俸禄。教皇不仅拨给他一处豪华的宅院，还给了他带有一大笔收入的教会领地的所有权。

③ 据说现在存世的许多被认为是提香或乔尔乔内亲作的作品，其实是卡尔卡的代笔，因此署他本人名字的作品并不多。

实[①]，但前人书中的图无论从数量上还是质量上都不能与《人体结构》相提并论。维萨里将文艺复兴中视觉艺术的发达与自然主义的主张发挥到极致。艺术在这场解剖学的革命中，至少具有两重意义。首先，有着自然主义倾向的艺术家[②]直接参与并推进了解剖研究。他们充分贯彻了文艺复兴中坚持观察和精心改进观察技巧的精神，解剖学正是通过改进观察而转变的第一个科学门类[③]。其次，写实的风格和艺术表现方法的进步使图像（在某些领域）成为比文字更有效的知识表达方式，并在与印刷技术的密切结合中极大地加速了新知识的传播。

4. 印刷术、版画与解剖剧场（知识的传播与国家意志）

在印刷术被广泛使用之前，基督教会是某种造书的权威机构。除了《圣经》的复制本之外，图书一般都是为贵族定制，也只有少数人能够读懂。极尽精美的手绘本甚至是王权的象征。

印刷术的发明可以说是科学革命发生的一个基本条件，对此论述颇多，兹不复述。不过奥斯曼帝国禁止人们阅读印刷书籍的反例可以在此稍作提及。1515年，为迎合宗教人士的要求，塞利姆一世颁布法

---

① 早在维萨里的《人体结构》出版之前，博洛尼亚的卡尔皮（Jacopo Berengario da Carpi，1460—1530）就出版有人体解剖图谱，据说是受达·芬奇人体解剖影响（Singer，1922）[21-22]。德国医学史学者舒朗（Johann Ludwig Choulant，1791—1861）认为，卡尔皮是新解剖学的奠基人（Choulant，1920）[137]。而有人认为维萨里在1537年，也就是《人体结构》出版之前6年，曾读过卡尔皮的著作，并且从中受益（Malley，1965）[121]。

② 在科学的正式领域之外，一种研究生物学的新动机在意大利出现了。

③ 《人体结构》第五卷借用了古希腊的雕塑"贝维德雷的躯干"（Belvedere Torso）做模特，第二卷的人体则体现了威尼斯画派特有的韵律感和诗意。

令，规定所有发展印刷业的人都将被处死，并一直实行到18世纪。这个禁令对帝国来说是致命的，统治者们拒绝使用印刷的书籍，抱着费劲抄写的手稿不放，结果是将自己与西方的知识隔绝开来，也阻止了自己的进步①。

与之前的解剖书相比，《人体结构》的问世正值人们发现并使用印刷术的时代，因此能够有几千册书在欧洲的各个地方被人们所传阅。但是，此时的印刷成本仍然不菲，该书能够顺利出版，维萨里作为世家子弟和知名教授所积聚的财富应该起了重要的保障作用，与他差不多同时代的奥斯塔修斯（Eustachius）就没那么幸运了②。

另一方面，《人体结构》一书的成功很大程度上在于其精美绝伦的插图。假设书中只有文字，或者是虽然有插图但缺乏艺术性，或印制不够精美，维萨里的声望也许远达不到现在这般显耀（Ivins，1952）[43-100]。而出自提香画室的底稿，还要加上高超的刻版技术才能得到完美复制。这一时期版画制作工艺的提高③是一个重要条件，它使准确地记录并复制视觉形象成为可能，为科学讲授者提供了新的表达方法。《人体结构》1543年在瑞士的巴塞尔印刷。为了保证印刷质量，维萨里在威尼斯监督制作了插图的雕版，给出版商写了详细的说

---

① 如果说科学革命是全欧洲学者的互联网，在网上他们互相交流、展示成果，那么奥斯曼帝国则处于长期离线状态。

② 他与维萨里差不多同时完成了一部解剖学著作，在内容上几乎不相上下，但苦于经费不足，未能付印。

③ 15世纪正是版画技艺突飞猛进的时期，金属凹版的发明使线条的流畅和精细程度大幅提高，不过《人体结构》采用的仍是木版。

明，后来还亲自跑到了巴塞尔坐镇①。

在书的献词之后，有一个简短的致出版商说明，其中提到了著作的版权问题，可以看出当时的欧洲已经有了相当系统的版权保护制度。不过这丝毫没有影响《人体结构》一书及其插图的传播②，在它正版发行之前就已经开始并一再被抄袭和重印③，一直延续了好几个世纪。这种行径虽然可耻，却也真实反映了当时的社会需求，并客观上扩大了解剖学知识的传播范围。

除了书籍之外，另一种传播解剖学知识的重要方式则依赖于解剖剧场的现场演示。后者在某种程度上也是国家意志的体现。从15世纪起，解剖已经在各地流行开来。帕多瓦大学的规定是每年解剖两具尸体（一男一女），在当时的威尼斯共和国，解剖材料的来源是被处决的罪犯。这种做法后来在其他国家演变为"处罚性解剖"，成为一种额外的刑罚，国家的作用在此已经显而易见（Andrioli et al., 2004）。

解剖剧场的建立则更直接地与国家相关。虽然在15世纪就有人对解剖剧场的建设做出了规划，但是第一座这样的永久性建筑却是在维萨里的学生法布里修斯倡导下于1584年建成的。这座至今仍保存完好的解剖剧场当时由威尼斯共和国出资建设，其目的一方面是规范解剖教学，另一方面是显示威尼斯共和国在科学、艺术等领域的威望（Biagioli, 1992）[19-21]。这里的"规范"有两重意思，首先是限制私

---

① 当时，出版这样一种具有革命精神的著作还是需要相当的勇气和独立思考的精神的。巴塞尔的奥普率纳斯除印刷出版了《人体结构》一书，还曾参加过其他一些危险的事业。

② 主要是其插图。

③ 《人体结构》是本适合严肃的解剖学家使用的长篇专题论著。为了便于学生们使用，维萨里同时还出版了精炼的节缩本，名为《人体结构概览》，其发行早于《人体结构》，且图是一样的，盗版的图可能就来源于此书。

人解剖教室的活动①，其次是依靠庄严肃穆的仪式使学生们能够规规矩矩地听讲。在意大利，每年狂欢节的开始就是以一场解剖秀为标志的，在法布里修斯治下，解剖剧场对所有公民免费开放，吸引了各地、各行各业的人们前来参观。在观看解剖演示时，来自不同地区的学生会自动聚集在若干区域，也显示了当时的民族意识（Klestinec，2004）。在解剖秀结束之后，剧场通常被用于展示相关的书籍、绘画和标本，起着博物馆的作用（Dackerman，2011）[48-50]。

1596年，威尼斯参议院正式同意为每年的解剖演示提供经费，包括雇佣助手等，观众入场仍然是免费的。如果从另一个角度看，政府（宫廷）对解剖剧场的赞助实际上是暗中限制大学权力的一种举措，类似的举措在国家的威望相对走下坡路的时候反而越发频出，解剖学家的地位则在两种权威的竞争中步步升高。

5.作为黏合剂的帕多瓦大学（交际网络）

用今天的眼光来看，维萨里是个相当国际化的人物，他生于比利时，死于希腊，求学于法国，并长期供职于西班牙。不过其短暂的学术活跃期全部是在帕多瓦大学度过的，因此有必要对这所学校加以考察。

帕多瓦大学的建立可以追溯到1222年②，当时博洛尼亚大学限制学术自由，而且不能保证师生基本的公民权利，所以大批的教授和学生从博洛尼亚大学脱离出来建立了帕多瓦大学。该校最初由学生组织的自由公社管理。学生们自己起草校规、推选校长和选择老师，并决

---

① 因为需求旺盛，当时很多解剖学家都设立了私人教室，收费授课。学生对于从法布里修斯的官方课程中学到东西不抱太大希望，他们虽然也积极出席，但是更多的是为了瞻仰那些学校的重要人物、欣赏剧场的精美装潢，以及聆听现场的音乐演奏。

② 在欧洲仅次于博洛尼亚大学和巴黎大学，是第三古老的大学。

定老师的工资。到了14世纪，帕多瓦的执政者凯勒雷斯（Carrarese）家族逐渐从学生手中取得学校的管理权，15世纪到18世纪学校则由威尼斯共和国管理[①]。

因为其建立不是由教皇授权，一种自由的精神从它建立起就伴随左右。威尼斯的保护伞又使之长期免于向正统性宣誓，不受罗马教廷的约束，保持着相当大的独立自主权[②]。欧洲其他地方都没有这里这么宽松，连犹太学生都可以获准在帕多瓦大学受教育。该大学还培养了世界上第一位女大学生[③]。15—18世纪，帕多瓦大学是意大利文化的中心，它的医学、天文学、哲学和法学都很有名。特别是医学院的声望吸引了当时最富天才的头脑。科学革命的先驱中，哥白尼、维萨里和哈维都在这里读过书，维萨里还在此任过教，而伽利略更是在这里教过18年书[④]，甚至称这段在帕多瓦大学的时光是他最好的日子。

在学术上，帕多瓦大学以亚里士多德传统的重镇而著称[⑤]。然而在医学院，亚里士多德理论主要是作为医学课程的预备性知识来加以研究的。同时，医生们和来此研究医学的许多外国学生并不与外界隔

① 威尼斯参议院向帕多瓦大学派驻2名威尼斯的执政官代表参议院进行指导，同时也要求执政官从帕多瓦市民中选出4名Reformatore监管学校事务并与执政官沟通。不过现存档案中，有关这些Reformatore的记录很少，执政官仍是对学校的财政、人事起决定作用的人，当然他们得接受威尼斯驻帕多瓦的官员的指示，并听取学生的意见。

② 它的校训就是Universa universis patavina libertas（Paduan freedom is universal for everyone）。

③ 科尔纳罗（Elena Lucrezia Cornaro Piscopia），于1676年毕业。

④ 伽利略在1592年移居帕多瓦，在这里教授几何、机械和天文学直到1610年。哈维则于1599—1602年在帕多瓦大学学习。

⑤ "一所具有如此多的亚里士多德的传统，对亚里士多德的崇拜优势如此强烈地达数个世纪之久的大学，竟在科学革命的过程中占据了如此重要的地位，这正是科学革命的佯谬之一。"（巴特菲尔德，1988）[42—43]

绝，他们随意和艺术家、数学家、天文学家和工程师混在一起。他们当中不少人自身就从事某种与这些领域相关的职业。这些联系使得欧洲的特别是意大利的医学具有它的独特的叙述性的、解剖学的和力学的倾向。

战争在1509年给帕多瓦大学以重创，很多著名教授离开了，博洛尼亚大学趁机挖走了不少人。不过威尼斯参议院通过一系列举措很快让帕多瓦大学重新运作起来①，并且在16世纪达到了它最为光辉的时刻②。大学的崇高声誉和威尼斯共和国的包容政策吸引了大批的欧洲学生。威尼斯参议院在吸引学生方面所采取的举措是不遗余力地聘请境外知名教授，包括提供好的职位和增加薪水。在人员聘用方面，威尼斯参议院则严苛地限制了雇佣本地教授③。学校因此保持着高度的国际化。

帕多瓦大学是幸运的，因为它很早就成了个好学校并从政策中受益，进而变得更好。它在建立后的最初两个世纪留下了丰富的遗产，

---

① 1517年参议院成立了一个三人的委员会（riformatori）来筹备此事。此后，这种由三人委员会管理学校各项事务的形式被固定下来（riformatori dello studio di padova）。1557年，参议院的法令确定了三人委员会2年的任期，这比威尼斯政府派驻帕多瓦大学的其他官员任期（6~12个月）都长。当时甚至规定他们在任期结束之前不能辞职，不能另派其他职务，因为"帕多瓦大学的事务对国家来说是极为重要和极具荣誉的"。1563年，这条规定变为三人委员会的成员可以在其他部门兼职，因此一些有权有势的威尼斯人得以监管帕多瓦大学，他们在政治上的权威保证了参议院对学校的重视，三人委员会有些成员还是帕多瓦大学的校友。

② 这段时间里，大学获得了"公牛酒馆"那块地皮（这块地原本是凯勒雷斯家族赏赐给在某次守城战役中为全城供应了肉食的屠户的），1539年建成了现在称为"公牛广场"的建筑。

③ 当然，在帕多瓦大学受教育的威尼斯人就业方向一般是回到威尼斯担任公职，所以这条规定对他们来说并不算是个损失。

威尼斯从卡雷拉家族手中接管它之后，以开明的政策对其大力扶持。1549年的一位威尼斯执政官夸耀说，"不可能在帕多瓦大学之外找到更好的医学、哲学、逻辑或人文学家"。在1488—1610年间，帕多瓦大学可以说是从文艺复兴到现代欧洲大学中最辉煌的一个。

维萨里来到帕多瓦大学时，人体解剖在那里不仅不是禁忌，而且还受到鼓励。自由的学术环境令他可以重新引入蒙迪诺的老习惯，自己进行解剖，并且当他观察到与古人观点不一致的情况时，可以让自己不受到那些观点的影响。他在威尼斯遇到很多有趣的人物，其中就有他的同胞卡尔卡。与卡尔卡的交往对维萨里取得一系列成就非常重要，但有关维萨里社交情况的资料较少，他似乎未婚（至少没有子嗣）。除了来自意大利、法国、西班牙等地的教授同行外，维萨里显然还与查理五世的朝廷保持着密切联系。《人体结构》这部精美的巨著就是题献给查理五世的，这意味着它不仅是一部科学著作，也是一种地位的宣言和对主顾的献礼。维萨里的后半生有赖君主的庇护，但这些与其青年时代的科学成就并无直接关系。

6. 理论与实践（对实践的关注）

总的来说，古希腊的医学是理性与经验的结合。到中世纪，则出现了一种倾向：把外科作为一种手艺，认为外科医师的地位低于受过大学教育的内科医生。维萨里在他那本大书的前言里区分了当时从事医疗工作的几种人物，他说："随着时间的推移，治疗体系悲惨地分裂开来：医生自诩为自然科学家，仅以开药方给医嘱的方式来治疗内部疾病，而把建立在对自然的观察之上的这一医学最重要也是最古老的分支拱手让给了被他们视为仆从、叫作外科医生的人……"在欧洲南部，外科医生们试图把外科引入大学，使其建制化，希望由此享有知识分子的地位，不过并没有完全达到目标。

在前维萨里时期，"（内科）医生是头脑，外科医生（或解剖家）是手"的观点从解剖教学的过程中可以清楚地反映出来。在课堂上，医学教授高高在上地手持盖伦的著作负责宣讲，由他的助手负责剖开尸体。（内科）医生和外科医生的关系，就如同哲学家与工匠。虽然有些（理发师）外科医生的手艺已经达到了很高的水平，并受到病人的拥戴，甚至会遭到医生和其他地位较高的人的嫉妒，但是他们毕竟不属于同一个阶层。而解剖学的复兴者则在提高学科地位的同时，也将这种实践逐步融入了贵族（或绅士）的文化生活（Biagioli，1992）。

这种存在于医疗工作者之间关系的变化，或许可以看作工匠与学者关系的变化的一个特例。在文艺复兴中，各种技术都比在古典时代更受重视，因为技术已不复在奴隶手中，而归自由人掌握，并且自由人也不像在中古时代那样在政治上和经济上都远离新社会的统治者（贝尔纳，1959）。正因为从赚钱和花钱两方面来讲，技术人员绝不可少，因此他们就不再像在古典时代或中古时代那样被人轻视。这也为理论与实践两种知识传统的融合提供了条件。

以往的科学史著者们虽然都强调了维萨里亲手进行解剖的重要性，但似乎不大将其归为哲学家与工匠（手艺人）传统合二为一的典型。但是我们应该看到，维萨里接受的是当时非常正规的医学教育，他是世家子弟，又熟读圣贤书，为了获取真正的知识而不惜与屠夫、盗贼为伍，并亲自承担原本由"理发师"负责的工作。为了强调"自己动手"这一革命性建议，维萨里在书中用一整页的插图展示了完成他建议读者去做的解剖所必备的工具（科恩 I，1999）。为了改进解剖技术，维萨里还引进了许多新工具，其中有些是他亲自设计的，有些则是他向工匠们请教学来的。正是属于哲学家的知识与属于手艺人的技艺的结合，才使他的工作有了革命性的意义。

维萨里本身是受过完备医学教育且有博士学位的医生，是他将解剖学（这门学问）的地位提升了，虽然出于完全不同的目的。他不希望看到医学的各个分支被割裂，同时，外科医生的地位并没有相应的提高。1605年在伦敦曾经有过一个国会提案，要求给予外科医生开内服药的处方权，但是没有获得通过。

7. 职业化和建制化

16世纪，一个典型的人文学院教师名册包括2名神学家、2名形而上学家（Metaphysicians）、13名医学教授（包括2名普通和3名卓越理论医学教授，2名普通和3名卓越实践医学教授，2名专讲阿维森纳的教授和1名外科教授，后者演变为解剖学教授）、2名普通和3名卓越自然哲学教授、1名专讲亚里士多德"伦理学"的名誉教授、5名逻辑学家、1名天文和数学家、1~2名教授修辞学、希腊语的人文学家。维萨里就是第一位解剖学教授。

随着在大学中解剖学教职的设立以及解剖活动在社会生活中被广泛认同，解剖学家也获得了与哲学家相同的学术地位。很多地区都兴建了解剖剧场，并且其运转受到当地政府的长期支持。虽然其功用是多方面的，但事实上也形成了一种解剖学的专门机构，拥有剧场的城市无一不是解剖学的学术重镇。

与此同时，维萨里的同行人数也迅速增加，在整个欧洲都不乏他的拥趸①。他们纷纷著书立说，极大地推动了维萨里之后新解剖学的传播。其中西班牙的巴尔韦德（Juan Valverde）或值得一提。他紧随维萨里后出版了《人体构造介绍》（*Historia de la Composición del*

————————————

① 当然反对者亦如是。

Cuerpo Humano）。该书有4种语言（西班牙文、拉丁文、意大利文和希腊文）的共16个版本，在对不同语种解剖学术语的翻译以及将西班牙语用作科学语言方面具有重要意义。书中的42幅铜版画，有些是维萨里插图的复制品，有些则是贝塞拉[①]、比特里泽特（Nicolas Beatrizet，1507—1570）[②]等西班牙艺术家的作品。可以看出艺术家与科学家已经建立了成熟的合作模式。

五、小结

就像在其他学科领域一样，解剖学必然建立在更早些时期幸存下来的各种原著和概念的基础之上。古代医学在盖伦处达到了顶峰，他对解剖知识的贡献（虽有种种局限）在将近14个世纪里都没有被超越，直到维萨里的出现。维萨里在尊重实践的基础上，对人体解剖学的研究和教学在方法论上做出系统论述，使得被宗教庇护的理论不得不面对客观事实的检验。这是一种新的而且有效的挑战经典权威的方法，与伽利略代表的实验方法的精髓相通。印刷术的发明使维萨里用新方法发现的新知识得到迅速传播，在整个欧洲成为流行；艺术家的参与令图像成为表达科学思想的有效手段。解剖学在摒弃旧传统的同时也构建着新的传统，并引导了普通人对身体观念的变化。维萨里的成就有赖于雄厚的经济基础、自由的学术空气等多种社会因素，他所标识的革命性变革也包含着几代人的努力，而非仅靠一个人可以完成。

---

① 米开朗琪罗的学生。
② 其名字的首字母缩写 N.B. 出现在多幅版画上。

第三节　伽利略的天文学与力学革命

发生于16、17世纪的第一次科学革命，是古希腊、中世纪自然哲学向近代科学的革命性转变。在这个科学史上的重要转变过程中，科学概念的定义、科学理论的框架以及科学研究的方法突破了此前沿袭已久的旧矩，新的思维方式逐渐确立。

在第一次科学革命发生的重点知识领域——天文学和力学领域，伽利略的工作起到了重要的先导作用。伽利略将望远镜用于观测天空，使人类第一次摆脱使用肉眼观天，他重新发现和看待宇宙，为革命性的哥白尼宇宙体系提供了重要证据。力学在此时期的发展则是经由以伽利略为代表的注重实践的工程师-科学家对亚里士多德的自然哲学的阐释与质疑，逐渐脱离开经院哲学所涵盖的物理学范畴，并凭借以物体运动定律为标志的机械自然观最终战胜亚里士多德学说。通过对理论体系的重塑，力学作为一门独立学科确立下来，伽利略的力学研究更为科学研究引入了新的方法论。

一、伽利略之前的天文学与力学

1. 天文学

西方古典宇宙模型思想在公元前6世纪已大致形成。古希腊米利都学派（Milesian School）的阿那克西曼德（Anaximander，约前610—前545）提出过地为中心的观点，他认为"地的位置是在世界的中央，是世界的中心，并且是球形的"。公元前4世纪，曾给柏拉图学院带来数学天文学研究新风的古希腊殖民城邦克尼杜斯人欧多克斯（Eudoxos，前407—前357）初步建立了地心说模型，即日、月和恒星沿圆形轨道绕静止的地球运行的同心球层宇宙体系。这个模型中，日、月各3个，行星各4个，恒星1个，共27个球壳，顺次分布在以地球为中心的同心球壳上。欧多克斯的学生卡里普斯（Callipus，前370—前300）又加了7个球壳，使球壳总数达到34个。为了避免各天球的自身转动影响临近天球，亚里士多德在这个模型的基础上进一步增加"不转动的"球壳，由此建立了56个球壳的多层水晶球体系。亚里士多德认为地球是处于宇宙中心的一个静止圆球，恒星和行星都镶嵌在各自的天球里围绕地球运转。天球由透明的以太（ether）构成，天体是不朽的，既没有开始，也没有终结，保持永恒、宁静和完美。

阿里斯塔克斯（Aristarchus，前310—前230）是较早提出"日心说"的古希腊学者。他认为太阳是宇宙的中心，地球和其他行星绕太阳做圆周运动。他还首先利用几何学三角形知识计算月球到地球以及太阳到地球之间的距离，但其宇宙观并未得到当时社会的重视。

公元前3世纪，阿波罗尼斯在亚里士多德基础上提出改进的宇宙模型。他的宇宙模型抛弃了实体同心球，而采用天体轨道；同时设计出"本轮-均轮"偏心宇宙模型，其中地球被安置在天体圆轨道中心的旁边，行星沿本轮做圆周运动，本轮的中心又在以地球为中心的"均轮"圆周上运行；一个固定的偏心轮被用来解释太阳的运动，而一个移动的偏心轮被用来解释月球的运动。这一模型较好地解释了行星运行的不均匀现象。阿波罗尼斯是几何学家，著有《圆锥曲线论》，他对圆锥曲线的研究为托勒密的地心说提供了有力支撑，书中含有的坐标制思想也启发后世对坐标几何的发展。此后，被称为"方位天文学之父"的希帕恰斯（Hipparchus，前190—前125）在罗德岛建立观象台并运用自制的观测仪器观测星空，创立星等概念，发现岁差现象，并编制出含有1 022颗恒星的星图。希帕恰斯的星图一直被沿用至16世纪，他的天文仪器也被后人继承使用。

托勒密（Claudius Ptolemaeus，约90—168）是古希腊的"地心说"集大成者。其于公元140年前后完成的《至大论》（Almagest）十三卷，是一部西方古典天文学百科全书，利用之前古希腊天文学家特别是希帕恰斯的大量观测和研究成果，系统地论证了以偏心圆或小轮体系解释天体运动的"地心说"，在数理上取代了绝大多数古希腊天文学的旧教材。后世将这种地心体系冠以他的名字，称为"托勒密地心体系"或"本轮均轮体系"。《至大论》被尊为天文学的标准著作，大多数中世纪伊斯兰和中世纪晚期的欧洲天文学家都以托勒密的学说作为首选。在当时观测精度有限的情况下，托勒密地心体系能够解释行星的视运动，符合观测到的天体的各种数据，并能将日食、月食的预报准确到一两个小时之内。托勒密去世后不久，《至大论》便成为古代西方世界学习天文学的标准教材，并陆续出现各种译本在欧洲传播。此后直到16世纪，西方的星历表大多是根据托勒密理论推算得出的。随着观测技术的进步，托勒密的宇宙模型须根据新观测数据进行修正，最后其体系要将均轮和本轮加至80个左右才能符合观测结果，而且这类小轮的数目还有继续增加的趋势。

在罗马教廷，1323年阿奎那庞大的经院哲学体系被教会官方认可，其学说是阿奎那与其师马格努斯（Albertus Magnus，约1200—1280）将亚里士多德学说与基督教神学进行结合而形成的。亚里士多德学说被视为真理，受到钦定。托勒密的体系则被作为计算天体位置的数学计算方法而得到运用。

　　文艺复兴前的欧洲天文学以"地心说"为主流，偶尔有学者提出"日心说"，却均未受到足够重视。阿里斯塔克斯以几何方法尝试计算日地距离和月地距离之比，他将太阳而不是地球放置在宇宙中心的观点未得到当时人们的理解，直至哥白尼对其理论的利用和发展。

　　哥白尼的《天体运行论》为科学革命的一个标志。哥白尼青年时曾经在意大利学习，曾与达·芬奇讨论过天文学问题，也对托勒密表示崇敬。哥白尼认为宇宙的规律应具有美和简单性，对托勒密地心说体系的烦琐和表现出的不和谐表示怀疑。他的天文学老师诺瓦拉（Domenico Maria da Novara，1454—1504）也曾批评托勒密体系太繁复，不符合数学和谐的原理。哥白尼赞成毕达哥拉斯学派的治学精神，主张以简单的几何图形或数学关系来表达宇宙的规律。1512年，哥白尼提出了他具有革命性的主张，即行星的运动中心不是地球而是太阳，并以此为基础建立起一个新的宇宙体系：地球与行星围绕静止的太阳转动，距离太阳最近的是水星，其次是金星、地球、火星、木星和土星，仅月球绕地球转动，恒星则在离太阳很远的一个天球上静止不动。在哥白尼的宇宙体系中，外行星逆行现象、为何逆行发生在午夜行星经过天空最高点的时刻、计算行星与太阳距离，以及推算行星绕日周期等问题均可以方便地得到解释。然而，哥白尼给出的简洁的宇宙体系的精确度并不足以令人满意，需要引入复杂的类似托勒密本轮、均轮的模型，因此，虽然哥白尼试图追求简单的日静体系，而最终呈现的轨道计算图景并不比托勒密的更简单（Finocchiaro，2010）[20–24]。哥白尼的观点主要集中于《天体运行论》，但他却迟迟不愿将其公开出版，因为书中的一些观点会不可避免地招致各方攻击。当时的自然哲学家大多坚持被奉为经典的亚里士多德体系和托勒密的计算模型，而经院哲学家、圣职人员以及其他奉教人士则将"日心说"视为离经叛道的异端邪说①。《天体运行论》直至1543年才出版，但为求安全，教士奥西安德尔（A.Osiander，1498—1552）假造了一篇无署名的前言，强调书中的理论不一定为行星在空间的真正运动，不过是为编算星表、预推行星的位置而想出来的一种人为的设计。在《天体运行论》中，哥白尼论述了地动说。他从运动的相对性出发，论证了行星的视运动是地球运动和行星运动复合的结果。不过，哥白尼依然延续了圆是天体最美的运动方式的古典观念，也并未解释为何人们感觉不出地球的运动、为何地球自转没有引起下落物体产生偏斜等问题。需要指出，哥白尼的许多观念已见诸早期的文献，他的理论经常无法超越亚里士多德物理学的基本原理，可以说，在许多方面哥白尼仍表现出保守的姿态，加之哥白尼体系最终的复杂性以及引出了一系列无法解决的力学问题，《天体运行论》的出版本身并不构成物理学或天文学思想的一场革命（科恩I，2010）。《天体运行论》在当时被视作编算行星星表的多种方法之一，在出版后的70年间，虽曾遭到马丁·路德责难，却并未引起罗马教廷的注意。直至因布鲁诺（Giordano Bruno，1548—1600）、伽利略等人公开宣传日心地动说，危及教义和教会的思想统治，罗马教廷才于1616年将《天体运行论》列入禁书目录。

人类的想象力会受到视力和感知能力的限制，对于星际空间的理解也是同样的。而要将想象变为真实的理论，就需要证据的确证。16世纪后半叶，第谷通过精确的肉眼观测纠正了大量重要的天文观测数据，准确地观察行星（特别是火星）的运动。1582年，在教皇格里

---

① 《圣经》指出，地是静止不动的。

高利十三世主持下完成了对基督世界沿用了1 000多年的儒略历的改历工作，颁行了格里高利历。部分职业的天文学家曾一度追随第谷所提出的宇宙体系，即：地球为宇宙的静止的中心，太阳围绕地球做圆周运动，除地球之外的其他行星围绕太阳做圆周运动。当时欧洲天主教拥有最好教育机构的耶稣会士们也支持第谷的观点并对其加以完善，其中的一位意大利天文学家里奇奥利（Giovan Battista Riccioli，1598—1671）神父于1651年出版了第谷体系的修改本《新天文学大成》（*Almagestum Novum*），此时伽利略已去世10年。第谷的助手开普勒通过对第谷观测数据多年的计算将太阳置于行星运动的中心后，得出两条具有创新性的基本认识，即行星轨道呈椭圆形、行星的速度随着与太阳距离的变化发生近快远慢的变化。这两条定律刊布在1609年出版的《新天文学》（*Astronomia Nova*）中，其重要意义在于推翻了亚里士多德关于星体轨道为圆形且运行速度均匀的重要论断。之后开普勒又加入第三条定律：行星与太阳的平均距离越远，其绕行所需时间越长，反之则短，其比例关系为行星绕行时间的平方与距离太阳的平均距离的立方成正比。（Finocchiaro，2010）[35-36]

对于开普勒这位哥白尼主义者发表于1605年的具有革命意义的定律，伽利略似乎并不知晓，即便知晓也不会信服，因为直至伽利略去世，他都始终坚信星体按照完美的圆形轨迹运动。伽利略对天文学的贡献与同时代的天文学家来自哲学和数学方面的工作表现出明显不同，他所做的更关乎光学，或者说观测。伽利略将望远镜用作天文观测仪器，得出天文新发现，从此这种仪器成为人类认识宇宙的利器，人类的宇宙观也由此发生重要转变。正是在伽利略的天文新发现以及开普勒提出行星运动三定律之后，欧洲天文学得到进一步发展，牛顿以数学方法得出开普勒第二、第三定律以及万有引力定律的准确形式，令地面物体与天体的运动遵循同一自然定律并消除了对太阳中心说的最后一丝疑虑，从而奠定了经典天文学和物理学理论的基础。

2. 力学

现代科学对力学的认识，是以实验和数学方法解释物体的受力与运动。然而如同历史上的任何一门学科都会经历一个累积过程一样，力学在最初，除"力学之父"阿基米德将技术实践和严密的数学推理进行结合并奠定静力学和流体力学基础外，关于运动的力学知识集中表现为亚里士多德自然哲学的物理学内容中的一部分理论。这部分理论以经验性的观察作为基础，试图通过分析物体的运动了解自然，因其界定了一系列物理概念以及凭借逻辑推理揭示运动的本性，在之后的较长一段时期内影响深远。

对运动进行研究和分析，首先要以对运动的认识为起点。亚里士多德的一条基本原理认为，一切地界物体都由水、气、土、火四种元素构成，构成物体元素的比例不同而产生的"自然的"轻重之分会导致"自然的"运动。亚里士多德对运动的认识为伽利略的实验力学提供了思考空间，他将运动分成三类：第一类是地面上物体的运动，第二类是物体在空中下落的运动，第三类是天体的运动。因为不同的原因，三类运动表现出各自的运动特征：地面上物体在力的强制作用下运动，运动的路径是直线，运动的产生和维持是由于物体被施与外力；物体的空中下落是运动物体回归其自然位置（proper place，地心是地面上万物的自然位置）的天然运动，物体重量越大，趋向自然位置的倾向也越大，由此推论其下落速度也越大；天体由四元素之外的第五元素——"以太"构成，与地球的物质构成属性不同，具有神圣永恒的特殊性质，加之天是神的居所，因此天界的运动是最高级且最完美的"自然的"匀速圆周运动。亚里士多德进一步分析月之下界的运动（即第一、第二类运动），认为物体只有在外力的推动下才会运动，外力一旦停止，运动也就停止；并指出在落体运动中，重的物体比轻的物体下落快。这两点认识成为亚里士多德解释经验所感知运动的最核心观点。亚里士多德还指出运动具有多种本性——连续性、物质性和时空性，于是时间、重量和力成为物体运动的尺度。亚里士多德由此对月之下界的运动提出数学比例关系：其一，如果外界条件相同，物体下落的时间与其重量成反比，如果同一物体在不同媒质中下落，则媒介的稀薄与其下落时间成正比；其二，月之下界，除上升和下落外，物体的一切运动都为受迫运动，在同一力作用下，物体运动时间和距离成正比关系。

亚里士多德重视对事物的具体观察，试图通过逻辑分析从感性知觉达至普适规律，虽然他也将一些简单数学关系引入运动定律，但其自然哲学的思路主要是在取象俗世的基础上将具有稳定秩序与规律的自然现象进行分门别类，从而确认宇宙的秩序。由此，亚里士多德对科学的贡献大多是理论性的，而非数学化的，他思索的力学内容是"所从出"（或者说是"why"）的问题。直至中世纪及近代早期，绝大部分物理知识的基本概念仍然近似于亚里士多德的物理学：固体需要力才会运动，力越大运动越剧烈，大的力能够令大物体运动并动得更剧烈，物体因获得冲量而能够维持一段运动直至停止，等等。16世纪以后，学者们（特别是研究数学出身的学者）在学习亚里士多德自然哲学的过程中，开始趋向于运用数学方法研究力学，特别是以伽利略为代表的工程师-科学家在通过实验与数学方法研究力学的过程中，提出亚里士多德的多处观点错误。这些开启科学革命的学者在科学研究的方法上也脱离了中世纪科学的基本特征（即实践经验、目的论的形而上学，以及二者的结合），重视科学研究在理论上的严密性、数学的准确性和证明的逻辑性，以及与实践的相互印证。追溯这种学术传统，部分人（如伽利略）甚至自视为阿基米德的直接继承者。因此有观点认为，在16世纪欧洲发生了一场阿基米德传统的复兴运动，而伽利略等人就是这一复兴运动的受益者。也有观点认为，近代科学的先驱者信奉毕达哥拉斯主义，即对自然进行解释时崇尚数学处理（沃尔夫，2011）。无论怎样定位，伽利略摒弃了亚里士多德沉湎哲学思辨的传统，注重研究具体实践问题，他所思考和解释的是力学现象"如何（how）"的问题，甚至在某种程度上可以视为不考虑原因的数学处理。在科学革命的过程中，伽利略提出的力学理论为力学逐渐成为一门科学奠定了基础，将定量实验和数学方法密切结合的研究方法也成为近代乃至现代科学研究所依循的重要研究方法。

二、伽利略的生平与学术

1. 伽利略的学术概述及社会与境

伽利略（图2-2）于1564年2月15日出生在比萨。中世纪以来，意大利并未形成一个统一的国家，在分散的城邦国家格局中，治理比萨的是文艺复兴的重要推手——佛罗伦萨执政者

图2-2 伽利略油画肖像
沙特曼斯（Justus Suttermans，1597—1681）绘于1636年

美第奇家族①。

1580年，伽利略被父亲送入比萨大学文学院（Faculty of Arts）（Helbing，2008）[185]。当时的学生在比萨大学可以选择专修的三门科目是神学、法学和医学②。伽利略在就读比萨大学时，他的父亲希望他能专修自然哲学和医学，因为成为医生能够改善家里的经济状况，不过伽利略更感兴趣的是数学。美第奇家族每年圣诞节至复活节期间会带领随从在比萨暂住，伽利略便会前往拜访御用数学家和工程师，也是其父亲的好友路奇（Ostillio Ricci），向他请教数学问题。1583年暮冬，路奇将欧几里得和阿基米德的数学书借给伽利略。此后，伽利略开始专研数学，几乎荒废了其他课业。1585年春天他离开比萨大学时，因没有参加考试而未拿到学位。

离开大学后，伽利略短暂地担任过家庭教师，其余时间研究阿基米德著作。通过研究阿基米德计算物体重心的方式，伽利略设计出一套定理，以确定平衡点来解决复杂形状物体重心这个历来被视为难题的数学问题。伽利略将这项工作的文字论述寄送给数位著名的数学家，期望获得认可和支持。贵族数学家圭多巴尔多非常赏识伽利略的才华，帮他谋得了一份全职数学教师工作（詹姆士，2004）[23]。之后，伽利略也获得了享誉欧洲的罗马学院首席数学家克拉维斯以及其他一些数学家的赏识。在他们的推荐下，伽利略于1589年底又回到了比萨

① 托斯卡纳（Tuscany）附近也归美第奇家族统治，因此他们被称为托斯卡纳大公。在伽利略生活的时代，意大利半岛分属于数个统治势力。托斯卡纳大公据有意大利西北部地区，统辖佛罗伦萨、锡耶纳和比萨等城。
② 欧洲当时的综合性大学一般设有四个科目，即文学、法学、神学和医学。学生在专修这四门科目之前需要先修完七门基础课程，即文法、逻辑、修辞、算数、天文、几何和音乐。

大学，成为专职的大学数学教师。教学工作之外，伽利略开始着手研究"物体的运动"，并写成《论运动》一书，书中指出亚里士多德理论的许多不正确之处。

在比萨大学的任期结束后，伽利略寻求薪水更高的去处以解决家计问题。通过数位贵族朋友的努力，伽利略从1592年2月开始担任帕多瓦大学的数学教授，直至1610年夏天。在伽利略生活的年代，帕多瓦大学隶属于威尼斯共和国，同欧洲其他大学相比，该大学拥有相对宽松自由的环境，学术上很大程度地免于教会的控制和宗教意识的干预[①]。

在帕多瓦大学任教期间，伽利略主要教授数学以及简单的天文学。数学课程仅限于欧几里得十三册几何学原理的第一册和第五册；天文学方面主要介绍亚里士多德宇宙论的星辰几何关系以及行星运行规律和如何预测运行方向（詹姆士，2004）[34]。伽利略的课程主要是教医学院的学生通晓简单的观星法，学会占星算命的技巧，以避免一些医疗责任。1595—1602年，伽利略在应用数学方面取得了一些成果：改进原有计算工具，设计出外形如圆规的比例规，根据比例规两臂上的几何学和算数学刻度以及两臂张角可以快速计算出所需数据；设计出一套计算效率的公式，通用于六种传统机械——杠杆、滑轮、斜面、楔子、螺旋和轮轴。伽利略善于经营，在贩售数学工具的同时，通过开班教授生意人如何使用比例规来赚取丰厚收入。1602年，伽利略在与蒙特的通信中开始讨论单摆问题。1604年，伽利略主要研究单摆理论和自由落体定律。1604—1608年，他主要研究自由落体速

---

① 帕多瓦大学的校训是"Universa Universis Patavina Libertas"，译为"为全体帕多瓦人民以及全世界的自由而奋斗"。

度与时间的关系以及抛体运动理论。

　　伽利略为减轻财务负担不断谋求更好的就业机会，同时他也追求在学术上获得著名学者和权贵的认可，两种需求的实现过程和结果是结识权位更高的学者和贵族。伽利略曾于1606年将出版的比例规工具书寄与托斯卡纳王室（图2-3）的继承人科西莫·美第奇王子，并利用暑假到佛罗伦萨教科西莫数学，从此建立起与托斯卡纳王室的密切关系。凭借1609年向威尼斯政府呈献他自己制作的望远镜，伽利略获得了政府给予的年薪优厚的帕多瓦大学终生教职。意识到望远镜的巨大价值和吸引力，也为继续巩固情谊，他也赠送给科西莫二世一架望远镜，并将不久后完成的《星空信使》（Sidereus Nuncius）献给科西莫二世，将木星的4颗卫星取名为美第奇星。

　　1610年初夏，伽利略被聘为比萨大学不必担任教职的首席数学家，更为重要的是，他获得了托斯卡纳大公的首席哲学家和数学家职衔。同年初秋，伽利略回到佛罗伦萨担任托斯卡纳大公的宫廷学者。此后，他主要致力于两项工作，其一是继续使用望远镜进行天文观测，其二是计算木星卫星的运行周期。其间，伽利略拜访了罗马学院首席数学家克拉维斯，期望通过后者的认可来令众人信服他在天文观测和计算方面的研究成果。此行最终并未获得克拉维斯的完全认同，不过却意外地使伽利略与热衷学术的贵族青年组织——林琴学院（图2-4）建立起了联系[①]。出于学术上的志趣投合，伽利略成为该学院成员，并热心协助拟定学院的活动。林琴学院也成为伽利略的重要支持者，先后促成伽利略的两部书——《关于太阳黑子的书信》和《天秤》的出版发行。伽利略晚年的重要著作《关于托勒密和哥白尼两大

---

　　① 该学院由费德里格·凯西王子（Prince Federigo Cesi）组织建立。

世界体系的对话》（图2-5）（简称《对话》）也几乎出版，可惜组织者凯西王子的早逝导致林琴学院解散而未能完成。

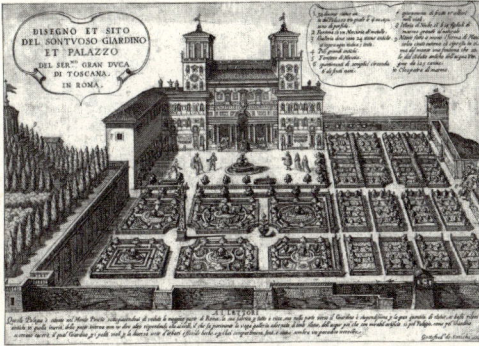

图2-3　托斯卡纳大公位于罗马的宫殿和花园

图2-4　林琴学院的徽标

图2-5　1632年出版的《关于托勒密和哥白尼两大世界体系的对话》卷首，画中左为亚里士多德，中为手持地心说浑天仪的托勒密，右为手持日心说宇宙模型的哥白尼

伽利略凭借超乎寻常的天文学成就成为欧洲最权威的天文学家，却未能获得长久的荣耀，反因晚年推广其天文学方面的新主张而遭宗教法庭审判。伽利略的对手攻击伽利略的《关于太阳黑子的书信》及他此后的著作，几乎将伽利略的学说（特别是支持哥白尼学说的观点）与《圣经》教义之间划出了一条战线。作为回应，身为天主教徒的伽利略将知识划分为上帝的教诲和自然界的真理两部分，并强调不应以天主教义对自然界的真理进行干预。1616年，宗教法庭发出放弃哥白尼学说的告诫后，伽利略在许多年里保持着一定程度的沉默。1623 年，曾是伽利略强力支持者的枢机主教成为新教皇乌尔班八世，林琴学院部分成员得到擢升，伽利略又燃起宣传新学说的希望。同年，伽利略受到教皇对《天秤》和《试金者》（教皇当时忽视了其中为哥白尼的观点进行含蓄辩护的片段）的赞许，并获准撰写比较托勒密学说和哥白尼学说的书（即后来的《对话》），并于1632年出版。书中，伽利略略施技巧将内容调整为偏重于反击那些对抗哥白尼学说的论断。他的敌人借此指责伽利略宣扬哥白尼地动说，教皇的立场也完全反转。次年，伽利略被判二级异端邪说罪并被监禁。此后直至去世，伽利略将全部学术热情投向不会与教会产生冲突的力学问题上。他于1636年完成的重要著作《两门新科学》体例与《对话》相同，集中了自他开始研究单摆和弹道运动以来所有的力学研究内容。

2. 伽利略的天文学与力学的突破

（1）天文学

伽利略的天文学工作起始于光学仪器的发明以及将其用于星空观测。伽利略并非发明望远镜的第一人。1608年已有荷兰眼镜制造商利伯希（Hans Lippershey）发明出一种能将远处物体放大3~4倍的双透镜装置并申请了专利，声称这种装置能够使远距离的物体看起来如同就在身边。可以认为，望远镜的最早功用是放大物体和景象，之后由伽利略将其用于天文观测，这一转变过程与欧洲对其的称谓从"spyglass"向"telescope"的转变相一致。

望远镜技术很快在荷兰传播并有多位眼镜商开始进行仿制和售卖。伽利略获知相关消息后，在1609年夏天也仿制了一架（图2-6），通过技术改进将放大倍数提高。1610年3月，伽利略借助自己制作的30倍望远镜观察到一系列全新的天文现象，并以此撰写了《星空信使》一书。书中的天文新发现主要内容包含：① 月球表面并非光滑均匀，而是粗糙的，布满凹洞和隆凸，如同地球上的地形具有山峦和深谷（图2-7）；② 太阳上有黑点且具有周期性；③ 银河（Milky Way）的"光带"由无数小星构成；④ 金星具有相位变化，并且在亏缺越显著时，直径也越大，即金星圆时距离地球较之太阳更远，亏时距离地球较之太阳更近；⑤ 木星周围存在4颗

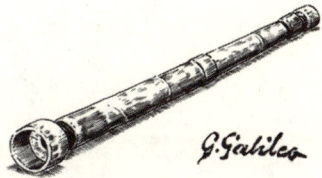

图2-6 伽利略制造的望远镜

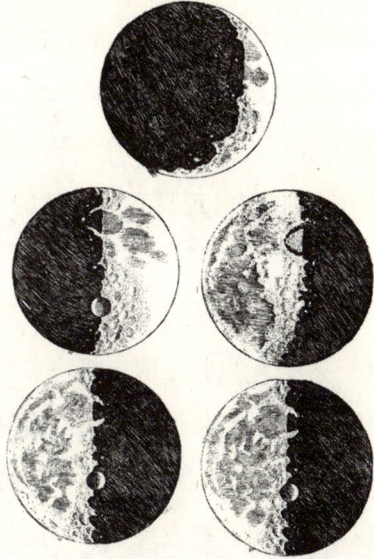

图2-7 伽利略在1610年出版的《星际信使》中绘制的月面图

环绕运行的卫星，通过对卫星的长期观测记录计算出其运行周期；⑥ 观察到200年后才正式被发现的海王星，只是没有意识到这是一颗

行星。另外，透过望远镜，伽利略发现许多之前天文学家未曾知晓的新星（如早期只知猎户座腰带位置有3颗星、宝剑位置有6颗星，新发现却有80颗），任何一片星空观察到的恒星数量都比之前多了近10倍。

借助望远镜，伽利略描绘出前人想象力无法企及的星空现象，震惊了欧洲学术界，并引发了广泛的讨论。如《星空信使》出版当日，英国大使沃顿爵士（Sir Henry Wotton）便将其寄给英王詹姆士一世，认为书中的发现是他所获知的世界上最令人惊奇的新闻，并在信中称伽利略"推翻了所有之前的天文学家，接着又推翻了所有的占星术"。几个月之后，苏格兰诗人赛格斯（Thomas Seggeth）在其发表的九首短诗中，赞美伽利略的修辞近乎吹捧，称哥伦布发现并用杀戮征服了新大陆，而伽利略发现了新宇宙却对任何人无害。以现代观点来看，伽利略的天文发现并非"与人无害"如此简单，它的发现令人类之前对于宇宙的感官认识显得狭小而贫瘠，对当时人的信仰和宇宙观具有颠覆性的冲击力，地球不再是无可置疑的宇宙的中心。

伽利略之前，人们认为位于太阳和地球之间的水星和金星应同月亮一样显示出相位的变化，实际却观察不出，因此将其视为反驳哥白尼理论的一条依据。哥白尼当时的回应是，相位是存在的，只是裸眼无法察觉。伽利略观察到相位的存在后，便确证了哥白尼的正确。不仅如此，伽利略发现金星近地与远地时存在大小变化，这一现象是托勒密的本轮-均轮系统无法给出解释的。金星相位和与地球距离的规律性的变化，引起伽利略思考对这一现象更为合理的解释。因为坚信通过望远镜做出的天文观测具有真实性，伽利略选择重新思考甚至挑战已有的权威宇宙理论。

　　亚里士多德基于直观经验的理论认为，所有星体看起来都围绕地球旋转，地球是宇宙的中心，不存在其中一颗星体再被其他星体围绕的情形。伽利略发现木星有卫星环绕的现象，打破了亚里士多德关于行星各居一层天且天球各层不可僭越的基本论断，从而发起了对亚里士多德观点的反击。伽利略认同哥白尼冒着宗教审判的危险提出的"日心说"以及星体排布主张，并在《对话》中借三位对话者之一的萨尔维阿蒂之口反复暗示和论证其正确性。

　　除以望远镜观测到的天文新发现有力地支持了哥白尼日心体系外，伽利略将望远镜作为一种天文观测仪器的应用也为后世所延续。在伽利略同时代及之后，天文学家纷纷改进观测仪器、增加望远镜的倍数，希望也能够观测到更多新奇的天文现象。天文仪器的进步特别是望远镜不断改良这一趋势，促进了天文观测的发展以及观测者对天文新发现的接受。

　　伽利略至牛顿之间的早期望远镜的改进和观测的改善主要有以下几次：与伽利略同时代的开普勒在其《屈光学》一书中提出过一种由两个凸透镜组成的天文望远镜，但并未进行制造。德国的沙伊纳于1613—1617年间研制出增加第三个凸透镜的望远镜并在观察太阳时安装滤光玻璃。意大利天文学家里奇奥利用望远镜第一次做出双星观测，并绘制出自己的月面图。波兰天文学家赫维留斯（Johannes Hevelius，1611—1687）通过增大物镜焦距来减少色差。荷兰的惠更斯（Christiaan Huygens，1629—1695）为减少折射望远镜的色差，直接将物镜和目镜分开，于1665年做了一台筒长6米的望远镜，后来又做了一台筒长将近41米的望远镜。1670年，牛顿对利伯希和伽利略的望远镜进行了根本性的改进，发明出反射望远镜，其原理是使用一个弯曲的镜面将光线反射到一个焦点上，这种方法极大地增大了望远镜的倍数。可见，伽利略天文新发现产生的巨大影响同时带来了一项副产品，即促动了新天文仪器——望远镜的被接受和不断发展，并由此引起物理学家对光学的探索。

（2）力学

伽利略最初探讨物体的运动始于其对亚里士多德物理学相关内容的研习。亚里士多德对于物体运动的阐释方式，特别是关于自由落体运动的讨论，引起了伽利略对物体运动难题的思考。亚里士多德曾指出，物体的重量是物体下落的原因，较重物体下落比较轻物体下落要快。对于落体运动现象的认识，亚里士多德认为落体运动是物体回归其"自然位置"的自然趋势，物体接近目标而逐渐加快是自然的事情。

在16世纪晚期的意大利，从事自然哲学的教授们虽然在授课中被要求读亚里士多德的著作，但是各自做出的解释却不尽相同，其哲学指向从阿维罗伊主义①跨至新柏拉图主义。其中已有一些教授开始关注对力学问题的解释，比如安德烈·塞萨皮诺（Andrea Cesalpino，1509—1603）、杰罗姆·包罗（Girolamo Borro，1512—1592）、弗朗西斯科·伯纳米琪（Francesco Buonamici，1533—1603）、雅各布·马索尼（Jacopo Mazzoni，1518—1598）等，在其著作中提出了传统的关于运动现象及其原因解释的诸多问题（Helbing M，2008）[187]。亚里士多德学派的学者们已不再坚定地视其运动学说为信条。1576年，帕多瓦数学家朱塞佩·莫勒第（Giuseppe Moletti，1531—1588）撰写《大炮术》一书，其中有明确提到落体运动的内

---

① 阿维罗伊认为，除天启的信条外，一切事物都应受到理性的检验。从12世纪到16世纪，阿维罗伊主义一直是占优势的哲学派别，阿维罗伊的著作被作为巴黎大学和其他欧洲大学的教材，直到16世纪实验科学的诞生。

容，并以当时惯用的对话方式记述了作者与王子之间关于两球是否同时落地以及如何拯救亚里士多德的讨论。可见，关于落体问题的讨论在伽利略1589年当比萨大学教授之前就已经广泛展开了，并且已有人做过实验，得到的结果其实都是尽人皆知的生活经验。

伽利略的思考是逆向式的，认为物体下落快慢之别是空气浮力影响的结果。显然，这条思路受到阿基米德流体力学观点的影响，伽利略将其关于水的浮力观念应用于空气环境中，并在此后吸取前辈如塔塔利亚、博内德蒂、科曼迪诺等人关于数学与力学的研究成果和方法，对落体运动和抛体运动做出了具有开创性的探索。博内德蒂一般被视为伽利略的直接先驱，他支持亚里士多德关于宇宙论和物理学的基本观念，然而导出的结论却与亚里士多德的观点相反。亚里士多德传统与巴黎学派的冲力物理学在博内德蒂那里发生了冲突，中间插进了逐渐兴起的阿基米德传统（柯瓦雷，2008）[99]。值得注意的是，博内德蒂强调空间的几何性，认为直线运动能够无限地延续下去。

伽利略对自由落体的研究首先是从思想实验开始的，即假设亚里士多德关于物体下落速度与其重量成正比的学说是正确的，可以设想一个简单实验让两个轻重不同的物体连接在一起下落，两个物体因各自本身的下落速度不同而相互影响，连在一起后应以某个中间速度下落，而两物体连在一起时比任何其中之一都更重，由此可推出"较重物体比较轻物体运动要慢"的结论，进而证明亚里士多德的结论是错误的。伽利略设想落体运动是匀加速的，希望通过实验测量下落物体速度的增量与下落的时间间隔，证明二者成正比的数学关系。伽利略将落体运动视为斜面运动的极端情况，进而针对斜面运动进行了多次定量观测实验。在实验中，光滑圆球被放于斜面凹槽内并沿凹槽自由滚动而下，与此同时精确计量时间，最后找到了球滚动距离与时间的

121

平方成正比的关系。伽利略希望将斜面实验的结论推广到竖直情况下的自由落体运动，并通过对不同倾角的两个斜面和单摆实验发现重物在最初高度相同的情况下运动到另一侧也将到达相同高度，推理提出"等末速度假设"，即静止物体从同一高度沿竖直方向或沿不同斜面下落，到达底端时具有相同的速度；也就是说，物体在下落中获得的速度只取决于下落的高度，而与斜面的倾斜角度无关。从而，最终得出自由落体运动定律。

实际上，对于斜面问题，亚里士多德和阿基米德均未曾涉及，帕普斯、达·芬奇、卡尔达诺等人虽然试图建立某种理论，但论述中却因运用阿基米德或亚里士多德的某些传统观点而得出错误认识。16世纪末相关研究者，如受塔塔利亚启发的尼莫尔（Jordanus de Nemore）以及后来的瓦罗（Michel Varro）、斯蒂文和伽利略，依靠一根手指便足以解说斜面下落物体的定律（Festa et al.，2008）[195]。早期研究者不涉及这个问题，很大程度上是由于斜面问题不能直接简化为天平问题，而以亚里士多德运动理论为出发点也难以做出具体解释。伽利略关于斜面运动的研究的特别之处在于，他在对加速运动的描述和证明中，一以贯之地利用了相似三角形的比较和比例关系的几何处理技巧。伽利略的斜面运动定律，即速度值仅决定于斜面的高度是具有重要意义的力学进展（Galilei，1967）[218]，自由落体运动也因此得到了解答。相较于亚里士多德动力学定律定性式的论述，即运动的速度与运动的力成正比关系，伽利略提出观点的方式是在测算物体在运动中具体物理量的数值变化基础上确定物理量间的相关性，推理并总结出对运动过程的描述，二者的视角和提出理论的方式存在明显区别，结论也存在着根本性的矛盾。

在研究斜面和自由落体运动时，伽利略做了两项重要工作，其一是将发现的单摆原理及其运动特点融汇于研究中，其二是通过对斜面运动的理想实验非正式地提出了惯性定律。实际上，在比萨大学时期，伽利略已经对单摆做过实验，并发现摆的长度越长，完成摆动的周期越长；又经过多次实验的细致观测，发现两个摆的周期比等于摆长的平方根之比。在寻找斜面下滑运动时间和距离的关系过程中，伽利略用水钟测量自由落体下落时间，最终发现当单摆长度与自由落体距离相等时，摆动周期的平方与自由落体的时间成倍数关系；也就是说，自由落体速度与时间成正比，同时速度与距离成正比，也即自由落体下落距离与时间的平方成正比。关于摆和斜面、自由落体运动的结合，是伽利略进行运动统一性讨论的一次重要尝试。在观测物体沿斜面向下和向上的运动时，伽利略注意到物体向下时速度不断增加，沿斜面向上时速度不断减小；也就是说，物体向下运动时获得加速的因素，向上则获得减速的因素，而且斜面光滑时物体沿斜面向上能接近达到其出发时的水平高度，即在无摩擦的理想情况下物体向下时的加速和向上时的减速的量是相等的。伽利略进而设想，在不倾斜的水平面上，在足够光滑没有摩擦力的情况下，物体不会获得加速或减速的因素，因此可推断运动的速度应当是不变的。伽利略对这种理想化的运动的讨论依旧采用思想实验，因为在他的时代摩擦力是无法完全消除的。伽利略的这一思考后来被牛顿明确表述为惯性定律，即一切物体在没有受到力作用时，总保持匀速直线运动或静止状态，除非作用在它上面的力迫使它改变这种运动状态。也就是说，力的作用是改变物体原有运动状态的原因，这就彻底颠覆了亚里士多德认为的力是物体运动的原因的观念，成为经典力学的重要基础。

　　伽利略对运动力学的另一重要贡献是提出抛射运动定律。对于抛射运动，亚里士多德认为，其轨迹不可能是对称的，因为抛射运动开始由施加于抛射物的冲力主导，最后又由朝向地心的自然运动主导。在伽利略生活的时代，塔塔利亚较早提出关于炮术的系统论述，认为抛射运动包含三个部分，即最初的直线部分、中间的圆弧部分和最后的垂直线部分，中间部分即为受迫和自然运动的混合。塔塔利亚的分析在16世纪颇具影响力，伽利略最初也认同这种理论。在仔细研究过圆弧部分后，伽利略发现理论的解释与自由落体加速度的论据产生冲突，在他的认识中，垂直的抛射外力与自然运动不能同时存在，然而斜抛运动却以二者同时发生的效果作为解释。圭多巴尔多当时提出一种新的描述，将抛射运动描绘为对称形态，并将其与悬链线作类比，而这启发了伽利略对抛射运动的思考。对于数学家而言，很容易发现对称的抛射轨迹和悬链线两种形态中水平距离的平方与垂直距离成正比。伽利略直觉地将抛射运动分解为不变的水平运动和由匀减速或匀加速构成的垂直运动两个部分，这种处理显然不能导出亚里士多德式的物理解释，然而却从数学处理的角度对运动现象做出合理的解释（Renn，2001）[46-53]。

　　伽利略对静力学进行的重要研究主要体现于其《两门新科学》中除运动力学之外的内容，即关于材料强度问题的讨论。关于材料强度，伽利略通过对实验和理论的分析，指出杆件或梁的抗断裂、抗弯曲能力和几何尺寸的力学关系，即：同种材料的竖直悬垂杆件能承受悬挂重物的能力与杆件的横截面积成正比，与长度无关；对于同种材料的梁，竖放和横放的抗断裂能力之比等于宽度和厚度之比；对于负有集中载荷的简支梁，最大弯矩在载荷之下，且与载荷到两支点的距离之积成比例（图2-8）。另外，伽利略对梁弯曲理论用于实践时所

应注意的问题做出了分析，指出工程
结构因其自身重量会引起塌断，尺寸
不宜过大。伽利略对关乎工程实践的
材料强度问题的分析令此类力学问题
逐渐进入学者的视野，材料力学开始
成为一门独立的学科。

图2-8　《两门新科学》中有关
材料力学理论的讨论中采用的
悬臂模型

除上述力学贡献外，伽利略还提
出了相对性原理，明确地以精确的数
学界定了一系列基本概念，如重心、
速度、加速度等。其中，加速度是力
学史上具有里程碑意义的概念，它的提出使运动力学的定量描述有了
依据。这些基本（特别是与运动直接相关的）概念以及对运动的时间
性的度量（时间成为参数），解说了经院学者一般忽视或者神话了的
变化过程。

综上所述，伽利略最引起当时社会震动和热议的工作是关于天文
的新发现和与天主教会教义难以融合的宇宙观。从科学发展史的角度
来看，这方面的工作对人们惯有的宇宙观产生巨大冲击，并令学者们
试图通过不断改进设备进行更深入的对宇宙的探索。伽利略展现给世
人的新世界观及其开辟出的新科学路径，为牛顿最终完成将天体运动
与月下之界物体运动统一起来的天文学革命奠定了重要基础。对于力
学，伽利略一生都在进行时断时续的研究，他对前人关于某些传统问
题的权威解释提出疑问并给出补充或提出新观点，同时以全新的视角
和方法论考察运动力学的本质，将物体的运动借助实验还原为严密数
学，为经典力学的发展奠定了重要基础，进而引导了机械自然观的初
步形成，而关于材料力学的研究则推动了工程科学的萌生。

　　统观伽利略的学术，其发展包含两种趋向，一种偏重技术，一种偏重哲学。伽利略的家庭背景使其成为工程师-科学家的一员，比如他能够将用铁凿子刮擦铜盘去除斑点的举动转变成为产生音频知识的人为操作，能够将乐器的弦的颤动与钟摆的摆动和单摆的振荡相关联，并通过比较对等时现象加以解释。而早期的学业又将他引入当时流行的经院哲学。伽利略热衷于观察各种仪器产生的新奇现象以及各类生活和工程实践经验，擅长利用数学去解释这些现象，通过将技术与哲学相结合的研究方法做出新的学术探索。

　　伽利略关于运动的演绎性理论虽明显与力学相关，却并不是对亚里士多德传统力学原理的沿用，而是更近似于阿基米德式的对物理现象构建演绎性理论的方法，二者又均受到数学理论传统的塑形。古典数学传统不仅为伽利略运动理论提供了演绎模型，更为其提供了可以对空间进行数学分析的强效的工具——欧几里得几何学（Büttner，2001）[187-188]。在运动力学方面，伽利略凭借量化的时间和距离描述物体的运动过程；在材料力学方面，利用量化的重力、距离、截面、体积描述特定材料的抗断裂能力。总体而言，通过伽利略的工作，传统中被视为"关于艺的知识"的力学被转变为物理学范式中的一个组成部分。天文学方面，在伽利略之前，除天文学家之外（天文学家先构建宇宙模型，再通过实际观测结果修正预设模型），并没有人将这种方式作为一种惯例应用于科学研究。爱因斯坦曾评价伽利略说："伽利略的发现以及他所应用的科学的推理方法是人类思想史上最伟大的成就之一，而且标志着物理学的真正开端。这个发现告诉我们，根据直接观察所得出的直觉的结论不是常常可靠的，因为它们有时会引到错误的线索上去。"（爱因斯坦，2007）实际上，与伽利略同时代的学者中已有少数关注实践的科学家开始尝试"实验结合数学""从经验到抽象理论"的科学研究方法，这种方法因伽利略在学术研究中贯穿始终的运用而彰显其与科学理论相互促进的关系，逐渐成为后来学者从事科学研究行之有效的研究方法。

可以说，无论是在天文学和力学的学术内容上的突破，还是对新科学研究方法的贯彻运用，伽利略的工作对科学革命都起到了至关重要的先导作用。

三、讨论

1. 赞助的影响

赞助人文化来自中世纪艺术市场，历经文艺复兴的最初阶段直至现代，赞助人是艺术生产和创新的重要推动力。早期的赞助人可能是世俗的宫廷，也可能是教会、政府机构，后来出于对地位认同的追求，富有的个人也成为赞助人。赞助的对象也由艺术家逐步扩展至人文主义学者、管理者、珠宝商人、工程师等（玛格丽特，2010）。佛罗伦萨的美第奇家族、米兰的斯福尔扎家族都是著名的世俗赞助人。中古以降的欧洲学者多半是修士或各宗教派系会员，不然就是由教会资助的学生。16世纪，欧洲学者除大学教授外，其他如文学家、艺术家、音乐家等都有赖于富人支持。得到赞助人支持是当时没有固定职业的学者能够寻求的最主要的学术资助方式，赞助体系成为将智慧转化为生活的物质必需品的重要手段。

伽利略一生对职业身份和社会地位的追求正是因为赞助形式的存在而能得以实现，他在科学上所获得的成就和名誉是获取赞助的筹码。在科学研究尚未职业化之前，学者往往要通过被赞助的方式谋生，因此被赞助人的学术成就和与权贵和教廷的斡旋之道决定着其命运，进而也间接影响学者的学术产出。

赞助人赞助的方式有很多，不仅限于金钱上的支援，还包括运用其影响力帮助被赞助人调薪或谋得一职位。伽利略最初的谋职和几次更换工作，都是依靠贵族权势的支持。

美第奇家族从1433到1494年有效地统治了佛罗伦萨，乔瓦尼·美第奇（Giovanni de Medici，约1360—1429）为家族聚集了大量财产，科西莫在扩大家族的金融支配力的同时也获得了令人瞩目的政治权利（克雷纳，2013）。美第奇家族是意大利文艺复兴时期最重要的艺术赞助人，承担制作佛罗伦萨委托艺术品近一半的数量，其对艺术品收藏的狂热也表现在关注所有伟大的建筑师、画家、雕塑家、哲学家和人文主义学者。

16世纪末，很多因素都能够决定大学教职的任命，如果没有贵族数学家圭多巴尔多的有效调停，伽利略不可能获得帕多瓦大学的职位。帕多瓦大学从1592年开始聘用伽利略为数学教授，并分别在1598年和1604年的两个六年任期结束时明确续聘，但伽利略一方面认为这种续聘并不完全可靠，另一方面也希望增加收入。可以说，在帕多瓦大学时，伽利略一直存有一个持续的对赞助人的需求，并小心行事以令身边不缺这些资源。比如在威尼斯时，伽利略结交的朋友绝大多数是威尼斯贵族的最高层，他们明白"友谊"有赖于彼此的联系以及伽利略的影响力。1598年，伽利略在前一教职期满时，成功借助权贵沟通将续职年薪由180弗罗林增加到320弗罗林。而这个时候，伽利略的目光并未停留于帕多瓦大学，他写信给大公夫人克里斯蒂娜，提及他朋友法布里齐奥（Fabrizio）的艰难处境，也表明自己希望为大公服务（Galilei，1967）[164-166]。1604年春天，伽利略向曼图亚公爵文森佐·贡扎加（Vincenzo Gonzaga）赠送比例规并指导其使用；作为回报，公爵送给伽利略的礼物超过了他一年的薪水。伽利略此时完全可以顺利地服务于曼图亚公爵，但他希望获取更丰厚的薪俸。在1605年，第二个续职周期结束时，伽利略借助托斯卡纳大公将其帕多瓦大学的年薪增加到520弗罗林。而与此同时，他不遗余力地求取美第奇家族统治者的注意，如借向科西莫王子进献比例规的机会将其变为每年夏季向其讲解数学的惯例，在给王子的信中，伽利略自称为"他（科西莫王子）最忠诚、热忱的仆人"，并宣称"比起其他主人，我更愿受他的驱使，因为在我看来，他温和的举止和仁慈的性情能让任何人想要成为他的奴隶"（Westfall，1985）[11-30]。

当科西莫王子对磁石的神奇力量感兴趣时，伽利略加紧了对磁力的研究，并在与美第奇家族的来往书信中将科西莫王子与磁石相比，以磁石代表王子。鉴于磁石的自我消耗不明显，并在托举重物时才表现出具有力量，伽利略描述它因"爱产生力量"。同时地球本身是一个磁体，Cosimo（或者Cosmo）是"地球"的同义词。这个例子也表明赞助制度的魔力可以将科学研究对象变为取悦赞助人的内容。

当科西莫王子继承托斯卡纳大公的爵位后，伽利略除了写信向他直陈祝贺外，也给一位廷臣去信说明自己的收入和抱负，并再次承诺会为赞助他的大公带来比大多数被赞助人还要多的荣耀，不过他始终未等到他所期待的回复。1609年，伽利略利用望远镜做出的发现轰动了威尼斯，也使事情有了转机。当时佛兰德的冒险家愿以相当于伽利略4倍年薪的价格向当地议员购买望远镜。伽利略也颇具远见地将望远镜呈送给威尼斯总督和帕多瓦大学理事会，并立即从后者那里得到一份年薪1 000弗罗林的新合同。虽然薪水已非常高，但伽利略的同事兼论敌、帕多瓦大学最著名的哲学家克雷蒙尼尼早已获得同样的薪酬，而且与克雷蒙尼尼没有限制的合同不同，伽利略的合同是再无提高薪资余地的终身合同。伽利略仍然朝向佛罗伦萨努力，他即时向同样对望远镜兴趣浓厚的托斯卡纳大公呈送了新制的一台望远镜，同时用质量最优的望远镜进行有效的天象观测。当观测到木星的4颗小卫星时，他便以此为契机，写就《星际信使》并注明仅受到科西莫二世赞助。他在给佛罗伦萨一位行政长官文塔（Belisario Vinta）的信中称，唯有这样做"大公的盛名与星辰共存"，后又命名小卫星为美第奇星（Mecicean Stars），以示如天之永存般的纪念。伽利略的发现引起巨大反响，令他顺利进入托斯卡纳大公宫廷，一举成为意大利最有价值的受赞助人，收入颇丰，同时他对于自由时间的要求也得到了满足（Westfall，1985）[11-30]。

作为被赞助人，伽利略虽然凭借天文新发现得到托斯卡纳大公的赏识，也获得科学研究的一定自由，不过仍需要完成来自上层的指定任务。17世纪30年代末，伽利略在托斯卡纳政府的要求下，撰写完成了关于监管比森齐奥河（Bisenzio river）的专业技术专著。在比森齐奥河，伽利略凭借几乎整个兵工厂的支持，以他的运动力学理论解决了当时面临的技术挑战。

伽利略的案例表明，实现价值和抱负推动着他努力得到赞助人的支持，他在那个时代是最成功的被赞助人的代表。就赞助本身而言，具有特定社会环境因素下人才选择问题的属性，但由于并没有形成一个体系，赞助反映的是赞助人与被赞助人之间的二元关系，没有制度化，也就不具有绝对的保障，因此赞助只是赞助人与被赞助人双方自愿达成的协约关系。赞助人并非慈善家，而是在赞助活动中谋求政治、经济、文化利益的最大化。作为被赞助人的学者，特别是兼具工程师身份的科学家，与宫廷赞助人在供给与需求方面存在天然的不对等，被赞助人过去的表现是对未来做出承诺的唯一依据，其仅能向赞助人声明他有能力令赏识他的人在未来更具荣光。

　　文艺复兴后期对科学研究的赞助，能够在一定程度上令自由研究与赞助人的兴趣相结合，是科学发展的有利因素。赞助这一形式在17世纪发生的重要变化表现在其支持对象从事行业的广泛化。在17世纪前的赞助人购买艺术品或支持艺术家的行为主要是出于实际的功用目的，将艺术品作为交换的商品或彰显财富的炫耀品，而雇佣优秀艺术家为其服务则被视为一种荣耀。然而，赞助人的品位和喜好会对被赞助人的创作过程和成果产生较大影响，比如巴洛克时期赞助人对宗教事务的赞助热情严重抑制了艺术的个性和独创性（Osborne，1970）[821]。17世纪开始兴起对科学的赞助，科学不同于绘画、雕塑这些艺术门类，不能单凭赞助人的喜好和品味就能确定预期成果，因此对于科学研究的选题，赞助人具有有限的操控权，而研究者有一定的自由空间。在伽利略的案例中，由于科学成果与教会存在不容性，寻找赞助并开展有新意的研究是一个可做选择的生存方式。

　　为了争取社会地位，被赞助人往往会提出野心勃勃的承诺，这样就导致无论是现实的生存还是科学的求索都给被赞助人带来了巨大的精神压力。在伽利略的案例中，以天赋作为交换而求助于王公贵族的权威的姿态，对获得权贵赋予科学的"信任状"起到重要作用。当伽利略在佛罗伦萨宫廷为自己的职位进行谈判时，他称将奉献丰富的科学作品，实际上只有少部分承诺的工作在他的手稿中得以呈现（Büttner，2001）[197]。对于许下的承诺，被赞助人未必能够完全实现。作为工程师-科学家，一方面，通过实践知识研究出的新理论基础会与亚里士多德学派观点相悖；另一方面，社会地位和从事的研究令他们时常需要面对竞争，甚至有时陷入彼此间尖刻的争辩。因此，在不同的知识领域中，他们需要探索并找寻理由去研究建立那些替代形式的"新科学"（Renn，2001）[68]。

伽利略在美第奇家族的赞助下，以"廷臣"身份完成其后期研究和著作，表明在近代早期，科学知识的产生和传播在很大程度上受到社会组织的塑造。近代早期的社会组织通过赞助形式对科学产生的作用，不仅在于因统治阶层对科学成就的欣赏而建立起科学的形象，而且科学作品，如伽利略关于水力学的著作，表明近代早期工程师-科学家所处的社会与境，实际上已经为后来的不同类知识的结合提供了预先准备。例如，关于水力工程学的实践者知识和经院理论已经开始结合，而这两类知识的传统在几个世纪前因从事者的社会地位悬殊而存在天渊之别（Büttner，2001）[197]。

赞助并不能为科学革命的社会史的理解提供一把万能钥匙。等级制度森严的社会，正是为伽利略无经济产出的职位进行赞助的先决条件。这时期的一些人物也没有得到持续的赞助，至于多少人得到赞助也未可知。但是赞助可能是前工业化社会中最流行的一种对科学支持的惯例。科学革命打破传统的知识框架，新科学理论取代传统成为主流，这一重大变革不可能靠个人的叛逆完成，赞助形式在一定程度上为新知识的产生提供了新的社会环境和土壤，成为推动其发生的机遇。

2. 对实践的关注

伽利略的工作体现出对实践的特别关注，不仅充分相信仪器呈现出的现象的客观性，并通过观察各种现象引出关于学理阐释的探讨，而且利用理论研究的成果制作工具并进行实践应用。

望远镜的制作及应用于天文观测是伽利略信赖仪器并利用技术推动科学探索的典型例子。实际上，使用望远镜进行天文观测并不是一件简单的事情：安置在镜筒两端的透镜在放大影像的同时会产生失真，如延伸、模糊和色差；伽利略制作的望远镜视界非常有限，只能观测到月球表面的一小片局部影像，角度的频繁调整会引起眼睛的不适，甚至会头晕；另外，使用中也存在不便利的问题，比如望远镜的尺寸决定观测者须将其置于窗台或立架上，观测的姿势会导致人体产生不舒适感。这些问题令一些年长学者没有耐心使用望远镜，特别是一些哲学家，不愿将时间浪费在用这种镜片做成的设备看星空上。尽管如此，伽利略坚持制作质量不断提高的镜片，令望远镜的放大倍数和配件能够满足天文观测的需要。同时，他也制作并选取品质优良的望远镜向贵族大公进献，积极宣传他的观测成果和新发现，令整个欧洲对宇宙有了新的观感和审视的兴趣。伽利略望远镜的制作主要得益于精巧的工艺和创造才能，而并非基于成熟的理论，甚至伽利略并没有尝试用几何学知识思考望远镜的原理来揭示其中所蕴含的光学定律。望远镜精度的测量也是通过对实物的实际测量得来，即通过对同一图像进行裸眼和透过望远镜测得大小进行比较来确定望远镜的放大倍数。作为一种新的有着重大价值的研究仪器，望远镜对天空的重新发现导致了天文学革命。1624年，伽利略又制造出了显微镜。这两种仪器开启了人类对不可触知的遥远世界和微观世界进行观察和实验研究的时代。

伽利略关注实践也体现于他将技术与理论进行结合的事业中。在帕多瓦生活时，伽利略受到圭多巴尔多等工程师-科学家的影响，学术活动发生了一个面向实践的转向，特别关注仪器、技术以及城防问题。伽利略在家中设立工场，雇佣马措勒尼（Messer Marcantonio Mazzoleni）作为专职工匠，成功制造出自己研究发明的各种不同材料、不同大小和不同用途的军用和测量用比例规（图2-9）。这些比例规大多售卖给了他的私人学生，其功用不仅能计算货币兑换率、求

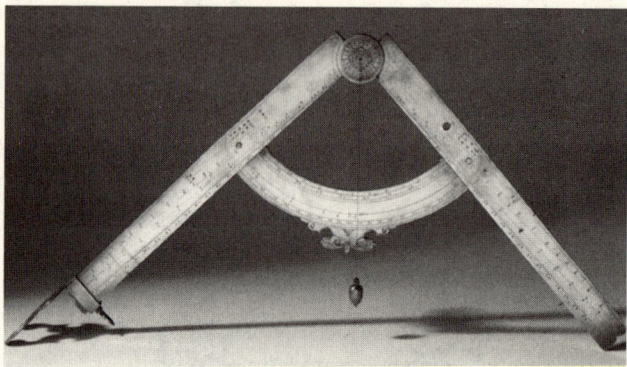

图2-9　伽利略发明的比例规

平方根，还能为不同大小的炮弹确定装药量，附近造船工人也采用比例规帮助完成船体设计。另外，工场还制造铁质工具以及螺丝钉、蜗杆和螺丝钳之类的工具部件。伽利略教授给私人学生的知识与工场生产的仪器相关，主要为修筑城墙和军事建筑，这方面的知识（只有军用比例规的知识是新的）在当时构成了许多工程师和建筑师共享知识的一部分。通过私授活动，伽利略及时有效地传播了制造仪器的实践方法。与此同时，伽利略通过各种实验获得了关于弹道运动、单摆的等时性和有关固体材料强度等一系列重要的实践结论以及相关的理论解释。威尼斯是当时意大利的技术中心，伽利略经常造访威尼斯兵工厂，主要关注与造船相关的实践问题，并因设计"大帆船"方案的需求而对材料力学进行了特别的研究。在这些实践知识基础上，伽利略力图构建一套可推演的完整的新理论，也就是后来出版的对物理学研究成果的系统总结——《两门新科学》，取代了其早年撰写的《论运动》中所持有的相关观点。

　　《两门新科学》中"前一门"科学的实践基础就是基于威尼斯兵

工厂建造大型帆船时所面临的材料强度问题，"后一门"运动理论则主要基于当时已受到一些学者关注的弹道实践知识。伽利略在书中阐述的力学原理显示出其对阿基米德式的力学传统的继承，此时他已将兴趣从评论和驳斥亚里士多德哲学转向工程师-科学家的实践活动。通过对阿基米德问题的详细阐释，伽利略与当时最重要的数学家以及工程师-科学家（如克拉维斯、圭多巴尔多等）有所接触，并通过书信与他们探讨技术的力学问题及相关数学问题。伽利略提出关于弹道学、造船以及防御工事等一系列关注技术问题的定律，开启了欧洲古典力学向经典运动力学转变的进程。

伽利略将科学原理应用于实际的例子，还包括根据单摆原理发明人体脉搏计，利用浮力定律和空气热胀冷缩原理发明空气温度计，凭借测定的各种合金比重设计制造比重秤，等等。

从学术传统来看，在伽利略生活的时代，形而上学的亚里士多德物理学传统未曾中断，而16世纪却见证了另一古代传统的复兴，即以阿基米德为代表的力学的演绎传统，它关系到文艺复兴以降人们对仪器、机械和工程技术的实践重要性认识的不断加强。16世纪，伽利略等一批具有实践特长的工程师-科学家强调对实践的关注和应用，并通过实际工作奠定了机械和工程技术的理论基础。通过他们的科学研究，过去作为数学分支的静力学因在实际生活中的技术应用得到展现而逐渐成为独立学科。伽利略科学研究的方法和过程显示出工匠式的实践传统已融入了学术，学术研究开始倾向于依赖仪器设备，而技术在科学研究中的角色更加重要，技术与基础理论的互动逐渐成为科学进步的重要渠道。

3. 与教会的关系

教会在文艺复兴的发端和过程中都起到了重要的积极作用，不仅教会学校构成官方教育的主体，最具成就的科学家也基本上都是教徒，教会还给予科学研究许多精神支持和物质支持。天主教修会耶稣会组织的教育机构重视数学，尤其是它在天文、航海、建筑和测绘方面的价值，令相关知识通过教育得到普及。这个时期，在某种程度上可以认为，对自然的探究从属于宗教事业。教会强调天国与世俗的不同，并通过不同的方式告诫科学家要严格限定自己的研究范围，不要试图在言论和研究行为上否定上帝之光，不要自认为世俗人类点起一盏灯就能够代替上帝，不要试图将科学建立在没有上帝的假定基础上，不要否定上帝的启示作用，不要将《创世纪》中关于世界的由来当成虚假的解释来看待，等等。因此，科学家所持有的某些特定的科学观念常受到神学和形而上学信念的影响。

16、17世纪，政治、宗教和教育是相互联系的。科技发展依赖于政府内在的稳定性，需要教会的支持，也需要大学的服务，政府、教会和大学三者都为同一个目标努力（吕埃格，2008）[163]。这一时期，政治权力分裂成无数的管理机构，通过权力的划分，大学从16世纪起获得了一些新的特权，比如印刷垄断权、合法的存款形式、较温和的审查形式，甚至有时被允许穿一些贵族专用的服装。对于学术事务，权力机关仍进行干涉，大学的许多相关特权被减弱或受到限制，甚至被侵犯（吕埃格，2008）[178]。不过威尼斯是个例外，1587年威尼斯总督将对学生的裁判权掌握在他自己的特别法庭中，使学生免受宗教法庭的迫害，1616年威尼斯又建立了自己的考试委员会。受威尼斯管辖的帕多瓦大学被视为宽容和自由的天堂，总督授予特殊的豁免权以避免正统派的强制监督，欧洲其他地方都没有这里宽松。对于伽利略而言，帕多瓦大学的自由气氛令他对学术的探索更无顾忌，使他敢于挑战权威。同时，科学活动开始在社团和学院中形成组织，伽利略所参加的林琴学院就是最早要求和其他学术机构具有平等地位的科学社团之一。就学术环境而言，伽利略能够获得最大的宽容，但这也令他的自信盈满而溢，教会权衡再三仍无法无视其影响到教义的言论。

伽利略所著《星空信使》的内容与教义发生冲突。根据教会的观点，地球充满罪恶，因为人类是被从伊甸园驱逐出来的，天堂却是完美而神圣的。但是伽利略利用望远镜进行的天文观测表明：月球布满陨坑，土星拥有奇怪的"耳朵"，木星拥有自己的卫星，甚至太阳上也有丑陋的斑点。同时，对太阳黑子和行星的卫星的发现给予了哥白尼宇宙观点有力的支持。伽利略的天文新发现，在教会人士看来，越过了教会对科学家限制的研究范围的界限，破坏了天堂的完美和上帝创世的教义。

《星空信使》出版后，伽利略认为得到对欧洲教育具有重要影响的耶稣会传教士的认可和支持可以增强新理论的说服力。训练耶稣会士的罗马学院是欧洲学术的第一重镇，如果伽利略的研究成果能够获得罗马学院首席数学教授克拉维斯的认可便可服众。尽管有一些耶稣会士赞同伽利略的观点，而且克拉维斯亲自观测并验证了伽利略的新发现，但克拉维斯仍属亚里士多德理论的拥趸，不能认同伽利略基于天文现象发展出的新理论。1616年，伽利略人身自由受到威胁，教皇的最低要求是伽利略不得再坚持或辩护已被定为异端的日心说。而梵蒂冈档案馆的文件也显示，很难判定伽利略当时真的受到入狱威胁。《天体运行论》也仅被束之高阁以待修正（布鲁克，2000）[105-106]。教会人士的态度也一直不一致，在1633年伽利略被宗教法庭传唤时，仍能够获得一些上层人士的同情，比如负责检控的总代理主教菲伦左拉（Firenzuola）就曾明确承认他并不认为哥白尼体系是不可接受的，教皇乌尔班八世的侄子巴贝里尼持有同样的观点，并认为伽利略的审判牵涉更多的是个人报复，而非出于教义的必要。有研究认为，乌尔班八世对伽利略的严厉定罪可能是出于平息一些著名耶稣会士对他将政治权术置于宗教需要之上的不满，因此定罪行为本身并不能真实地表明教会对科学的态度和对新宇宙论的接受程度。伽利略没有逃脱最后的审查，很大程度上是因为之后他与教会的继续较量以及乌尔班八世觉察到伽利略对1616年禁令的轻视。在伽利略最终被判处终身监禁之后，处罚还是被减轻为软禁。

对于伽利略的学说，耶稣会士中并没有一致性的反对态度，但同时也视其言论为绝对无法忽视的问题。作为理性学术探索和教会传统最终较量的结果，宗教裁判所对伽利略做出审判的结果很可能受到教皇权衡政治利弊的影响，伽利略的新理论与教义的不相容成为合适的借口。就伽利略审判的全过程来看，教会对伽利略的处理在最初并不严厉，在警告未果后才诉诸宗教裁判所，对伽利略终身监禁的审判虽看似严苛，但最终执行时却采用在其别墅软禁的方式。

另外，从表面看，天文新发现引发了科学理论对教义的挑战，但由伽利略开始逐渐形成和完善的机械自然观对教会的权威在更深层次上发生着影响。伽利略关于自然世界的机械化，即机械自然观，以及对新宇宙模型的奠基工作，实际上已经不再需要上帝的直接活动或特殊神佑。伽利略之后，科学以机械自然观为导向继续发展，17世纪"机械论"者牛顿完成近代物理学的力学阐释，标志了科学领域和神学领域发生分化[①]。科学革命的最终结果可以被认为是从根基上对信仰体系产生影响，而宗教对于科学的发展则起着一定

---

① 也可以认为科学和神学发生了融合，其结果是产生了种种更世俗形式的虔敬（布鲁克，2000）[54]。

的催化或抑制作用。

4. 交际网络

在近代早期，学者的交际网络不仅影响到学术发展，如果善于经营，还会决定其职业和社会地位。伽利略是一位积极扩展交往圈的学者，而且通过努力经营，他最终获得了满意的职业位置和社会地位，同时在学术交流和传播方面也获得了重要帮助。

伽利略职业身份的几次转变都与他主动联络相识或不相识的著名学者或身份高贵的人士存在关系：离开大学时，伽利略并未完成大学学业，只能担任兼职教师，为获得承认，他将自己关于确定重心的论文分送给数位数学家，成功取得蒙特、克拉维斯等一些数学家的赏识，并凭借他们的推荐获得比萨大学的教职；几年后，伽利略为追求更好的位置和待遇，在数位贵族朋友的帮助下，得到帕多瓦大学的教授职位；在帕多瓦，伽利略通过将比例规工具书寄给托斯卡纳王室继承人科西莫王子以及多次拜访和授课，建立起与王室的关系，薪水也因一些权势煊赫的支持者的支持以及个人名望的提升而得到迅速提高。这里最值得提及的是伽利略在对天文新发现和望远镜的推广中的表现。

伽利略仿制望远镜始于1609年在帕多瓦大学任职时期。因伽利略的朋友威尼斯的保罗·萨匹写信告知外商拟出售望远镜的制作方法给威尼斯政府，伽利略加紧研制并很快将一架放大9倍的望远镜呈献给威尼斯政府。威尼斯当局省去了一大笔与外商交易的钱款，于是以帕多瓦大学的终身教职酬谢伽利略。出版《星空信使》后，伽利略意识到应伴之以望远镜才更具有说服力。在1610年3月写给托斯卡纳区的秘书文塔的信中，伽利略称一百架望远镜中只有十架的精良程度能够观测到木星的卫星，他计划将其中两架呈献给托斯卡纳大公，三架分别送给提出明确需求的巴伐利亚马克西米兰（Maximilian）大公、欧内斯特（Ernest）大主教、玛利亚（Maria）红衣主教。至于其余五架，伽利略考虑如果托斯卡纳大公愿意帮他打通渠道，他希望送给西班牙、法国、波兰、奥地利的国王和乌尔班八世。而实际上，伽利略制作的望远镜数量非常有限，第一位收到的是托斯卡纳的科西莫二世，其后是玛利亚红衣主教。之后又有向其索要望远镜的重要人物，如奉布拉格的国王鲁道夫二世所托的托斯卡纳大使圭利阿诺·美第奇（Giuliano de Medici）和教皇的侄子博吉斯（Borghese）红衣主教等。伽利略挑选精品进行呈送，其余质量较次的则卖给附近港口的商人。

通过向威尼斯政府呈献望远镜，伽利略又获得了政府给予的帕多瓦大学终生教职，同时也因敬献给科西莫二世望远镜和《星空信使》，并将发现的木星的4颗卫星取名为美第奇星，而获得了托斯卡纳大公首席哲学家和数学家的职衔，最终成为宫廷学者。由此可见，在伽利略争取世俗头衔的每一步跨越中，都展现出斡旋权威和权贵的不俗能力。

在经营职业地位的同时，伽利略也注重借助交际网络推动学术的交流，其中在通信中探讨学术是他最重要的渠道之一。比如他与意大利和意大利以外的很多学者保持通信，其中与开普勒的通信内容保存至今，见证了二人对于日心说敏感话题的态度；又如与马尔库斯·韦尔泽、借名"阿佩莱斯"的沙伊纳等人关于天文新发现的通信以及对相关论文的交流；另外，伽利略也与多位朋友交流关于潮汐的理论，其中甚至包括奥地利大公利奥波德。伽利略还与当时最重要的数学家以及工程师-科学家（如克拉维斯、圭多巴尔多等）有所接触，并通过书信探讨技术的力学问题及相关数学问题。另外，伽利略的声名也引来一批追随者，这些人形成一股势力，以"伽利略分子"为名，在与维护亚里士多德学派理论的"鸽子同盟"的论战中，与伽利略一起回击受到的攻击，维护自己的学术声誉。

伽利略也积极参与新生的科学社团。1611年，为获得克拉维斯对其基于天文新发现而发展出的天文理论的支持，伽利略曾专程赴罗马求见。虽然这次行程最终未达到初衷，却令他与贵族凯西王子取得联系，后者联合数位贵族青年结成的科学组织——林琴学院是一个不受大学或偏见影响的论坛。林琴学院推崇伽利略的学术观点，不仅资助伽利略著作的发表，其成员还在伽利略受到教会攻击时为他提供庇佑。

伽利略的工程实践研究和仪器发明也通过其交往人士获得了有力支持。在帕多瓦时，伽利略结交了一些重要朋友，其中包括城邦的文化和知识界领袖人物，他们看重伽利略的学问，邀请他到威尼斯兵工厂商讨关于造船的问题，甚至邀请他去家中做客。这不仅为伽利略解决实践问题提供了素材，也为其工作提供了研究场所和经费支持。此外，威尼斯的立法机构还为伽利略发明的一种灌溉装置颁发了专利。

可见，伽利略的职业身份的升迁和学术研究的进展与传播均与其在当时的交际网络存在密切关联。如果伽利略不善经营他与学术权威和王公贵族的关系，很难想象他以未完成大学学业的身份能够获得宫廷哲学家的头衔。近代早期，学者的职业地位和学问在很大程度上受到政治和宗教的影响和约束。伽利略在学术上执着于自己的新发现和新理论，并不俯首于权威的经院哲学，并表现出好斗的性格，因此除了对追求地位和收入有所助益外，伽利略也依赖交际网络提供的庇护，在一定程度上保障甚至推动了学术的精进。而且，那个时代赞助人的支持并不稳定，维持一个良好的交际网络也是学者生存的重要保障。

5. 职业特征

在职业身份上，伽利略做过长期的大学教师，经过20年的教师生涯后被聘为宫廷学者，然而他在实际中从事的具体工作更具多元性，也显示着那个时代学者的职业特征。

大学是近代早期实施科学教育的机构，是近代早期科研事业的生命线，科学知识通过大学得到传播和扩散，并引发人们的科学兴趣。作为一门基础学科，数学在文艺复兴时期的大学里取得巨大进步，随着时间的推移，意大利大学中设立的数学教授职位不计其数。数学不再是一门纯粹的辅助课程，数学教授在科学革命的启动和促进过程中不可或缺。16世纪，一些意大利的大学开始讲授新发现的古典文本，如亚里士多德学派的著作《力学问题》，这对伽利略《论运动》（*Memoranda de motu*）的写作起到了非常重要的作用。17世纪，欧洲的许多数学教授不仅教授古典课文，而且借着讲授抛射学、航海和其他实用数学学科的机会，将静力学、动力学、光学和天文学方面的最新著作融合到课程中，对新科学的传播起到推动作用。对于经院传统，接受过大学教育的人能够精通亚里士多德学派的传统理论体系，而且对于来自理论体系内部的许多反对意见也非常熟悉。可以说，大学的教育令学成者拥有直接来自古典的知识、亚里士多德经院理论基础和受到的质疑以及当时的新知识，这些知识实际上足以构成摒弃亚里士多德理论的能力。伽利略是所有反对经院哲学、反对偶像崇拜中呼声最高的一位，对亚里士多德经院传统的反对从他在比萨大学教书时期探讨运动学理论时已经开始。

在大学中，传统研究仍然居于主导地位，有关静力学、动力学、光学和天文学方面的新科学生存于夹缝中，并通过课外讲座及由教师和学生举办的专门研讨班而得以发展。随着政府权力机构对大学及其教学的兴趣和投入在17世纪普遍减弱，为了生存，教授们常常开设私人讲座并互相竞争，所以在原来大学的旁边往往会出现"第二所大学"（吕埃格，2008）[162]。另外，很多著名学者并不是在大学中任教，特别是在大学的经院传统对新知识的抵触日渐明显以及大学教职收入逐渐减少的情况下，学者中许多人保持着以自己的方式或依靠权贵赞助获取津贴来生活。在某种程度上，科学的伟大复兴主要是在大学外进行的（吕埃格，2008）[48]。

作为大学教师和宫廷学者，伽利略以教授数学和简单的天文学为业，拥有数学家和哲学家的身份，然而他具有创造性的科学发现大多完成于授课之外，特别是对于实践的关注、对技术和仪器的运用使他兼具有工程师的身份。

工程师-科学家是16、17世纪在欧洲逐渐开始形成的区别于传统专业学者的一类新的职业群体。这一社会群体的出现与文艺复兴后某些欧洲城市中心的技术发展相关。这些技术发展的本质，因近代早期与古代城市文明所进行的大规模工程呈现出的显著不同而得以体现。古代技术的复杂性并没有形成足够的工程知识体量，因而相较于工程管理人员并未形成专门代表技术的社会群体。早期工程师的技术知识主要通过传统的行会结构传播，独立于学院传统，也较少受到亚里士多德学派关于自然的经院学说的影响。在技术知识开始成为某些出版物的主题，特别是在一些知识的论述与亚里士多德学派关于方法论和技术仪器的表述不断冲突的过程中，技术知识不断得以发展，并导致了新知识分子类别——实践数学家和工程师-科学家的形成，他们关注于由实践得来的新知识。作为技术精英，他们逐渐获得来自官方学术的支持，如佛罗伦萨设计科学院（Florentine Accademia del

Disegno）。然而，在整个近代早期，工程师-科学家的社会身份仍然处于一种不确定状态，伽利略就是最典型的例子。

以伽利略为代表的近代早期的工程师们在实践中将古代科学概念进行理论化，将其转变为新的思想，并最终由此构建起属于自己的有机的理论框架（Valleriani，2006）[66]。伽利略自己制造仪器并借助仪器向其私授学生传播新理论。在帕多瓦生活的时期，伽利略在自己家经营一个仪器工场，销售仪器获得一些收入是其经营的一个部分，而且这些生产和销售的仪器在和相关的操作知识相关联时才体现出其使用价值，也就是说，仪器的使用必须伴随知识的教授，因此伽利略在家招收学生并提供食宿，这种私人授课班成为工场的重要的活动和功能。伽利略的授课内容包含各类主题，比如抛射问题（伽利略1638年首次发表抛射物体运动的新理论）和筑城术（16世纪及其后几个世纪里由数学教授讲授），也包含测量学、力学、天体学、透视学以及欧几里得和阿基米德的知识，这些知识的总和形成了当时防御工事的标准内容。在当时，私人授课现象非常普遍，很多贵族青年在开始其军官事业之前，通过家庭教师或想借此获得额外收入的大学教授的教育中获得所需的数学知识，伽利略的个人活动也是这方面的典型案例（吕埃格，2008）[488]。伽利略的私人课堂招收的寄宿学生有33位，还另有登记的28位，如果算上仆人和工人，伽利略家里的寄宿者在最少的时候也有15人以上。对于这些学生而言，伽利略的家更像是军官预备寄宿学校，而不是学者们的工作室。可见，伽利略的形象显然不是孤独的思考者或理论家，而是更接近于工程师，况且其晚年著作《两门新科学》的书名暗示了与工程师塔塔利亚所作的《新科学》在某种程度上的关联性，体现出伽利略将此书归为论文传统内的工程著作一类的用心（Lefèvre，2001）[12]。

通过实践获得的新科学在大学之外产生后，虽然不是马上，但却局部地渗透到大学课程中。作为一种行之有效的新科研传统，机械的哲学和数学的哲学取代了原有的形而上学式的科研传统（吕埃格，2008）[585]。工程师-科学家通过这种方式影响着传统科学的发展，同时，在科学研究传统发生转变的过程中令某些学科（如力学）逐渐成为独立的学科，并为工程的进一步需求提供了理论支持。

综上，近代早期随着诸如威尼斯和佛罗伦萨这样的独立城邦的兴起，新的实践知识促成了一部分热衷于对实践进行理论研究的新的知识分子的形成，如布鲁内莱斯基、圭多巴尔多、伽利略等，他们的职业特征在近代早期具有典型的代表性。工程师和科学家身份的结合表明：工程师关注的问题已经进入科学家的视野，实践知识不再通过口授传播，甚至能够形成理论；科学家也主动地运用数学和演绎等科学方法通过实践研究将工程技术问题转化为理论表述。近代科学的内容已部分地产生于实践知识，工程师-科学家虽然未职业化，但已经作为一个群体的特定身份出现。

6. 印刷业的影响

欧洲的金属活字印刷术发明于15世纪中叶，使印刷事业成为一种有效的生产系统。在活字印刷术发明之前，古典作品已在当时的技术条件下得到尽可能的复制，手抄本的生产达到顶峰，除原有的修道院等宗教组织的严谨抄写和大学建立后图书工场的规模化抄写外，私人也开始雇佣抄书手进行书籍的复制。古登堡的时代，借助于印刷书籍媒介而实现的准确、具有无限再生能力的信息的大众传播，开始逐渐消除人们对旧学术的迷信崇拜，并借助于大量的评注和争论营造了一种科学争论、科学批评和科学竞争的氛围（Drake，1970）。机器印刷术的发明也令教育普及和民族主义的发展一日千里。1450—1500

年，机器印刷技术已在欧洲两百多个城镇普及，之后更是成倍数地增长。印刷术使书籍成本大幅降低，只有手写书籍的五分之一。文艺复兴时期艺术家的绘画和雕塑挣脱宗教束缚，重返古希腊风格，展现生动自然的形式；文学作品更关注人类，主题与社会相契合，这些作品因印刷术发展而广为流传。

早期的印刷商和书商首先将印书业作为有利可图的商业活动经营，印刷流行的作品对新思想和新知识的传播影响有限，而且拉丁文书籍和宗教著作占据绝对优势。1470年开始出现整本用希腊文印刷的书籍后，古希腊的经典著作及其拉丁文译本开始得到推广。威尼斯因为有曼纽提乌斯印刷所而成为15世纪末至16世纪初希腊文著作的出版中心，系统地出版了古希腊的经典著作。15、16世纪印刷所大多设在商业中心城市，而不是大学所在地，说明当时的主体需求来自市民阶层。

印刷业生产的批量书籍比手抄本廉价，满足了普通民众的消费需求。除宗教用书之外，印行量最大的是学校用书。通过印刷品，贵族、市民学生拥有了在平等条件下的文化交流。然而更多的人因为语言障碍不具有直接阅读拉丁语古典著作的能力，印刷商在拉丁语书籍市场饱和后，开始将著作翻译为地方文字。16世纪，印刷业流行翻译之风。不过，天主教廷捍卫拉丁语的地位，甚至反宗教改革运动曾经一度促进了拉丁语印刷业，同时印刷业的商机令印刷商在禁令严苛时期也会偶尔违背教皇的教令而印制一些非拉丁语的书籍。17世纪中叶，向海上探险和殖民地开拓的投资使得欧洲资金短缺，印刷商将出版重心又开始移向廉价的本国语书籍。不过直至17世纪末，拉丁语都是哲学、科学和外交中使用的权威语言。

另外，印刷业使得书籍具有了标准化特征，特别是工具书和科学书籍的印行，令学术研究活动有了可以统一参照和引证的标准，从而能够确立各种规范。16世纪发展迅速的植物学、医学和天文学等学科，在相当程度上得益于印刷媒介带来的标准图文印本；同时，科学的传播和进步对印刷插图的要求也促进了图版印刷术的发展。

近代早期意大利的知识和科学思想主要以三种方式向欧洲其他地区传播：意大利人向北方去，外国人由北部来意大利，以及通过印刷书籍进行传播。以人的流动带动知识传播的传统方式，在印刷业出现后显然在效率上已不具竞争力，也不如大批量书籍的生产能够满足需求。同时，大学因拥有印刷工场而对书籍的印刷具有自己的选择权，科学家也在一定程度上能够摆脱教会对学术书籍的垄断。不过，政治与宗教仍然发挥着重要影响，在不同地区，书籍的资助、出版许可、审查制度、阅读者的素养和习惯都决定着书籍的命运。

伽利略出版的书籍因其所处环境的不同而有所区别，其中最重要的几部情况是：《星空信使》出版较早，以拉丁文写成，1610年在威尼斯出版；《试金者》在1623年出版；《关于太阳黑子的书信》和《天秤》两部书由林琴学院出资促成出版；《对话》1632年在佛罗伦萨出版，由于采用意大利文书写和其体例为对话形式，且论证删繁就简、通俗易懂，它的读者面要比一般学术著作广；因教廷颁布禁令将《对话》列为禁书，1636年伽利略完成《两门新科学》时并未幻想能获得意大利的出版许可，此书的草稿私运到莱顿后由埃勒威尔家族出版。作为当时欧洲最负盛名的科学家之一，伽利略写就的著作也会因为社会环境和出版业的实际情况而受到影响，甚至面临寻找资助和受到宗教法庭的审查。不过，具体案例也表明，如果书的销量好（比如作者的盛名产生影响），印刷商为追求利润而会在一定程度上包容书籍中敏感的内容；与科学相关的新作品不必再用拉丁文，而是作者母语书写，这使得受教者更为普及，同时也加强了民族主义的意识（MacLachlan，1997）[23]；书籍虽然会被列为禁书，但知识通过印刷媒介的传播是难以控制的，比如，虽然教会在《对话》出版后禁止继续销售，但教令颁布时此书早已售罄，而且执行教令的地区也十分有限。

印刷业作为一种具有价值的服务，对社会和人的心理都会产生重要影响。印刷媒介作为一种新的信息储备和传播方式，参与了知识传播和发展的过程，推动了学术的进步。印刷品作为沉默的教导者，把过去无法比拟的多种观点和大量信息以更随意和廉价的方式传递给更广大的受众群。在文艺复兴和科学革命过程中，印刷业以其特殊的商业手段为知识的传播和发展起到了不可替代的推动作用。

科学研究的唯一目的就是认识研究对象，有时甚至要以挑战神性启示理论为代价。神学在科学革命之前为科学提供最完整形式的解释，在所有学科中，神学具有领导性的地位，一方面它本身是至高的、永恒的科学，另一方面得益于神学研究对象的无上地位（吕埃格，2008）[513]。神学被认为能够指明一切解决普遍和个别问题的办法。传统自然哲学规则受传统知识观念的监护者、天主教会的庇护，尤其是受到罗马教皇的保护。

以现代视角来看，科学革命最鲜明的特征是拒绝接受经院哲学的遗产，以全新的科学理论脱离开古代和中世纪对静观自然的追求，开始试图以新观念解释运动的世界，新物理学以及宇宙观的建立是探索科学的视界的彻底转换。

　　在科学革命的过程中，伽利略的学术研究属于早期奠基性的工作。他的新发现和新理论最终破坏了被尊为正统的、基于说明原理的目的论经院哲学，破除了关于天上科学和地上科学的传统划分。方法论方面，实验特征是经典科学的最重要特征之一，以具体实践和数学描述、推演结合来阐释现象的方式取代亚里士多德式的遵循形式逻辑的归纳总结法和对因果的解释逐渐成为主流。伽利略将自然世界描绘为不依赖人的信念而独自运转的机器，以数学形式表示运动，对一切运动进行定量处理，令动力学在时间维度下达到了新的数学性的表述。伽利略对仪器的利用和发明体现了实践对理论形成的推动和利用理论解决实际问题的功用，为科学研究提供新的视角，特别是望远镜、显微镜等科学仪器的发明鼓励并刺激了实验观察法的应用。同时，新的可观察、可认识的宏观世界和微观世界也为仪器制造学的整体发展起到了重要的推动作用。

　　不仅如此，伽利略的学术工作对宗教维系的社会也产生了巨大影响，对学科的分化和发展起到了重要作用。望远镜的出现为重新定义人类在宇宙中的位置提供了证据，新的宇宙观影响到教义的权威，又通过宗教撼动着当时的文化根基。通过伽利略的学术研究，科学概念的界定和实践的尝试，天文学、动力学和材料力学的新科学理论得以建立。在伽利略奠定的动力学知识基础之上，牛顿得以完成万有引力定律和三大运动定律，标志着力学开始成为一门独立的科学。伽利略以工程师-科学家的角色进行的仪器和工程实践也表明，力学运用于民用工程和军事工程时已起到举足轻重的作用。力学不仅是理论科学，同时也是技术科学，是许多工程技术的理论基础，在广泛的应用过程中可以得到发展。

作为新科学的旗手，伽利略在以哥白尼为开端的科学革命中起到了重要的起承和确立新知识的作用。同时需要认识到，近代早期的社会习俗和需求、政治宗教环境、个人的追求和个性、学术网络的形成和新传播媒介的发展，都对学者的学术趋向、交流、成果及传播产生了重要影响。伽利略是科学革命过程中的具有突出贡献的学者的典型，他的境遇体现了那个时代社会以及学术界能够对新科学赋予的生命力和承载其冲破传统的张力。

第四节 科学革命的主要领域

17世纪还不存在我们现在意义上的科学，我们现在的科学（science）一词来源于中世纪拉丁语中的scientia，其意义为所有的、严谨的及可以用演绎法从不证自明的前提推演的知识体，这个体系中包括理性神学，因为其前提在当时被认为是最高的和最为确定的。而医学、博物学、炼丹术等并不属于这一范畴，因为它们所探讨的一些特殊现象并不具有绝对的确定性（Serene，1982）。与本书所讨论的内容相关的主要有以下三个学科：自然哲学、数学科学、机械学。自然哲学探讨物质世界的各种形式的变化及其原因，研究内容上包括运动，宇宙，地球环境及矿物、植物、动物和人在内的地球本身。当时的数学科学指与数量相关的知识，并不关注对原因的探讨，其内容除我们现代意义的数学以外，还包含天文学、占星学、光学、音律学和机械学。而机械学也与现代的力学有区别，主要指数学科学的实践领域，如建筑、航海、钟表和工程等领域（Park et al., 2008）[4]。在我们所探讨的时间段，虽然上述知识领域仍是分立的，且从事其中的人通常还有不同的研究方法、目的及社会地位，但已出现了跨越不同领域并兼具多种身份的人，且其研究方法和内容也有很大的改变。直到18世纪，科学才具有了现代科学的意义。

在讨论科学革命的领域时，人们首先关注天文学和力学。在17、18世纪，围绕宇宙论和力学的理论争论最为激烈，在科学革命时期确立的实验结合数学的方法的使用也更为普遍。本章第三节中对伽利略的相关工作及其革命性意义已做了较为详细的描述，下文中我们还要以这两个领域在科学革命过程中的发展及以伽利略为代表的意大利科学家在其中扮演的角色作为案例详细论述。

一、宇宙论与科学革命

谈到科学革命，人们首先想到的就是哥白尼的宇宙论。库恩如此概述由哥白尼宇宙论引发的革命：其一，它变革了天文学的基本概念；其二，哥白尼的新体系为其他科学分支提出新问题，相关科学的转变成为17世纪知识体的整体变化，也即我们所称的科学革命的主要动因；其三，哥白尼的行星理论和太阳中心说在中世纪向现代西方社会转变的过程中发挥了重要作用，因为它影响了关于人与宇宙及上帝的关系的认识，成为日后宗教、哲学、社会理论等方面争论的焦点。所以，哥白尼引导的革命也是西方人价值观转变的一个重要部分（Kuhn, 1965）[1-2]。

世界上任何文明传统中出现的宇宙理论都建立在从地面上进行观察的基础之上。人们以自己所处的地理位置及生活环境为基础，利用圭表等工具，通过长期的观察、测量，根据人类现实生活中的直觉与经验知识构建出关于宇宙体系的理论，其中不仅包含天文学内容，也包含了关于神、自然、人与神的关系以及人与自然的关系等内容。这也是宇宙论通常成为宗教、哲学的重要部分的原因，也正因如此，关于宇宙结构与体系的基本理论和概念的变革不仅是天文学内部的问题，也涉及对人、神、自然的认识及其相互关系等古代和中世纪社会占主导地位的哲学问题。在欧洲，天文学可以引发意识形态和其他科学分支的转变，在于其自古便与自然哲学甚至宗教联系在一起。

1. 亚里士多德与托勒密宇宙体系

16世纪，在欧洲占统治地位的宇宙论是以亚里士多德哲学中的宇宙体系及古希腊天文学家托勒密的几何体系。二者都认为地球静止于宇宙的中心，但他们的前提和具体宇宙模型是不同的。具体来说，亚里士多德的体系构筑于其自然哲学体系中的基本前提，也即四元素说及物体的自然运动的基础上。四元素中，土和水的自然运动是由上至下的直线运动，火和气的自然运动是自下向上的直线运动，地上物体的自然运动为直线运动，而天上星体的自然运动为匀速圆周运动，其具体内容主要涉及力学，我们将在下文具体讨论。亚里士多德的宇宙体系为以地球中心作为宇宙中心的同心圆体系，在他的论证过程中，数理天文学很少被提及，其扮演的角色仅是物理论证的佐证。在《至大论》中，托勒密指出，对于亚里士多德理论的哲学三个主体分支——神学、物理学和数学，他认为神学和物理学仅仅是猜测而不是知识，只有数学可以提供确定的无可辩驳的知识（Ptolemy，1984）[35-36]，托勒密的宇宙体系主要构筑于数学原理和观测结果及部分物理推演的基础之上。在他所构建的宇宙体系中，天和地球都是球形的，地球静止于宇宙的中心，这与亚里士多德构建的体系一致；但在亚里士多德的体系中，日、月、行星都是在绕着地球中心进行匀速圆周运动的，即著名的水晶球体系，但这个体系不能解释星体亮度的变化。在托勒密体系中，只有太阳绕地球中心的圆周进行匀速圆周运动，月亮及行星都在本轮上进行等速圆周运动，本轮的中心沿着均轮也即以地球中心为中心进行圆周运动。这一体系可以解释星体速度和亮度的变化问题。不仅如此，二人推理的模式及前提是相反的。对于亚里士多德来说，数学与天文学居从属地位，托勒密则恰恰相反，他将几何天文学作为立论的基础，物理学的讨论居从属地位。自12、13世纪以后，出现了一种"亚里士多德-托勒密体系"，萨克罗博斯科根据亚里士多德与托勒密二人的成果撰写了天文学教科书。然而经院传统的哲学家们从自然或者物理学角度多个方面批评托勒密传统，他们认为托勒密忽视自然哲学，其数学化的模型被认为不能解释宇宙的真实属性。分割数学模型与物理模型的描述与解释的做法一直到16世纪仍占主导地位。哲学家认为，数学、天文学只能提供对天体运算有用的模型，只有哲学才能解释自然的原因（Omodeo et al.，2012）。对于16、17世纪的学者，亚里士多德理论并不以其对天体运行的准确预测体现其价值，其重要性在于它提供了解释天体的物理属性。在亚里士多德理论中，星体是由一种完美的、不可见的物质——以太构成的，天体在以地球为中心的轨道上做匀速运动，宇宙形成了一种巨大的洋葱头体系。在探讨科学革命问题时，库恩将与哥白尼所反对的体系称为"亚里士多德-托勒密体系"，然而，在下文中我们会清晰地看到，在论证哥白尼体系的物理属性时，伽利略和开普勒等继承了托勒密宇宙论研究的前提，即数学、天文学不仅是计算天体运行的工具，也可以揭示宇宙物理真实属性。

2. 哥白尼的《天体运行论》及其传播

很多科学史家将哥白尼《天体运行论》的出版作为科学革命开始的重要标志。那么，相较于亚里士多德和托勒密的宇宙论体系，哥白尼体系的革命性究竟表现在哪些方面呢？

哥白尼不满意托勒密体系的复杂特性。此外，当他在意大利学习时，在人文主义的影响下，开始了对希腊的研究。哥白尼读了认为地球而不是太阳在运动的古希腊天文学家的著作。他还接触了柏拉图-毕达哥拉斯派的思想，他们认为宇宙本质上是数学的并构成一个简单且和谐的体系。以地球运动作为假设，哥白尼简化了天体运动的方案。因为他保留了行星沿圆形轨道运动的主张，这在他的系统中留下了旧的复杂因素，如周转圆。在物理学方面，他可以说是一位保守的改革者。他认可亚里士多德理论中的所有天体运动的轨道都是圆形的，且天体做匀速运动，其革命性的理论在于他将地球作为一个星体，在这方面，他的论述是基于几何学的。哥白尼一生致力于完善他的行星系统，在1543年发表了《天体运行论》。

即使在当时的学者中，哥白尼理论也没有很快且普遍被接受。在伽利略生活的时代以前[1]，日心说体系面临着如下的问题：① 其核心前提被认为是假定的、未被证明的，而且被绝大多数人认为是荒谬的；② 无论其具有的可能性如何，该前提是建立在一个低级的学科（几何学）之上的；③ 即便其具有托勒密体系的预测准确性，哥白尼体系在数学范围的推演是有问题的；④ 哥白尼体系明确地与更高等级的学科——物理学的基本理论相悖，在当时的物理学中，

---

① 虽然伽利略是当时科学家中公开宣称日心说，是物理体系的代表且被教廷审判，但在当时已有很多科学家和学者认可了日心说体系。

一个物体只能有一种运动，在哥白尼体系中，地球既绕太阳公转，又在自己的轴上自转；⑤ 它与另一个高级学科神学相悖，尤其是与《旧约》的注释相悖（Westman，2003）[49-50]。在1543—1600年间，明确支持哥白尼体系的只有十来位学者，其中包括开普勒和伽利略（Westman，2003）[54]。

在科学革命时期，围绕着哥白尼学说的另一个因素是教廷的权限与权威问题。16世纪中叶在意大利北部城市特利腾和博洛尼亚进行的特利腾大公会议（Council of Trent）中规定，只有教廷及其神学家才有解释《圣经》的权力。当哥白尼主义者，如伽利略等挑战了学术等级体系并声称日心说体系是一个真实的而非数学的体系时，也挑战了教廷及其神学家的地心说理论，且挑战了他们作为唯一的可以解释天主教经典的权威。

虽然特利腾大公会议上并未讨论哥白尼体系甚至任何关于自然哲学的问题，但几乎在会议开始的同时，一位佛罗伦萨的神学家兼天文学家托勒萨尼（Giovanni Maria Tolosani，约1540—1549）出版了一部《圣经真理》（*On the truth of sacred Scripture*）。书中，他并没有讨论《天体运行论》的技术问题，而是以托马斯主义的知识等级观念对该书提出了批评："他（哥白尼）确实是一位数学科学和天文学的专家，但是他在物理科学和辩证法方面的知识非常缺乏，不仅如此，它（《天体运行论》）显现出他对《圣经》也不在行，因为他违反了其中的一些准则，这对他自己和他的读者都有导致对信仰不忠的危险。"（Westman，2003）[56]同时，托勒萨尼指出：低级科学的理论必须被高级学说的原理证明。一个全面的天文学家和哲学家必须通过逻辑了解在争论中如何去区分真假，并知道论证的模式。所以，由于哥白尼不理解物理学和逻辑学，他在这些问题上产生错误并将假的认为是真的便不令人吃惊。如果那些精于科学的人读了哥白尼著作中关于地球运动及星天不动的部分，会发现他的论点无力且很容易被抛弃。因为他的论点与一个人们通过长时期的、最强的、理性推断得出的理论相对立，除非反对者利用更强的和不可辩驳的证明并全面对立的推理，但至少他（哥白尼）没有做到这一点（Westman，2003）[56-57]。

托勒萨尼对《天体运行论》的批评可以反映当时神学哲学家的普遍观点：强调知识的等级体系，并由此认定该书的论证并未能够确立新的理论。

科学史家经常把数学化作为科学革命的重要标识之一，但数学化本身的知识合法性并非完全如科学史家所论证的可以通过数学家本身的努力而获得。并非仅是科学革命的代表人物，如哥白尼、伽利略、笛卡尔等都进行过这样的努力，天主教科学家的代表人物克拉维斯在此方面与自然哲学家也进行过争论。

克拉维斯在其向罗马神学院写的《促进（耶稣会）修会内的学校中的数学学习方法》的报告中呼吁：数学教授应该像其他教授一样可以被邀请参加公开辩论及学位授予等庄严的庆典，并应参加那些辩论。数学教师应该热爱这一学科并且不应被指派去承担数学教学之外的义务和职责。如果学习数学的学生偶尔也可以因为他们的数学才能而在其他学生面前得到称赞，同时为几何学或天文学题目设立奖励，也将会（对促进数学的学习）有益。最后，他评论说，一件很不幸的事情是哲学教师经常轻视数学，认为它不是一门真正的科学，因为它缺乏证明，且与生命和道德相脱节（Lattis，1994）[33]。

为了回击哲学家们对数学的批评，克拉维斯试图以三段论去证明数学命题。他费力地为欧几里得《几何原本》第一题（利用给定线段做出等边三角形）给出了一个三段论法的证明，声称这样的做法是一般性的："所有其他的命题，无论是欧几里得的还是其他数学家的，都可以以这种方法解决。"但是，"数学家们在他们的证明中不使用这种（三段论的）方法，因为不用它，证明可以更简单、更快捷。这从前面的例子就可以看出来"（Clavius，1612）。克拉维斯的三段论法可以被用于数学推理之中的一般性的声明，可以成为捍卫数学地位的有效武器，这正是克拉维斯想要做的。然而，克拉维斯及其他任何人都没能完成这整项计划（例如将欧几里得的全部命题改写成三段论的推理模式），以支持这个一般性的论断，所以他们的反击没有很大的效力（Wallace，1992）。实际上，科学家们并不是靠证明数学、天文学或其他科学（光学、力学等）能够符合自然哲学家的要求来赢得这场争论的，真正使得哥白尼体系开始在欧洲被普遍接受的是由于开普勒、伽利略等利用天文仪器得到新的观测结果及其阐释使得数学方法开始在欧洲被更为普遍地接受，也使得哥白尼体系得到了很多学者的认可，而被天主教教廷忽视70多年的《天体运行论》也因此进入到了禁书目录。

3. 新观测数据对传统宇宙论的挑战

哥白尼本人并不是一个观测者，他的工作是建立在数学和古希腊文献的基础之上的。在他之后到力学宇宙体系被建立之前，尤其是在望远镜出现了之后，天文学家观测到很多新的结果，这不仅对新天文学体系的建立产生了巨大影响，还对亚里士多德宇宙体系和自然哲学形成了真实的挑战。此处，我们列举一些早期发现的新成果，并分析其与传统宇宙论和自然哲学理论的关系。

1572年，第谷观测到了一颗新星。1577年，他观测到彗星。

1609年起，伽利略开始通过望远镜观测天空，并发现了：① 月球表面并非光滑均匀的，而是粗糙的，如同地球上的地形具有山峦和深谷一样；② 太阳上有黑点且具有周期性；③ 银河的"光带"由无数小星构成；④ 金星具有相位变化；⑤ 木星周围存在卫星；⑥ 200年后才正式被发现的海王星，只是当时没有意识到这是一颗行星；⑦ 许多之前天文学家未曾知晓的新星，等等。

1618年，格拉西观测到3颗彗星。

第谷是在望远镜发明之前最伟大的天文观测者之一。他确信天文学发展需要准确的观测结果，为此他设计和制作了新的天文仪器，并随时检测这些仪器的精度。在观测方法上，他不再像此前的天文学家那样仅满足于观测星体在轨道特殊位置上的表现，而是观测星体在其全部轨道上的运行情况。1573年，他在《关于新的从未见过的星体》（*De Nova et Nullius Aevi Memoria Prius Visa Stella*）中发布了他发现的新星并论证新星确实是一颗恒星，而且变化发生在恒星区域。1588年，他在其《关于以太世界的新现象》（*De Mundi Aetherei Recentioribus Phaenomenis*）中，论证了彗星是固体，且其轨道位于行星空间。第谷的观测结果和论证与传统天文学理论产生了冲突。按照传统的观点，恒星天是完美、静止的，且不会发生任何变化。第谷认为彗星是固体，在穿过行星空间的固定路径上运动。这粉碎了传统的行星轨道是实体的理论。第谷的新发现显然对哥白尼体系是有利的，但却并不一定指向日心说体系。事实上，第谷特别论证了他不能接受日心说体系的原因，综合其观测结果构造出一种新的宇宙论体系。在该体系中，地球仍是宇宙的中心，月亮与太阳绕地球运动，恒星天亦以地球为中心，而水星、金星、火星、木星、土星则绕太阳运行。第谷的宇宙体系在17世纪早期成为欧洲较为流行的宇宙体系（Thoren，1990）。第谷虽然本人并不承认日心说，但他的观测数据却成为开普勒改进哥白尼体系的基础。

　　曾任第谷助手的开普勒是最早对日心说理论做出重要贡献的天文学家之一。利用第谷的观测数据，他给出修正的日心说体系。开普勒于图宾根大学师从最早接受哥白尼体系的麦斯特林（Michael Maestlin，1550—1635），自此，他成为一个哥白尼主义者，且强调他是因为哥白尼的物理学或者说形而上学才成为哥白尼理论的追随者的。1574年，开普勒出版了他的第一部著作《宇宙的神秘》（*The Cosmographic Mystery*）。正是因为该书，他成为第谷的助手。1601年，他接任第谷的位置成为鲁道夫二世的宫廷数学家。1604年，开普勒出版了《天文光学》（*Astronomia pars Optica*），讨论了大气折射①、透镜的光学性质，并对人眼结构进行了分析。1606年，他发表了《关于新星》（*De Stella Nova*），介绍1604年观测到的新星及其基于哥白尼体系的分析。1609年，他出版了《新天文学》（*Astronomia Nova*），其中包含关于行星运动的第一和第二定律，即星体沿以太阳为一个焦点的椭圆轨道运行及从太阳向行星引的矢径在相等的时间间隔画出相等的面积。当其他科学家还以静力学研究天体时，开普勒已经开始了星体运行的动力学研究。《新天文学》的全名为《新天文学：基于原因或者说物理学》，从书名可以看出，虽然他的工作和哥白尼一样是基于数学的，但他在其篇名中就明确指出，他的研究是物理的或者说是哲学的。这与他对数学的认识有关，他认为科学研究就是在履行基督教的职责，是了解上帝创造万物的方法。他曾说自己所做的一切仅仅是遵循上帝的思想，并坚信上帝依据某种数学模式创造了宇宙，所以数学是理解一切的途径。

　　1610年，开普勒得到伽利略的《星际信使》，便立即发表《与星

---

　　① 主要讨论在地面上观测到的星体位置与其真实位置的差异。

际信使的对话》以支持伽利略的工作。此后，他很快获得了一架望远镜，并开始发表他关于木星卫星的观测结果，以进一步支持伽利略。1611年，开普勒出版《屈光学》（*Dioptrice*）为望远镜提供理论支持。在1618—1621年间，他出版了《哥白尼天文学概要》（*Epitome Astronomiae Copernicanae*），该书成为最有影响的介绍日心说体系的著作。 1619年，他出版了《世界的和谐》（*Harmonice Mundi*），其中包含他的行星运动第三定律（Caspar，1993）。

　　从上述开普勒的几部著作可以明显看出他为哥白尼体系辩护及其天文学研究的特点。他对天文仪器和光学的研究是为天文观测结果的真实性提供理论基础，并进一步为其物理性的天文学研究埋下伏笔。他无视自然哲学家和神学家的态度直接将其数学研究称为物理学研究，这与他接受毕达哥拉斯学派的理论有关。以第谷的丰富的观测资料作为基础，开普勒在利用资料方面值得注意：无论他的想象力多么丰富，他接受的任何结论均要与精确的观测数据保持一致。他研究了好几年火星的运动，并假定火星的轨道为圆形，得到的描述与第谷留下的数据非常接近，但并不是恰好吻合。于是，开普勒放弃前面的工作，重新开始。在新的研究中，他发现行星的轨道是一个椭圆。之前的天文学家包括哥白尼，没有强调这样完全的精确性。 通过开普勒的研究，宇宙逐渐被视为按照数学定律运转的一架巨大的机器。这些定律，以及能够由这些定律表达的大自然的特征，便是真理。其他似乎存在但不能用数学定律表达的任何东西，都不能宣称拥有客观存在性。

　　正是由于伽利略[①]、开普勒等人建立在精确观测结果的基础上的

---

　　① 本章第三节对伽利略的宇宙论研究已有详细的介绍，在下文中，我们还要继续分析伽利略的力学与宇宙论研究之间的关系。

研究，日心说作为一个物理体系才开始被广泛认识，甚至被接受。这也使得教廷开始认真对待该体系，并导致了《天体运行论》在出版70多年后被置入禁书目录。在对力学发展的介绍中，我们还将回到这一问题。

二、前经典力学与科学革命[①]

力学与运动科学在科学的诞生和发展中起了极其重要的作用，在近代早期，即通常被强调为科学革命的时期尤其如此。在这个时期，力学引人注目的兴起示范性地显现了在知识领域已存在将关于自然的知识和技术转化为科学形式的可能性及此转化可能引发的社会和政治后果。在这方面，力学为其他科学分支起了引领作用。长期以来，亚里士多德自然哲学主导了力学的阐释权。另外，在当今科学史研究中，经典力学被认为是在现代物理学革命性地改变了原有科学架构之前，为其他科学分支提供概念架构的核心分支。近代早期是力学知识的概念转变及重构时期，其特点为"前经典的力学"。科学革命期间的力学转变是一个将古代知识遗产转化成一种新的、更丰富的形式的过程，这个过程是由当时的技术和社会创新提供的具有挑战性的事物所引发的。此过程的成果——经典力学，即对前经典力学中所积累的知识的重构——保证它在数个世纪内得以持续，但却不可避免地导致了这一新科学的主角与当时占统治地位的教会信条之间的冲突。

1. 亚里士多德的运动理论

近代早期，任何对力学知识的理论解释都基于亚里士多德哲学，

---

① 此部分内容改写自戴培德（Peter Damerow）与雷恩（Jürgen Renn）为《传播与会通——〈奇器图说〉研究与校注》撰写的相关内容。

或至少受到该哲学的很大影响，特别是包含在亚里士多德的《物理学》（*Physics*）和《论天》（*De Caelo*）中的局部运动的理论，这些理论涉及物体的运动、运动如何发生以及运动的原因等问题。亚里士多德的运动科学为直觉力学知识提供了专门的及精练的阐释，引入了规范的专业术语体系、准确的定义及对特殊现象的解释，以使其可以由这门科学中的基本假设所推演。局部运动被划分成受迫运动、自然运动和天体运动三类。人们认为，物体的运动包含不同的方面：速度及其"速度等级"。然而，表现运动的强度的速度等级是时刻可变的，速度则表现出其全部的结果[1]。在自然运动情况下，物体由四种元素即土、水、气、火组成的方式决定了它是重还是轻。重者有向下运动的趋势，轻者有向上运动的趋势（Aristotle，1996）。在自然向下运动中，物体自由下落的速度与其重量成正比。在受迫运动的情况下，物体的重量决定了它抵御使其运动的力的程度。只有在动力大于自身重力的情况下，物体才能开始做受迫运动。在动力驱动物体运动时，它所产生的速度与动力成正比，与物体重量成反比。受迫运动被确信总是由与其直接接触的施动者导致的。如果一个物体已经开始运动，则即使在与其原始施动者分离的情况下，它仍然继续运动。这种情况是由被解释为一种所谓"推动力"（impetus）的力量所导致的，这一力量经常被认为是等同于"运动的等级"的，它被设想成担当内部推动力的角色，直至它最后被全部耗尽。上述最后的一个假设后来经常被当作是反对亚里士多德理论的一个论据，直至17世纪末的牛顿时代，它一直是力学的一个基本假定。总而言之，近代早期关于运动

---

① 这一关于局部运动的精致的定义是由奥尔斯姆（Marshall，1968）及牛津莫顿学院的所谓计算家们给出的（Sylla，1991）。

的理论就是由这样明确的理论命题构成的，它们是拥有2 000年历史的亚里士多德传统的延续。

2. 古代与中世纪的力学及其复兴

亚里士多德的自然哲学及其运动理论并不是现代科学的唯一古代来源。古希腊的特殊性不仅在于它发展了具有影响力的哲学思想及发展这些思想的方法，如理论推导及对话体的证明方式，还在于这些思想和方法被应用于反映实践者的知识。高水平的机械技术滋生出一种特殊的处理技术知识的理论方式，这便是理论力学。

亚里士多德的自然哲学试图在效果与原因之间建立联系，具体到力学，亚里士多德理论试图为受迫运动及导致该运动的力建立联系。对技术发明及其使用过程中得到的知识的理论思考面临的难点是机械装置很显然能够违背联系原因和其结果之间的法则。于是，理论力学始于探究如何利用技术装置减少为了达到一个确定的效果而需要的力这样的问题。这正是最早的力学著作——《力学问题》所关注的内容①。《力学问题》中提出的这个问题的解答与几乎同时被建立的"杠杆原理"密切相关，此原理成为解释几乎所有机械装置的效果与力的关系的主要理论定律。阿基米德提供了杠杆原理的证明并引入了"重心"的概念，从而将该原理的应用范围扩展到不规则形状的物体。亚历山大里亚的希罗在他的《力学》（*Mechanica*）中将机械装置分解成基本机械元素，并主要运用杠杆原理解释基本机械元素的作用。他以"简单机械"的分类研究法，开创了一个长久的力学传统。古希腊和古罗马学者传播、阐释并进一步拓展了这些主要的古代理论力学成就。此后，在阿拉伯地区将希腊语著作翻译成阿拉伯语的运动

_____

① 在历史上，此书被认为是出自亚里士多德。但在19世纪以后，此书被认为是由亚里士多德的一个不知名的弟子所著。

中，阿拉伯学者也为这些知识的传播、阐释和拓展做出了贡献。在以杠杆原理及其应用为主要关注点的传统力学著述中，在力学传播中占统治地位的有以下两种表现形式，即表述为命题形式的从经验中归纳出来的知识以及使得这些命题能够融入演绎理论体系的证明。

在公元1000年以后的500年间，一方面由于阿拉伯文与拉丁文的翻译运动及紧随其后的尼莫尔及其追随者所做的工作，另一方面由于流传下来的力学知识在中世纪的学者团体中再一次得到传播。终于，古希腊与古罗马文明在文艺复兴时期的复兴与印刷术的发明使得近代早期工程师与学者很容易得到这些知识。

16—17世纪的前经典力学和理论力学的主要来源正是亚里士多德传统的《力学问题》[①]。虽然这部古老的著作为近代早期力学提供了一个概念构架，并给出以杠杆解释利用机械装置可以获得力的效果的思维模型，但它并没有决定当时力学著作所探讨的问题的原则。实际上，16—17世纪力学研究的内容选择及组织都是按照希罗对机械装置的分类方法进行的。由于亚历山大里亚时期的帕普斯在其《汇编》的第8本书中引用了希罗的著作，并详细讨论了其机械分类方法，使该法得以保存并于16世纪传到欧洲[②]。

意大利的圭多巴尔多编著的《论力学》为16世纪和17世纪初最有影响的力学著作。此书完整的编排方式沿承了古代模式，书中依次探讨了天平、杠杆、滑轮、轮与轴、斜面和螺旋。伽利略教学所用的

[①] 该书的希腊文印刷版本于1497年出版，并在其后被多次重印。1517年此书的拉丁文翻译本出现，并以手抄本的形式流传。1525年其拉丁文译本出版，此后又有更多翻译本与注释本出版。16世纪后半叶每一位关注力学的学者都非常熟悉这部著作。

[②] 由于帕普斯关于力学的手稿得以幸存，塔塔利亚、科曼迪诺、巴尔迪、莫罗里科（Francesco Maurolico, 1494—1575）及圭多巴尔多等学者都曾阅读过他的著作（Rose et al., 1971）[65—104]。

力学著作同样探讨了这些装置，只是次序稍有不同。此书后来由梅森（Marin Mersenne，1588—1648）出版了法文译本。

　　3. 具有挑战性的研究对象

　　从古代理论力学的诞生到17世纪末经典物理学的出现，亚里士多德的动力学和关于简单机械的知识是理论力学领域内所有工作的核心与共同基础。然而，在中世纪末，一个值得注意的转变引出了新的发展，并最终导致了这一知识体向经典力学的转化。近代早期科学一个内在的特点是：多种力学现象和装置，诸如抛射体轨迹、建筑物的稳定性、摆动物体的摆动及悬链的曲度等激发了科学家的兴趣。16—17世纪科学家之间的科学通信显示，虽然有时他们没有将上述问题纳入发表物，但这些问题确实是他们长时期探讨的内容。

　　引起16世纪科学家们感兴趣的潜在科学研究对象只有部分可以或多或少地用前经典力学或亚里士多德物理学解决，当时的人们应该并不清楚哪些问题属于此类。举例来说，诸如摆及悬链等物体都不属于传统力学研究对象的范畴，在一定程度上，这些问题应该会使得那些试图以古典及中世纪力学为基础分析它们的人们失去信心。然而，在16—17世纪，正是这样的内容成为了重要的研究领域。其研究者不是传统的经院学者，而是新型的工程师-科学家。

　　伽利略便是新型的工程师-科学家中的一位。他之所以从比萨大学的狭隘的科学环境中搬迁到当时作为大型造船技术中心的威尼斯公国的帕多瓦大学，与他对自己工作的重新定位有很大关系。当时，他开始离开主流的传统学术工作，转向经营自己的作坊，并教授技术内容，参与大规模工程等活动（Renn，2001）。我们发现他在此后一直努力解决那些古代和中世纪学者从未处理过的具有挑战性的复杂问题，其中关于摆动问题（例如钟摆的摆动）的研究是因为他当时想用这一理论建造一架钟表。

伽利略很早就观察到"单摆的等时性"即下述事实：单摆的摆动周期既不取决于摆锤的重量，也不取决于初始的摆幅，而是只取决于摆的长度。他后来发现了"单摆定律"，即观察到摆动周期的平方与摆的长度成正比。上述两件事情中涉及的力学知识远比伽利略预想的复杂得多。事实上，两个看似已经确立的观察结果只是近似正确[①]。伽利略试图将这些发现纳入当时的关于物体运动的知识体内，尽管为这些假定的定律寻找证明的努力注定是要失败的。

此外，一方面，观察中发现的摆动周期的等时性与"弦上运动的等时性"之间的相似性令人费解，所谓"弦上运动的等时性"是指物体沿以一个圆的任意弦为斜面，斜面的最低点为弦与圆周的交点，下降所需的时间相同；而另一方面，摆动定律与落体定律之间的相似性也令他非常迷惑（Renn，2001）。两种情况中的相似性纯属巧合，因此无助于找到任何相似的证明。直到17世纪下半叶，惠更斯证明了伽利略的发现只是近似正确，而只有18世纪微积分的发展才使得人们能够在力学分析的框架内建立一个理论来圆满解释单摆所提出的难题[②]。

伽利略研究的另一个充满挑战性的问题是抛体运动的轨迹。他希

[①] 利用三角方程，只可以得到小角度摆动的钟摆的摆动位置，由此可见伽利略发现的定律的内容，即任意摆幅的摆动位置的计算需要使用椭圆积分。

[②] 单摆的微分方程的解答引出椭圆积分。椭圆积分的研究开始于18世纪末，而椭圆理论则在19世纪上半叶取得实质性进展。单摆的准确位置可以由雅克比椭圆方程描述，此方程由雅克比（Carl Gustav Jakob Jacobi，1804—1851）在其关于椭圆方程的经典论文中发表，故以其名命名。

望通过研究关于弹道形状与炮弹仰角的相互关系的精确知识为炮手推导出实用的法则，以提高火炮射击命中的精度。他在这项研究中比在单摆研究中要幸运一些。在简化条件下（不计阻力及设定重力加速度为常数），抛物线是解决此问题的关键，基于古代数学中对抛物线的出色研究，伽利略完全掌握这一曲线的性质。通过两个假设，他得到了平抛抛物轨迹是抛物线的结论，其一为简单的加速运动，即落体运动，其二为水平运动。它既不是亚里士多德体系中的自然运动，也不是该体系中的受迫运动。由于伽利略尚没有认识到一般惯性定律，他不可能简单地推导出斜抛物运动的轨迹，转而试图以源自亚里士多德静力学的方法证明在斜抛运动中弹道也是一条抛物线。他观察到斜抛物运动是自然运动和受迫运动的合成，而悬链的外形也是由同样方式合成的结果。与前述单摆问题一样，伽利略所认定的弹道轨迹与悬链的外形的等同性将他引向了以当时的数学方法不可能得到圆满解决的方向，这是因为只有用18世纪的分析方法才能处理悬链的曲线（即悬链线）的函数的性质问题。

　　第三个具有挑战性的研究对象是行星运动。伽利略试图给行星运动的特性做出力学解释。这方面的研究也有着可以预计的实际利益，预测行星位置的精确星表是由当时具有很高地位的占星术提出的挑战，尤为重要的是，跨大陆的航海对于行星运动预测的需求也日益增长，此二者是激发学者在此方面研究兴趣的主要原始动机。此后，为行星运动提供力学解释这一问题的复杂性对学者们的吸引力超越了这些原始动机。数学天文学越来越大的实用意义促使行星运动的问题在这个时期成为一个显著的具有挑战性的研究对象，促进了精确的天文观测数据的积累，例如第谷的观测；并引发尝试发展与反映行星天文现象的新模型相适应的理论，哥白尼、开普勒等人就是这方面的代表。

当伽利略开始对此问题感兴趣时，他很自然地把在抛体运动实验中获得的力学知识运用到行星运动研究中。他毫不犹豫地抛开了亚里士多德学说中认为天体运动有别于地上运动的两种形式（自然运动和受迫运动）的理论。追随柏拉图的观点，伽利略假设在宇宙被创造的时候，神的愿望决定所有的行星"都在同一个位置"被创造，"在那里行星被给予运动的趋势，它们向中心下降，直到它们获得似乎是符合神的愿望的速度等级"。他进一步假设一旦达到其"速度等级"，行星便会改变方向而进入环绕太阳的轨道。

在这种原始的天体演化假说的基础上，伽利略确定轨道大小与行星运行周期之间关系的尝试并不比开普勒阐释行星与太阳的距离的尝试更有意义[①]。开普勒认定行星与太阳的距离与内接于同心球的柏拉图立体系列相关，并由此给出他的阐释。实际上，只要伽利略不掌握万有引力定律，他就不可能对行星轨迹给出追本溯源的解释。万有引力定律，即两球间的引力与两球心之间的距离平方成反比，此定律是由牛顿在其《自然哲学的数学原理》（*Principia Mathematica*）中给出的。

单摆运动、抛体运动和行星运动是区别近代早期力学与古代和中世纪时期力学的具有挑战意义研究对象的典型例子，它们并未完全脱离古代力学知识的主体。通常与牛顿的名字相联系的经典力学是古代和中世纪传统面对具有挑战性的研究对象的转变结果，而对具有挑

---

① 在其出版的著作中，伽利略称他的模型计算结果与天文数据相符。然而，从保存在其手稿中但未发表的计算结果可以看出，他应该清楚这与事实并不相符（Büttner，2001）。

战性问题的研究则是近代早期前经典力学的主要特征。当时面对这些挑战性问题的反应是对古代传统知识的整合，这使得在很长一段时间里，亚里士多德学说原本的连贯性退化为吸取了古代和中世纪传统的思维模型的拼合体。此为前经典力学的第二个特征。

4. 反亚里士多德观念的出现

如前所述，两个因素构成了近代早期前经典力学的特征，一个是遇到具有挑战性的研究对象，另一个是亚里士多德体系退化为异质知识体的拼合物，而这些异质知识体是当时作为处理技术问题的知识资源。实践者和科学家都渴望为实践知识寻求新的理论基础，这导致当时的知识界产生出以反亚里士多德观念为特征的氛围。在这个时代里，个人欲望膨胀且知识界斗争激烈，知识界主力尚不稳定的社会地位及新知识与旧文化传统的异质性造成了这一氛围。虽然亚里士多德体系仍是所有追求知识者的共同的知识基础，但在知识界斗争中，反对仍占主导地位的亚里士多德体系成为独创性的一个标志。这个阶段的新科学中明显地存在矛盾，举例来说，同时代研究落体运动问题的科学家中，博内德蒂、圭多巴尔多、伽利略试图采用介质中挤压的阿基米德理论（阿基米德用该理论解释浸在液体中的物体受到浮力），目的是改进亚里士多德体系中的自然运动理论，但同时，他们并未从本质上质疑自然运动理论。

1553年，威尼斯的博内德蒂出版了一部修正亚里士多德自由落体理论的著作。然而，当他意识到他的工作在罗马仍被看作是与亚里士多德的思想一致时，他以一篇更为明确地反对亚里士多德理论的论文为他的出版物做了补充。他试图以一种挑衅性的做法让人们明白他是反对亚里士多德理论的。伽利略的早期研究也具有这种既有反对亚里士多德理论的态度，又仍将理论框架构筑于亚里士多德体系之上的特点。伽利略研究亚里士多德自然哲学的时间，应该与他开始尝试掌握精妙的数学技巧，尤其是欧几里得《几何原本》中的证明方法和阿基米德著作中的证明方法，到他按照阿基米德的方式将这些方法运用到物理问题中这一段时间相重合。一方面是一种哲学信条，一方面是尝试性的数学研究，这两者间必然存在着潜在的张力。我们并不惊讶地发现，伽利略很快就面临亚里士多德关于某些物理现象的假定与对这些物理现象可能的解释之间的冲突。大约在1590年，伽利略写了一篇关于运动的论文，在论文中他提出了类似于亚里士多德自然哲学中的问题，然而，他给出的答案却与亚里士多德给出的回答不同。举例来说，他探讨了下落物体的速度。与亚里士多德一样，他也忽略自由落体中加速度是一种基本现象，此现象不能以亚里士多德的速度概念，即在一定时间内穿过的空间来理解。他批评亚里士多德给出的下落物体速度与其重量成正比的论断从本质上是错的，此处的速度即是亚里士多德体系中的速度概念。伽利略认为，以同样材料构成的物体具有相同的密度，它们下落的速度是一样的。只有当它们由不同的物质构成的时候，它们下落的速度才会不同。此问题可以用阿基米德的浮力理论进行计算。

伽利略及其同时代学者的研究是以使用并批判亚里士多德的自然哲学为开端，以给出新的有时甚至是奇怪的解释作为结束。然而，他们还不能将自己的研究统一成相互一致的理论。这为我们提供了一个近代早期前经典力学是如何利用古代和中世纪自然哲学作为起源及理论出发点的生动案例。他们的成就来自两个方面：一方面是将传统理论工具应用到新的具有挑战意义的研究对象的结果，另一方面是他们又质疑作为这些研究的前提。为实践知识寻求新的理论基础将16世纪的工程师-科学家带入了与亚里士多德自然哲学的冲突中，此前，亚里士多德哲学一直在通行的世界观中占主导地位。这一冲突快速地从仅是解释特殊现象的分歧或专业化的特殊性问题发展到新的阶段。16、17世纪之交，科学家与教会间日益激烈的冲突表明反亚里士多德力学也具有深远的政治影响。

5. 完备的力学世界观的产生

虽然对亚里士多德的力学和亚里士多德局部运动理论的批评并没有对基于亚里士多德的物理学和宇宙论的世界观提出真正的挑战，或者说，至少开始时是这样，但这必然会被认为是对教会在组织人类生活和阐释世界等一切相关事物的绝对权威的攻击（Feldhay，1995）。当一种知识界的理性观念，诸如反亚里士多德观念进入天文学和宇宙论研究时，基督教教义整体上便受到了质疑，而教会所宣称的他们不仅是神学问题的最高权威，也是所有与基督社会世界观有关的问题的最高权威这样的论断也受到了挑战。随着经典力学的诞生，近代科学家与宗教及世俗权威之间的冲突正是力学传统转化的必然结果，而这一转化恰恰发生在宗教改革与反改革的冲突期。当时教会自身也被卷入到这场事关生存的斗争之中，并被迫调动全部文化资源，其中就包括自然哲学和科学，因此它对任何挑战亚里士多德传统的发现都会做出非常敏感的反应。这场科学与宗教的冲突起源于科学家接受一个新修订的行星运动模型，此模型是哥白尼犹豫多年终于在临终前发表的[①]。然而，直到16、17世纪之交，承认或批驳哥白尼学说才成为事

---

① 不顾亚里士多德关于天体运动遵循与地上物体运动不同的定律的假设，哥白尼构建了以太阳为中心，地球围绕其旋转的星球运动的力学模型。这一模型简化了天文计算。不仅如此，以17世纪早期工程师-科学家的观点来看，地球静止于宇宙中心的说法从力学上远比整个天空都要以很远的距离旋转的学说更为可信，后者要求天空以令人难以置信的高速度运转。

关物理学和天文学研究者信仰的重要问题。

在开始阶段，没有人认识到力学知识的发展与基督教世界观之间所存在的潜在的意识形态上的冲突。1633年，教会谴责了当时正达到声誉高峰的伽利略，并在他撤回对哥白尼学说的支持后判其终身监禁。虽然与之前的于1600年被活活烧死的布鲁诺相比，伽利略受到的身体伤害要轻得多，但这仍令当时的学者感到恐惧。许多在私下认同哥白尼理论的人后来回避公开拥护这些有可能被认为是与教会官方教义相敌对的理论[①]。那些不顾涉及基督教世界观后果、倾向于哥白尼宇宙模型的学者对于天体运动的力学解释与教会公开对抗感到犹豫。在初期，教会本身应该也不确定应如何处理当时的情况，因为当时卷入与天主教教义冲突的并不是攻击性的异端者，而是一些学者，这些学者只是从关于一种运动的力学阐释中得到了一些结论，而这种运动在亚里士多德传统中不能由地球上的经验来解释[②]。

最后，教会文化霸权的被冲击及双方都试图达成妥协的失败导致科学家有意地尝试去做教会归咎他们所做的事情：发展一个一致的、完备的能够解释世界的力学系统，在此系统中上帝的角色被弱化为一个伟大的"力学家"。布鲁诺的无限宇宙体系、笛卡尔的永恒运动中的涡旋世界体系和伽利略的简化了的哥白尼宇宙都属于最早构建的完

---

① 举例来说，1633年，在得知伽利略被谴责后，笛卡尔收回了本欲作为其关于宇宙论和宇宙创生理论的力学描述的主要发表物的著作。1644年，笛卡尔发表了他的《哲学原理》(*Principles of Philosophy*)。书中，他将哥白尼学说隐藏于一个关于运动的概念中，其中就包含可谓过分修饰的相对性原理。

② 经过了学术界关于伽利略理论与天主教世界观的兼容性的多次争论，在伽利略从"自由"的共和威尼斯转至佛罗伦萨大公领地后，教皇才委派考察团说明了地球运动假说在神学中的地位，天主教会对哥白尼学说的正式谴责即是考察团思考的结果 (Feldhay, 1995)。

备的世界体系。这些科学家从廷臣到异端者的转变过程，典范性地显示了将一个有创造性的工程师-科学家转变为对抗教会者的力量。在伽利略的案例中，这些驱动力量造成了一种"预言性的转变"，从单纯的对技术有兴趣的人到公然宣扬其观点的世界观构建者之间的转变。根据对伽利略传记的通常理解，伽利略一开始便是科学启蒙的早期英雄，然而他的脊柱被教权压折，并成为一名背叛者。但事实上，正是教会的镇压促使他认定并冒犯性地宣传他的建立在其物理理论上的完整世界观，他认为教会最终会接受他的论点[①]。1700年以前，学者们认为，世界的力学模型可以与全能的上帝的观念相一致，它甚至能够为上帝提供比他在传统神学中超越一切的位置更为适当的空间，即"此时此地"的物质世界中任意地点的空间。他们中没人能够想到有一天自然科学的理论体系能够自己创造出像力学世界观一样的强大世界观，其影响是最终教会不再敢于从神学思考中得出任何有可能与由实验和理论确定的科学决定的问题相抵触的结论。事实上，力学世界观一直持续到1700年以后的一段时期，直到它为科学进步构建了不容置疑的基础为止。到19世纪末，力学世界观才失去了作为普遍原则的地位（戴培德 等，2008）[21-35]。

在其他科学革命的领域，意大利科学家也扮演着重要角色。在本章第二节、第三节和本节上文中，我们以维萨里与解剖学革命、伽利

---

① 在法国，由对伽利略的谴责引发的关于哥白尼天体运动模型的冲突并没有成功地使索邦大学采取强烈反对哥白尼学说的立场。伽桑狄以原子论为基础得出的力学理论为皇家学会的创始人接受哥白尼模型做出了贡献。巴黎皇家科学院在17世纪末至18世纪的科学发展史上扮演着主要角色，在以下两方面有突出贡献，其一为构建物质体系及其互动关系的力学模型，其二为以强烈地反亚里士多德的"宇宙微粒论哲学"来保证将力学应用扩展到比获取力学知识领域更广泛的事物中（Feldhay，1995）。

略与天文学和力学革命为例分析了意大利科学家在科学革命早期扮演的引领角色及其工作的意义和与境。除此之外，意大利科学家和学者在数学、博物学、化学及各技术领域也都做出了贡献，而为数众多的城邦政府和王公对科学的赞助也使得科学家和技术专家获得了一定程度上的经济自立及更高的社会地位。关于此方面的研究有大量的研究论文与著作供读者参考。

结　语

当柯瓦雷在《伽利略研究》中提及科学革命的概念时，它首先指向一个特定历史时期所发生的高度相关的一系列事件（科恩 H，2012）[495]。柯瓦雷认为，科学革命发生在数学、物理学和天文学领域，时间涵盖从哥白尼到牛顿的整个时期，伽利略与开普勒等人在这个时期开创了自然的数学化进程。库恩（T.S. Kuhn）在《科学革命的结构》中提出"范式"或学科基质/学科模型概念，将科学发展区分为进化和革命两种形式，并以范式转变来阐释由亚里士多德理论经过伽利略到牛顿力学的观念变革（Kuhn，1970）。现代科学史家将科学革命的概念进一步扩大，指现代科学的概念、方法论和机构化的建立过程。科学革命可以被看作一个真实的根本转变的过程（Henry，2002）[1-2]。简言之，这是一场关于科学的革命①。如果以早期的科学革命概念，我们或许可以单从科学的概念、内容、研究方法和思想变革等方面进行探讨，而对于后一种概念的科学革命，我们显然不能仅

---

① 从这个意义上，我们可以把爱因斯坦等以后的科学革命看作是科学内部的革命。

限于科学知识内部的探讨。如果我们想理解科学革命的性质和原因，我们必须探讨当时科学家思考方法的转变、社会组织的变化、科学实践的变化，以及最具意义的发现和发明所蕴含的意义。

与伽利略同时代的学者的研究是以使用并批判亚里士多德的自然哲学为开端的，然而他们还不能将其研究统一成相互一致的理论体系。他们的成就来自两个方面，一方面是将传统理论工具应用于新的具有挑战意义的研究对象，另一方面是他们又质疑作为这些研究的前提。为实践知识寻求新的理论基础将16、17世纪的工程师-科学家带入了与亚里士多德自然哲学的冲突中，这一冲突快速地从仅是解释特殊现象的分歧或专业化的特殊问题发展到新的阶段。

16、17世纪之交，科学家与教会之间日益激烈的冲突表明，反亚里士多德力学具有深远的政治影响。

其一，欧洲文化传统的动态发展，或者说不稳定性为新的理论体系的形成，甚至新的科学体系的形成提供了条件。

其二，世俗政权的兴起及其对科学、技术人才的强烈需求改变了从事科学和技术实践者的地位，并对原有的学术等级体系带来冲击，这是科学建制化的重要基础。

具体到意大利半岛，文艺复兴时期各城邦在文化和体制上的多样性及城邦君主间的交往和竞争曾经是科学、技术发展的动力，经济的繁荣和原先作为天主教中心的文化中心地位也为科学的发展提供了物质和文化基础。最终，种种因素导致意大利很快失去了在科学革命中的核心地位。

可以说，意大利科学家在科学革命发生时期各学科分支的研究中都有所贡献。同时，在科学研究方法的转变、新科学思想的整体性构建及科学建制化的萌芽等各方面意大利也扮演了重要角色。但自17

世纪后期开始，意大利半岛的科学开始在欧洲被边缘化。很长时间以来，人们将这一转变的原因解释为宗教对科学的阻碍。宗教的影响肯定是存在的，从教廷对与宇宙论相关的审判仅发生在意大利便可以看到处于教廷势力辐射中心的亚平宁半岛所受到的影响。然而，这样简单的因果解释似乎并不能完全解释该现象的出现。首先，意大利1670年以后的危机并不像以前所展现的那样严重。教会对伽利略的审判并未影响到科学的所有分支，特别是那些与宇宙论和神学无关的内容并未受到谴责。实际上，即便在天文学领域，情况也没有想象的那样严重。不仅如此，由于意大利仪器制造者制造出了新的天文望远镜的，意大利天文观测在17世纪下半叶出现了新的繁荣。从统计数据来看，在数学科学方面，意大利的科学成果在1661—1670年达到了一个顶峰。但到17世纪80年代，欧洲科学的中心不再是帕多瓦或佛罗伦萨，而是巴黎和伦敦，其中的原因远非教廷影响这么简单。实际上，自17世纪初，意大利的重要性便开始急剧下降。当时，米兰已由西班牙控制并丧失了独立性，托斯卡尼虽仍然富庶但已成为农业地区。佛罗伦萨已变得更为贫穷，美第奇家族在1625年的收入仅是1590年时的一半。乌尔比诺经济急剧下行，到1631年被归入教皇国而失去了在政治版图中的位置。曼图瓦也于1629年丧失了其独立性。威尼斯仍然强大，但它也经历着财富和政治地位的下降。由于新航线的开通，地中海在国际商贸中的重要地位已不存在，到17世纪初，威尼斯甚至失去了对东地中海的控制。只有教皇国能够在意大利半岛全面的政治和经济地位下行的背景中在一定时间段内保持其影响力，但到1650年，教皇也面临着国际权力急遽减弱的局面。意大利科学的衰落正是在此经济和政治背景中发生的。到17世纪70年代，一些重要的意大利科学家和艺术家开始向法国移民，其中包括当时最出色的天文学家卡西尼。

　　当然，政治、经济地位的下降并不一定迅速导致对科学资助的减弱。有趣的是，在17世纪，正是一些处于地位衰落期的资助人资助了科学活动，其原因很可能是地位的下降引发的对与身份象征性的事务（如科学）需求的增长。托斯卡尼顶峰时期的大公费迪南一世并没有接纳伽利略，而他的儿子科西莫二世在托斯卡尼已经在为农业省的时候资助了伽利略，并给予他最优裕的待遇。但即便如此，由于当时的佛罗伦萨舰队已仅具有符号性的意义，伽利略发明的用于航海的新天文钟只能在西班牙等海上强权地区找到买主（Biagioli，1992）[12-14]。处于战乱和经济困境中的小城邦已很难支持新的大型的科学和技术活动中①。种种因素导致意大利很快失去了在科学革命中的核心地位。

　　总体来说，意大利是科学革命发生的中心，在涉及科学革命的方方面面都占据着开创者的地位，但却并不是科学革命的完成者和工业革命了领先者。关于意大利的国家现代化和工业革命，是我们下一章要讨论的主要内容。

---

　　① 17世纪后半叶意大利的天文观测是由耶稣会科学家主导的。

第三章
科学技术与意大利现代化

        文艺复兴和近代科学革命并未使意大利成为现代化的先行者。对意大利半岛而言，现代化进程首先是民族主义思潮及其推动下的复兴运动的兴起，直到19世纪60年代之后，意大利半岛实现了政治意义上的国家统一，深刻影响和推动了意大利半岛的现代化进程。工业革命于19世纪末至1914年扩展到亚平宁半岛。伽利略时代产生的近代科学传统在意大利得以延续，成为影响意大利现代化之路的另一要素。二战之后，意大利经历了快速发展的20年，在20世纪60年代之后跻身于主要工业国行列。同时，国家致力于科技体系的重建和发展，国家研究委员会（CNR）的作用得到强化，20世纪90年代，一个相对稳定的科技及其决策体系形成。但在这一工业化进程中，意大利本土的科研体系所发挥的作用和地位如何，是我们在本章所关注的主要问题。

第一节　18世纪中叶至意大利统一前的科学技术与工业化萌芽

一、统一之前意大利半岛的科学及其建制化

1. 18世纪科学期刊与建制：林琴传统的延续

意大利是文艺复兴运动和近代科学革命发生的重要区域之一。17世纪上半叶之前，意大利半岛可以说不仅在以实验、数学为特征的对自然的革命性认识方面引领了潮流，而且也在欧洲率先产生了近代科学机构：诞生于罗马的林琴学院（Accademia dei Lincei）和佛罗伦萨的实验学社（Accademia del Cimento）。但由于这两个组织都完全依赖于个人的资助，故持续的时间都很短。林琴学院诞生于1603年，1630年其最主要的发起者和资助者凯西王子去世，此后林琴学院的活动基本上停止。实验学社于1657年由伽利略的朋友博雷利（Giovanni Alfonso Borelli）和维维亚尼（Vincenzo Viviani）创立，由科西莫二世美第奇的两个儿子利奥波德亲王和托斯卡纳大公斐迪南二世资助，其活动在1667年即结束，这一年，反映实验学社的科学实验研究成果的《自然实验评论》（*Saggi di naturali esperienze*）出版，这本书被称为18世纪的实验室指南（图3–1）。

图3-1　《自然实验评论》的封面以及其中的插图（冷热影响的实验）

实际上，意大利半岛的近代科学传统并未随着两个早期科学团体的结束而消失。17世纪后半叶，意大利和法国、英国、德国一样，出现了科学-文学类杂志（*Scientific-literary journals*）。典型的有：

（1）罗马的《文人杂志》（*Giornale de' letterati*）1668年转载了法国的《学者杂志》（*Journal des savans*）和英国皇家学会的《哲学学报》（*Philosophical transactions*）的一些文章和摘要。

（2）在帕尔马（Parma）和摩德纳（Modena）出版发行的《文人杂志》（*Giornale de' letteratti*）1692年卷中刊登了莱布尼兹的一篇文章，这是微分学首次在意大利期刊上出现。

近代科学传统在18世纪的意大利通过出版物和组织化形式得到更多的体现。与科学尤其是数学相关的杂志有了显著发展（表3-1），一些文学类杂志更加倾向于刊登与科学发现有关的文章，而一些新的科学组织在18世纪的意大利开始建立起来，并出版了它们的刊物（表3-2）。

表3-1 18世纪意大利的学术性刊物（与科学组织无关的）（Pepe，2002）

出版物名称	出版地，年代	编辑者	主要内容
意大利文人杂志(*Giornale de' letterati d'Italia*)	威尼斯 1710—?	赫兹（Hertz）阿波斯托洛·泽诺（Apostolo Zeno）	刊登了意大利当时关于微分学的最优秀的文章，以及其他数学文章和数学著作的书评
卡洛杰拉（*Calogera*）	威尼斯 1728—1757		刊登了包括考古、铭文、古币学等博学类论文，以及数学类短文
新文集（*Nuova raccolta*）	威尼斯 1755—1787		同上
新文人杂志（*Nuovo giornale de' letterati*）	摩德纳 1773—1790	吉诺拉莫·蒂拉博斯基（Girolamo Tiraboschi）	刊登了一些数学书评，以及其他科学文章
罗马选集（*Antologia romana*）	罗马 1775—1798	乔瓦尼·卢多维科·比安科尼（Giovanni Ludovico Bianconi）	
文学期刊（*Effemeridi letterarie*）	罗马	贾基诺·佩苏蒂（Giacchino Pessuti）	数学类
译文选辑（*Scelta di opuscoli interessanti tradotti da varie lingue; Opuscoli scelti*）	米兰 1775—1777；1778—1804	卡洛·阿莫莱蒂（Carlo Amoretti）	科学译文

表3-2　18世纪意大利的科学组织及其出版物（Pepe，2002）

科学组织	地点，年代	科学领域	出版物	出版物年代、内容
科学院（Accademia delle Scienze）；马西格利亚学会（Istituto Marsigliano）	博洛尼亚 1690	物理、数学、自然科学、医学	评论（Commentarii）	1731—1794年，刊登了与数学史相关的文章
科学院（Accademia delle Scienze）；1761年后由私人组织变为皇家学会（royal society）	都灵 1757	同上	都灵杂记（Miscellanea Taurinensia）	1759年，共5卷，发表过数学家拉格朗日的回忆录和其他数学家的文章
科学院（Accademia Reale delle Scienze）（由上一组织更名）	都灵 1783	同上	皇家科学院文集（Memoires de l'Academie Royale des Sciences）	
科学院（Accademia）	帕多瓦 1779	物理、数学、自然科学、医学、哲学	学报（Transactions）	

续　表

科学组织	地点，年代	科学领域	出版物	出版物年代、内容
科学院（Accademia delle Scienze/ dei Fisiocritici）	锡耶纳		文集（*Proceedings*）	1761、1762、1767、1771、1775、1781、1794年
皇家学院（Accademia Reale）	那不勒斯 1778—1787	物理、数学、自然科学、医学、哲学	文集（*Proceedings*）	1卷
皇家科学、文学、艺术学院（Reale Accademia di Scienze, Lettere ed Arti）	孟都亚 1767 由奥地利国王约瑟夫（Joseph）二世创办		文集（*Proceedings*）	1795年，1卷
意大利学会（Societa Italiana）	1782 由洛尔尼亚（Lorgna）创办	数学、自然科学	数学和物理文集（*Memorie di matematica e fisica*）	1782—1794年，每2年出1卷，约600~700页；1802—1816年共9卷（在拿破仑政府的资助下）

　　由于意大利学会的创办人洛尔尼亚的努力，数学和物理文集的名声传遍全欧，而洛尔尼亚很可能是当时唯一同时成为欧洲几大著名学会（法国、英国、柏林、圣彼得堡）的会员的意大利人（Pepe，2002）。但意大利学会作为科学组织的特征却较弱，其会员并没有得

到任何资助，而且不召开会议。

此外，从18世纪末到19世纪初，意大利首次出现了单一学科的学术期刊，主要为物理和化学：《欧洲物理文集》（*Biblioteca fisica d' Europa*，1788—1791）；《医学杂志》（*Giornale fisico-medico*，1792—1795）；《化学年鉴》（*Annali di chimica*，1790—1802）；《物理、化学和自然史杂志》（*Giornale di fisica*，*chimica*，*storia naturale*，1808—1827）。

可见，在17、18两个世纪里，在意大利产生的近代科学传统在半岛各小国的君主或科学家的努力下延续了下来，这种历史的延续是通过越来越多的意大利科学期刊和科学组织这样的形式而表现出来的。而19世纪初拿破仑占领意大利期间，按照法国的模式成立了国家研究所（Istituto Nazionale），可以说是对意大利近代科学传统的一种组织形式的重构。

2. 拿破仑时期的国家研究所：意大利半岛科学的首次统一建制化构建

拿破仑占领意大利期间，于1802年成立了意大利共和国，1805年改称意大利王国，按法国大革命原则推行法国模式的政治制度。而这期间，意大利共和国在拿破仑的直接领导下成立了国家研究所。根据1802年8月制定的法案，国家研究所的任务除了集中和促进科学和艺术之外，还有国家教育的建议和决策权，包括任命大学教授。研究所计划由30名拿工资的成员和30名荣誉成员组成。1803年4月，拿破仑从提名名单中确定了30名成员，同年5月24日召开了第一次会议，由于出席会议的法定人数不够，因此会议在5月28日—6月1日再次召开。这次会议被一些学者认为是意大利历史上首次科学

家会议（Pepe，2002）。伏特（Alessandro Volta，1745—1827）[①]被
选为会议主席，阿莫莱蒂（Carlo Amoretti）和布鲁格纳特利（Luigi
Brugnateli）被选为秘书长。根据这次会议的决定，国家研究所被分为
3个部门：物理和数学科学部、政治和道德科学部、文学和艺术部。
研究所设在米兰和博洛尼亚，其中博洛尼亚作为其中心每月举行1~2
次会议决定日程安排。

　　国家研究所在1806—1813年间出版了6卷共2 836页所刊，其中4
卷为物理和数学科学部出版。值得一提的是，研究所秘书长兼主编、
物理学家阿拉尔迪（Michele Araldi，1740—1813）发表的两篇文章，
体现出当时的意大利科学家对发展本土科学的热情。其中一篇中他批
评了法国科学家提交给国王的一篇历史报告，列举了伏特、拉格朗
日等人的研究成果，指出意大利科学家对当时科学进程做出了重要
贡献。在另一篇文章中，他呼吁在科学写作中应该用意大利文取代拉
丁文。

　　1810年12月25日，根据拿破仑的建议，国家研究所更名为皇家科
学、文学和艺术学会（Istituto Reale di Scienze，Lettere e Arti），中
心设在米兰，在威尼斯、博洛尼亚、帕多瓦、维罗纳设立分部。新的
皇家学会不再拥有与国家教育相关的权力，其拿薪水的会员上升为60
人。会员每两年在米兰召开一次会议。学会分两个学部，一是科学和
机械工艺学部，二是文学和人文科学学部（表3-3）。第一任主席为

---

　　① 伏特，意大利物理学家。1774—1779年任科莫大学预科物理学教授，
1779—1815年任帕多瓦大学哲学系主任。1765年开始从事静电研究，1800年发明
伏打电堆，这是第一个能产生稳定、持续电流的装置。1801年拿破仑一世召他到
巴黎表演电堆实验，授予他金质奖章和伯爵称号；1803年他当选为法国科学院外
国院士。

帕拉迪西（Giovanni Paradisi）。学会刊物的语言为意大利文和拉丁文，仅允许外籍会员使用法文。

表3-3　意大利皇家科学文学艺术学会的部门分类（1812年）

学部（Classes）	部门（divisions）
科学和机械工艺	部门1：几何学、微积分、机械（力学）理论、天文学、地理
	部门2：自然历史、实验物理、化学、医学、外科学、农学
	部门3：机械工艺
文学和人文科学	部门1：法律、道德、思想意识、政治经济、外交
	部门2：历史、文学史、考古、语言学、诗歌
	部门3：绘画、音乐

值得一提的是，皇家学会的米兰会议从1812—1814年每年召开一次，即使是在奥地利人重新占领期间也没有中断过，体现了那个时期欧洲人对科学崇尚和尊重的传统。

从科学的组织化建制来看，拿破仑时期建立的意大利皇家学会可以说是意大利近代科学研究传统的继承，但更多的是将其科学传统以法国模式进行了组织化的重构，其对统一之前的意大利科学发展有着较特殊的意义，这体现在两个方面：一是使意大利半岛各地的科学家第一次有组织地和定期地聚集起来召开会议，讨论各种科学和决策问题；二是使科学家之间保持了正常和组织化的联系，促进了学术交流和成果的发表。而这一组织的成立也使意大利科学界再次融入了18—19世纪以来欧洲科学建制化的大潮中。

可以说，由于拿破仑政权推动的科学建制化及其他措施，这一时期意大利半岛的科学发展一方面表现在传统的数学、物理学科的成果上，受法国拉格朗日等数学家的直接影响，这一时期，比萨大学、帕维亚大学、都灵大学集中了众多意大利本土数学家，这些大学是19

世纪意大利数学研究及成果形成的重要机构。另一方面，学术研究和教育关注实用工艺理论，机械工艺成为了皇家学会的一个独立学科部门，意大利的大学也首次出现了专门以培养工程师和建筑师为目的的数学和物理学科教育，而且出现了一个由道路和桥梁工程师组成的团体，成员近100人，由一些学会会员主持（Pepe，2002）。

3. 意大利科学家会议：民族意识高涨下自发的科学组织形成

1815年之后，根据维也纳会议的决议，意大利又被分解为8个邦国和地区：① 伦巴底——威尼斯地区直接划入奥地利帝国的版图，成为它的一个总督辖区；② 帕尔马公园是奥地利公主、拿破仑第二个妻子玛丽·路易丝的终身领地；③ 托斯卡纳公国落到了奥地利大公斐迪南之手；④ 摩地那公国归属于出身哈布斯堡王室的弗兰茨大公；⑤ 卢加公国是西班牙公主玛丽·路易丝的领地；⑥ 教皇国恢复了教皇的统治；⑦ 撒丁王国处于意大利人的萨伏依王朝统治之下；⑧ 西班牙波旁王室则重新建立了在那不勒斯王国的专制统治。但意大利人在拿破仑统治时期就开始形成的民族主义情绪在此时达到了高潮，开始了长达半个世纪的复兴运动。这种将意大利半岛视为一个统一民族国家的理念也在科学界体现出来，于是在1839年诞生了意大利科学家会议（Riunione degli Scienziati Italiani）（表3-4）。

这次会议由在托斯卡纳大公国医学与科学研究机构（Medical and scientific institutions）工作的一些科学家发起，他们希望按照德国科学家和医师学会（Gesellschaft Deutscher Naturforscher und Aertze）模式组织意大利科学会（The Italian Scientific Association），以此名义召开科学会议。1839年的会议得到了托斯卡纳大公斐迪南的支持，由波拿巴（Carlo Luciano Bonaparte）在数学家焦尔吉尼（Gaetano Giorgini）的协助下组织，在比萨大学召开。会议直到1848年独立战争爆发之前每年召开一次（Gavroglu，1999）[121]，被认为是反映这一时期意大利半岛科学状况的最重要的事件。

表3-4　意大利科学家会议（Pepe，2002）

年份	地点	参加人数/人
1839	比萨（Pisa）	421
1840	托里诺（Torino）	573
1841	佛罗伦萨（Firenze）	888
1842	帕多瓦（Padova）	514
1843	鲁卡（Lucca）	494
1844	米兰（Milano）	1159
1845	那不勒斯（Napoli）	1611
1846	热那亚（Genova）	1062
1847	威尼斯（Venezia）	1478

会议的参加者为包括数学家、物理学家、化学家、地理学家、植物学家、生物学家等在内的自然科学家，除了全体会议外，还开设了数学、物理、地理、化学、农业和养殖、医学、植物学等分会场。如果结合当时的历史背景，意大利科学家大会的开设至少有两方面的含义：

第一，这是在19世纪上半叶的欧洲，德国、瑞士、英国纷纷开办类似的科学会议的背景下产生的，进一步说明意大利在统一之前的19世纪上半叶，由于地缘和政治关系，半岛在科学方面仍然努力保持着与欧洲其他地区的同一步伐。

第二，会议召开的时期是意大利分裂时期，以"意大利"为名的统一的民族国家并未形成，但来自半岛各小国的科学家已经能在"意大利科学家会议"的名义下组织起来进行学术交流，反映出民族主义在此时已经深入人心。

由以上对意大利18—19世纪科学发展及其组织化进程的介绍可以感受到，意大利半岛由伽利略时代产生的近代科学传统在这两个世纪里并未中断，并且组织化得到了发展；拿破仑时代，意大利首次整合了分散的科学建制，而民族主义思潮促使意大利科学家有意识地建立了自己的科学会议制度，可以说是以统一的组织形式重构了意大利科学，意大利科学正是在对辉煌历史传统的沿袭和组织化重构的背景下迎来了国家的统一。

二、欧洲工业革命与统一之前意大利工业化萌芽

国家统一之前，意大利虽然还没有进入工业化时期，但因其在地理上与其他欧洲国家相邻，发生在欧洲的第一次工业革命对其在以下几个方面产生了一些影响。

第一，受欧洲国家纺织品需求和生产增长的影响，意大利纺织业，尤其是真丝业开始显著发展并有了工业化特征，意大利开始向法国、英国、德国等地大规模地出口生丝和丝线，丝纺织业成为19世纪带动意大利经济发展的首要行业，也使意大利北方地区得以进入包括当时最发达国家在内的欧洲贸易圈中。

意大利北方的皮埃蒙特（Piedmont）和伦巴第（Lombardy）是主要的生丝和丝线产区，据统计，1859年伦巴第和威内托（Veneto）两大区的生丝产量超过了整个法国的产量（瓦莱里奥，2000）[57]。需求的显著增长还引发了技术上的革新，人们开始对规模化生产活动感兴趣。1830—1850年期间，皮埃蒙特和伦巴第大约有700~800家缫丝厂，虽然大多数仍然是小作坊，但这一行业大约雇用了15万季节性作业的工人（Cafagna，1994）[50]。一些学者认为，这些作坊为之后其他工业部门训练了最初的工人。丝纺织业出现的工业化特征，除了生产的相对集中外，还在于使用统一的动力和机械设备。不仅丝纺织业如

此，这些现象还在棉和麻的纺织业出现，虽然使用机械化纺织设备的时间比英格兰等国滞后了约15~20年，但在统一之前，意大利北部的纺织业也开始使用半自动的珍妮走锭（Mule-Jenny）纺织机。1848年以前，伦巴第和皮埃蒙特大约有60家棉纺企业，平均每个企业有3 000~3 500个纱锭，而且开始出现一些大规模的生产企业，如皮埃蒙特的企业安纳西和彭特制造厂（Piedmontese Manifattura di Annecy e Pont）就拥有34 000个纱锭（Cafagna，1994）[53]。

第二，受欧洲工业革命成果的直接影响，意大利开始模仿西北欧国家的模式，进行一些工业设施和工程的建设；受此影响，开始有了近代冶金、机械制造工业的创业活动。

铁路建设是发端于这一时期工程建设的一个重要标志。意大利的第一条铁路是修建于1839年的那不勒斯-波蒂奇（Naples-Portici）线，由两西西里王国国王斐迪南多二世（Ferdinando II）直接推动修建。斐迪南多二世是两西西里王国的最后一任国王，他在位期间感受到欧洲其他国家工业的先进，采取了一系列措施发展工业以摆脱对先进国家的依赖。除修建铁路外，他还于1840年前后创办了位于那不勒斯的皮埃特拉萨（Pietrarsa）工厂（图3-2），这是意大利第一家制

图3-2　1841年建设中的皮埃特拉萨工厂（Puca，2011）。

造火车头的机械厂。

　　如果说南部两西西里王国的早期工业化创业活动完全出自斐迪南多二世对维护其王国统治的意愿，那么发生在意大利北部地区的创业活动更多地与意大利复兴运动政治家们对意大利政治独立和经济复兴的热情有关。在那不勒斯-波蒂奇铁路之后，半岛各国都有不少铁路修建计划，到1860年之前，意大利共有铁路1 798千米，其中918千米在皮埃蒙特，522千米位于伦巴第和威内托（张雄，2000）[96]。皮埃蒙特是意大利统一之前铁路建设最为活跃的地区。在1859年第二次独立战争爆发时，皮埃蒙特是意大利半岛唯一形成了完整的铁路网的地区。之所以如此，与皮埃蒙特所在国撒丁王国国王查理·阿尔伯特及其管理者们的支持密切相关。皮埃蒙特的著名政治家、意大利统一运动的领袖加富尔（Camillo Cavour）是铁路建设的坚定支持者，在半岛其他国家对动用政府财政修建铁路犹豫不决时，皮埃蒙特政府则在1846年出台了一项主要干线铁路的大规模修建计划。到统一之前，皮埃蒙特是半岛唯一由政府建设和运营大部分铁路的地区，而私有公司则修建和运营了一些铁路支线。在资金方面，皮埃蒙特政府亦表现得比其他地区更为大胆和果断，主要通过国外资本市场的借贷来筹集资金，支持铁路和军队建设（Schram，1997）[28-31]。这体现出复兴运动时期这一地区政治家对意大利独立与复兴的热情与渴望。

　　虽然地域上的政治分裂限制了市场规模且未能形成推动钢铁和机械制造业发展的巨大动力，但从长时段来看，统一之前的这一时期是意大利近代冶金和机械制造工业的发端时期，意大利近现代很有影响的一批机械制造企业都创业于这一时期。也正是在这一时期，意大利北部开始出现一批接受过正规的现代工程教育、深受先进欧洲国家工业化的影响并对意大利统一之后的经济前景抱有很高期望的企业家，他们的创业活动将意大利半岛的机械工业在复兴运动时期就开始由南部的两西西里王国向北部聚集。真正意义上的意大利现代工业在这一时期开始诞生。

　　实际上早在拿破仑占领时期，由于战争需要，意大利采矿业和冶金业以及兵器制造业都有所发展，加上这一时期的大陆封锁断绝了英国铁货在意大利的供应，因此位于伦巴第、皮埃蒙特的一些老矿业又重新恢复了生产。伦巴第是这一时期意大利冶金和金属制品业的集中产区，拿破仑失败时，伦巴第境内开工的矿山有200个、高炉37座、炼铁炉（搅炼炉）268座，年产铁1万吨。该地区还在巴格里诺（Bagolino）、布雷西亚、克莱莫纳（Cremona）、巴维亚等地建立了兵器厂、铸炮厂、弹药厂等。值得注意的是，为了推动冶金业的发展，伦巴第于1808年8月建立了一个矿业委员会，专门对冶金业提供包括技术在内的各种咨询，并对技术项目进行评估（戎殿新等，1991）[92-93]。拿破仑占领结束后到统一之前的这一时期，虽然大部分纺织业机器和铁路、轮船等依赖进口，但钢铁冶金业和机械工业在北部的矿区仍然存在适度的发展，主要集中在伦巴第、托斯卡尼（Tuscany）、皮埃蒙特的和达奥斯塔（Val d'Aosta）以及卡拉布里亚（Calabria）（Cafagna，1994）[56]。虽然无论是在规模还是在技术方面，这些地区的冶铁业与欧洲先进国家相比仍然落后，但在统一之前，已经出现了采矿-钢铁联合企业，技术上也在开始采用英国式的焦炭炼铁炉。在这期间，伦巴第和皮埃蒙特出现了一些重要的企业和企业家，意大利今天一些影响很大的工业企业即创业于这一时期，其中安萨尔多（Ansaldo）公司是一个典型案例。1853年，安萨多（Giovanni Ansaldo）受命整顿和领导一家起先由政府接管的面临破产的机械厂，故而以安萨尔多命名的公司得以成立。1855年，安萨尔多的工厂首次在意大利北部生产出火车头，并开始向铁路部门供货，到19世纪末，公司主要制造和维修铁路设备，并迅速成长为一个拥有10 000名工人和7个工厂的公司，成为意大利重要的铁路、轮船和其他机械设备制造商（戎殿新 等，1991）[112]。

第三，来自先进国家的技术及其工业发展激起了意大利一些进步知识分子对新技术及其教育普及的兴趣，从理念上给意大利带来了一定程度的工业化热情。

19世纪上半叶，当意大利半岛还处于复兴运动时期，其北部的米兰、都灵等地的一批知识分子不仅活跃于争取意大利独立和统一的政治舞台上，还在思想上深受了欧洲工业革命影响。为了传播工业化理念和技术知识，他们开始创办一些新期刊。1818年，由拉姆帕托（Francesco Lampato）等人在伦巴第创办的《通用统计年鉴》（*Annali Universali di statistica*），该杂志的全称叫《通用统计年鉴：公共经济学、历史、旅行和贸易》（*Annali Universali di statistica, economia pubblica, storia, viaggi e commercio*），被称为当时追求自由和理性主义的伦巴第知识界最重要的刊物。该杂志除了刊登与当时的经济、工业等统计有关的发表物外，还刊登关于政治、经济、地理、航海、历史等内容的文章。主办人拉姆帕托在1826年发表的文章中充分表达了当时意大利知识分子对工业化的追求和热情："曾经好战的男人，如今勤勉工作以表达他们对工业进步的热诚，人们对统计学的热衷便是这一切的证明。"（Patriarca，2003）[24]又如，1839年卡塔内奥（Carlo Cattaneo）创办的《工艺技术》（*Politecnico*）（图3-3）是另一个例子。卡塔内奥是复兴运动时期著名的哲学家和作家，他早年加入了

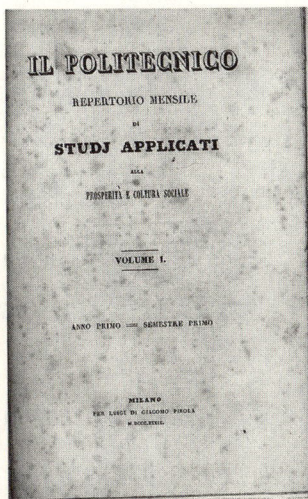

图3-3　《工艺技术》第一期封面

烧炭党（Carbonari），是坚定的共和主义者。在这一时期，他致力于研究哲学，希望改变意大利的浪漫主义和华丽虚饰的修辞学，将意大利知识分子的兴趣转向实用科学。为了表达和宣传这一愿望，卡塔内奥创办了《工艺技术》，致力于刊登实用科学文章，传播他提出的通过科学进步实现政治和社会发展的理念。这一理念的传播为统一之后的意大利大学工科教育的发展提供了思想土壤。

第二节 国家统一下的科学系统的形成与发展

一、国家统一进程

从18世纪末到19世纪70年代，继英国率先于17世纪70年代发生工业革命之后，欧洲大陆一些国家也开始了工业化，尤其是在拥有煤田和铁矿的地区、交通中心和港口等，如德国的鲁尔河流域、法国的诺尔省以及比利时的桑布尔和马斯河流域。而此时的意大利则不同，在英、法、德等国相继进入一个"煤铁"全盛时期之际，意大利半岛的经济仍然保持着典型的农业国的落后特征。更为重要的是，这一时期的意大利半岛在政治上还不是一个统一的主权国家，其在这一时期经历了两个重要的历史阶段，一是拿破仑的入侵和占领（1796—1814年），二是1815—1860年的复兴运动时期。通过近半个世纪的争取国家独立和统一的斗争，意大利人在1860年底终于迎来了国家的初步统一，建立了君主立宪制的意大利王国。当然这时威尼斯和教皇管辖下的罗马仍然不在意大利主权下。

1866年，普奥战争爆发，意大利与普鲁士结盟，对奥地利宣战。普奥战争以普鲁士的胜利结束，普奥于1866年8月签订了布拉格条约，虽然意大利在战争中屡次被奥地利军队击败，但奥地利将其统治的威尼提亚（威尼斯）割让给了法国，再由法国交还给了意大利。继威尼斯之后，教皇对罗马的管辖便成为意大利完全统一事业的最后一个障碍，当时的教皇辖区得到法国的支持，并处于法国驻军的保护之下。1870年7月，普法战争爆发，法国军队撤离罗马，意大利借此机会进攻罗马并于9月20日进入罗马；10月2日，经过公投，罗马和拉齐奥并入意大利王国；1871年7月，意大利政府正式迁都罗马。意大利由此实现了真正的国家独立和统一。

二、统一后意大利科学体系的重构

意大利统一之后面临着非常多的问题，而最根本的是由于历史的原因，每个地区无论是组织上还是制度上都非常的不同。而新兴的意大利决策者为了达到统一的目的，采取的办法是将源自皮埃蒙特的法律迅速应用于整个半岛，从而建立起统一的管理体制，但这却带来一些负面的后果。

这样的状况也同样在科学界出现，科学体系在19世纪的意大利半岛也和其他方面一样，在现实与历史的冲突下表现出的特殊性在于：一方面，长期的地理上的分裂使各地区同时拥有历史留下来的辉煌的文化传统，这使得意大利半岛拥有众多的学术机构，但其水平和组织状况差异极大，既有像比萨、博洛尼亚、帕维亚、都灵等一些著名的大学，也有一些可能在数月内就能毕业的速成大学；另一方面，统一的意大利诞生于一个以农业为主而且很多地区经济非常落后的社会，但与其经济落后相比，意大利的各种大学和大学学生与人口的比率排在世界前列。这种特殊性使意大利统一政权在对大学这样的学术机构进行整顿和重组时面临着模式选择上的困难（Micheli，1980）[865-893]。

当时对大学的整顿和重组可以参考两种模式：一种是法国模式，以一些由中央政府控制的大型学术机构为基础；另一种是德国模式（及其英国式的变异），其特点是有更多的中心，并且它们具有很强的自主性，能形成密切的学术网络并产生成果。意大利统一之后，集中模式的支持者和学术自治模式的支持者之间的争论非常激烈并持续了很久。19世纪意大利重要的物理学家马泰乌奇（Carlo Matteucci）于1862—1864年任教育部长，他是主流的迅速集中模式的最坚定的支持者。他确信，如果不把意大利过时的大学重新组织起来并以一种新的模式集中稀缺的资源和人才的话，现代科学教育是不可能在意大利实现的。因此，他试图在能力所及的范围内去对意大利的科学及其教育机构进行改革，并取得了一些成果。如重新组织比萨师范（Scuola Normale of Pisa），将佛罗伦萨物理和自然科学博物馆转变为一个大型的科学机构，并精简过多的大学。1862年9月14日马泰乌奇颁布了关于统一意大利大学的条令，将意大利境内的大学在一个中央控制计划之下进行简单的统一规范，这一条令的实施在很大程度上限制了大学的自由，因此引起了学术自治模式支持者的激烈反对。1862年条令的实施也使意大利大学产生了分化，一些优秀的大学（如都灵、帕维亚、博洛尼亚、比萨、那不勒斯、巴勒莫等）获得了优于其他学校的明显的优先权，它们的实验室获得了更多的资金投入，教职员有更高的薪水；与此同时，其他大学的地位在逐渐丧失，有的甚至被取消，这遭到了大学所在地的地方政府与文化界的强烈抗议。反对者认为，如果朝另一方向改革，而不是遵循马泰乌奇政策将半岛境内的大学进行简单的统一规范，为所有现存的大学恢复其应有的地位，结果会好得多。反对者认为新体制阻碍了学术机构适应国家发展的需要（Micheli，1980）[865-893]。

无论如何，通过这样的方式，意大利统一之后正在形成一种自己的科学体系，其表现为，马泰乌奇的条令被强制推行，几个世纪形成的格局被打破，政府规划战胜了强大的地方利益。

第三节　由"边缘"向"中心"回归：意大利工业革命的兴起

统一之后的意大利在政治上几经波折，通常分为以下时期：意大利王国的自由时期（1870—1914年）；第一次世界大战和自由国家的失败时期（1915—1922年）；法西斯主义时期（1922—1943年）；内战时期（1943—1945年）；意大利共和国时期（1946年至今）。

工业化和经济发展是统一之后意大利150多年历史的主题之一，也是意大利国家现代化进程的最重要体现。1870—1989年，意大利的国内生产总值增长了21倍，人均国内生产总值增长了9.5倍（Federico，1994）。从经济增长指标来看，意大利经济发展可大致划分为三个时期：

一是1870—1914年，这是意大利工业革命时期，其经济从开始缓慢增长到乔利蒂时代的工业起飞，到一战之前，其人均国内生产总值首次超过了西欧的平均水平（图3-4），意大利实际上成为排名第8的工业国（Davis，1991）。

二是1914—1946年，意大利在这一时期主要处于法西斯统治下，寡头垄断下的技术进步是这一时期工业发展的主要特点，在这一模式下，意大利工业生产继续保持3%左右的年增长规模。

三是1946年之后，意大利经济在新的政治体制下开始加速发展，尤其是1975年之前，意大利工业生产指数的年增长率达到6%~8%，可以说意大利统一之后的经济增长大部分是在这一时期获得的，因此也被一些经济学者称为意大利的"经济奇迹"。

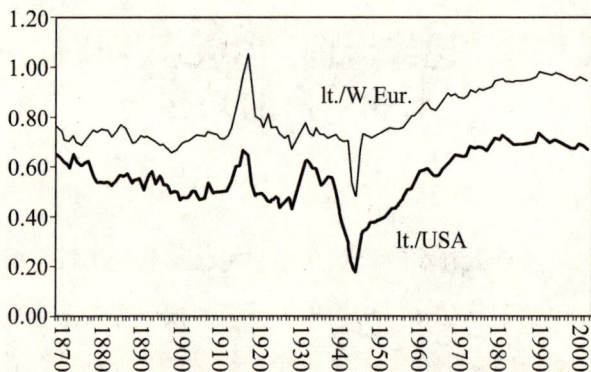

图3-4　意大利人均GDP与西欧和美国人均GDP之比（1870—2005年）
（Malanima et al.，2010）

从国家现代化的角度来说，第一个时期即1860—1914年至关重要，因为意大利工业革命在这一时期的发生使这个国家进入了工业国的行列，乔利蒂时代也被称为意大利国家现代化发展的第一时期。本节即通过描述这一时期意大利工业革命的发生及工业化进程来看意大利是如何步入现代国家之列的。

一、意大利工业革命的历史过程及其定量化描述

从时间上说，意大利的工业革命萌芽于19世纪中叶，即国家统一即将实现之时。国家实现统一之后，意大利也同时踏上了工业化的进程，工业革命在自由意大利时期发生。这一时期的工业化进程经历了两个阶段：

第一阶段是1860—1880年，即统一之后的头20年，这是右翼执政时期，意大利首个政府经济政策的主要内容是自由贸易和铁路建设。一方面由于希望与其他国家，尤其是欧洲先进国家进行更为密切的贸易交流；另一方面，由于意大利出口产品以农产品为主，因此自由贸易政策得到了在国会中代表农业主利益的多数派的支持（Cafagna，1994）[58]。自由贸易使得先进国家的工业品可以低价进入，这在很大程度上与意大利本国工业形成了竞争，从而抑制了其发展。铁路建设是这一时期的另一重要内容。右翼执政党继承了复兴运动时期皮埃蒙特政治家们的观点，认为基础设施建设不能完全由私人资本来承担，国家应该担负起这一任务。因此，在政府的直接和间接推动下，意大利1861—1876年间的铁路建设达到每年376千米的速度，比统一前增长了一倍多。这期间政府在新建铁路和保证铁路营运上共花费13.72亿里拉，意大利铁路总长度在1876年达到了新政府所要求的8 000千米（张雄，2000）[98-99]。

这一时期最明显的工业化进展发生在纺织业，尤其是纺丝业。纺丝业开始由原料生产转向纺丝最终产品的生产，出口丝中全纺丝的比重由1855年的17%增长至1865年的80%。棉纺织业的纱锭由1860—1861年的400 000~450 000个，增长到1876年的745 000个（Cafagna，1994）。这一时期，意大利北部继续着从19世纪中叶以来兴起的创业活动，在自由贸易政策下，虽然机械制造等行业受到来自发达国家的低成本进口产品的强烈竞争，但由创业活动带来的工业化发展开始向米兰、都灵和热那亚等地聚集。奇里奥（Cirio）、

倍耐力（Pirelli）、奥兰多（Orlando）、里瓦（Riva）和赛龙捷（Salmoiraghi）等著名企业都在这一时期创建。北部地区因其与发达工业国家的密切贸易往来，以及他们拥有的技术教育机构（理工大学和技术学校）成为最具活力和潜力的工业化发展中心。虽然在这20年意大利工业领域的进步依然缓慢，但被认为是由更早时期开始的工业化进程的一个延伸，而这一进程没有因为政治革命而发生根本性断裂，反而由于统一之后市场规模的扩大和政府开支的增长而继续发展。到1878年，工业增加值最高的三个工业部门依次是食品、纺织和机械（表3-5）。

表3-5　1878年工业部门的增加值（1911年的百万里拉）和百分比（Amatori，1999）[202]

	增加值/百万里拉	百分比/%	来源
纺织	473	32	Istat
冶金	19	1	Istat
机械	170	12	Istat
化学	8	1	Istat
造纸	18	1	Istat
电（火力和水力）	16	1	Fenoaltea
食品	620	42	Istat
采矿和采石	60.5	4	Fenoaltea
砖、玻璃和水泥	33	2	Istat
其他	50	3	Istat
合计	1467.5	99	

第二阶段是19世纪80年代至1914年。意大利在保护主义经济政策下迎来了第一次工业化高潮。1878—1887年，意大利经济政策发生了

根本改变，政治上的左翼取代了加富尔继承者的右翼，国家在预算上达到平衡，政府开始利用国家权力来刺激经济发展。至1887年，意大利实施了一系列关税保护政策，保护性关税涵盖纺织、冶金、机械等行业。1887年之后，意大利在国际金融危机的影响下经历了近十年的萧条期，终于在1896年之后迎来了其工业发展的最重要的时期，即乔利蒂时代的工业起飞。

在经济上，乔利蒂时代的工业起飞与意大利国内外的一些特殊的有利因素密切相关。一方面，意大利政府将几乎所有的工业品和部分农产品都列入关税保护之列，除关税保护之外，19世纪80年代海军大臣布林（Benedetto Brin）发起了海军重装计划（Naval rearmament program），其目的不仅在于为意大利缔造一支强大的海军，还要建立强大的国家工业。这一计划在19世纪90年代早期将意大利本土的一些重要的公司（如安萨多公司）从经济不景气中解救了出来。此外，意大利在经济危机中发生了著名的银行危机，导致了1893年对两家大银行——动产信贷银行和通用银行的清算。这使得意大利原有的金融体系完全崩溃，导致了金融体制的改革和重组，并让德国综合银行的资本大举进入意大利。按照德国综合银行模式，逐渐建立起了两个新的商业金融机构：意大利商业银行（Banca Commerciale Italiana）和意大利信贷银行（Credito Italiano）（Cafagna，1994）[90]，这种混合性的商业银行被认为在之后的工业化进程中扮演了重要角色。另一方面，世界经济也从1896年开始走向持续了近20年的"美好时代"，制造业加速发展，国际贸易大幅度增长，资本和劳动在价格升幅不大以及黄金兑换率相对稳定的条件下快速流动（Toniolo，1990）；大工业的发展导致生产的集中，并和银行资本结合形成金融资本。这一时期，也是学界所说的第二次工业革命的黄金时期，电力在生产中的应用，内燃机的大量使用，工业化学的一系列创新，以及各国新矿床的发现和开发，使得产品和生产要素的国际性流动迅速增长。可以说，正是这个有利的国际经济环境，加上国内日趋改善的政治和社会环境，构成了意大利工业起飞的外部条件。

这一时期，意大利工业化整体水平有一个明显的增长，按照格申克龙的计算，这一时期工业产值增长了2.5倍，工业产值的年均增长率为5.4%；而据意大利统计局（ISTAT）的计算，第一次世界大战之前工业产值大约是经济萧条之前的2倍，年均增长率为4.3%。据ISTAT的统计，工业在整个国家私有部门产值中的比重由原来的1/5提高到1/4（Cafagna，1994）[67]。在各工业部门中，这一时期增长最快的依次是化学、冶金、机械工程和食品材料（表3-6）。到1911年，工业增加值最高的三个工业部门依次为食品、机械、纺织（表3-7）。雇佣人数最多的三个工业部门依次为纺织、机械和食品。

表3-6　意大利各时期六个工业部门的平均增长率（%）（格申克龙，2009）[91]

	1881—1888	1888—1896	1896—1908	1908—1913	1881—1913
采矿	0.0	1.3	1.8	0.0	1.0
冶金	22.0	−3.2	12.4	6.1	9.3
纺织	4.4	3.2	3.5	-1.2	2.5
机械工程	9.2	-7.4	12.2	2.0	4.7
化学	15.1	9.4	13.7	1.8	11.3
食品材料	0.9	0.0	5.5	5.5	3.1

表3-7　1911年工业增加值（百万里拉）和百分比（Amatori，1999）[207]

	增加值/百万里拉	百分比/%
食品和烟草	853	20.1
纺织	429	10.1

续　表

	增加值/百万里拉	百分比/%
服装	243	5.7
皮革	300	7.1
木材	386	9.1
冶金	90	2.1
机械	843	19.8
非金属矿物	260	6.1
化学	169	4.0
造纸和印刷	242	5.7
其他各种生产	26	0.6
采掘业	224	5.3
电力（火电和水电）	183	4.3
合计	4248	100

　　从各工业部门的发展来看，这一时期纺织业的发展受益于关税政策的重点保护和水电新能源的发展。纺织业在此时达到了鼎盛时期，这不仅表现在增加值和雇佣人数等总量上，还体现在组织和技术发展上，其工业化程度增强，实现了生产的机械化和电气化。如棉纺织，其拥有的机械化织机从1896年的65 000台增至1912年的115 000台，而手工织机约有30 000台。可以说，意大利纺织业的工业化代表着意大利工业革命中传统的一翼，即通常被称为的第一次工业革命的发展。

　　无论从增加值还是雇佣人数来看，机械制造业在这一时期均成为意大利第二大工业部门。从经济层面上说，铁路机车、造船等传统的机械制造业的发展直接受益于19世纪80年代以后国家在海军和铁路等订单上给予国内企业的优先权，这使得意大利在这些领域得到有利的发展条件，到1900年，意大利在铁路机车上基本实现了自给。除传统机械制造业外，意大利的钢铁冶金业在关税的重点保护和政府的支持下得到兴起，特尔尼（Terni）钢铁厂于1884年由企业家布雷达（Vincenzo Stefano Breda）创办。当特尔尼厂在1887年处于困境时，意大利政府出台了旨在实现钢铁自给的政策，出手干预和挽救特尔尼厂，企业不仅获得了来自海军的2 500吨武器材料的订单，还获得了国家银行的贷款。20世纪初，特尔尼与奥兰多、奥德罗（Odero）两家著名的船厂在银行巨头的支持下组成钢铁托拉斯（Steel trust），在军队订单的支持下发展迅速。此外，以都灵、米兰等地为中心，打字机、印刷机、自行车、汽车、精密仪器等新兴机械制造产业兴起，创业和兼并等事件频繁发生，意大利几乎所有重要企业在此时均已出现。这些新兴企业不仅成为意大利这一时期参与国际工业化活动最活跃的领域，它们在发展模式上也体现出了与以美国为代表的大规模工业生产不一样的特征。第一次世界大战前夕，大约20 000辆汽车在意大利注册，其中只有不到4 000辆是进口的，这意味着意大利国内市场由国内产品所控制。

从企业发展模式来看，意大利这一时期的创业活动可以分为两种：一种是以安萨多、特尔尼等企业为代表的得到国家支持的创业活动（Supported Entrepreneur）；另一种则是以米兰和都灵为中心的以打字机、自行车、汽车和精密仪器为代表的新兴产业的创业活动，这些企业大都源于拥有技术的企业家自身的投资活动，以中小型规模为主，其发展不依靠国家的订单和金融支持，在市场上与国外企业展开竞争并逐渐形成意大利本土的特色，往往具有相对较高的技术创新能力。

水电产业是这一时期意大利另一引人注目的产业，意大利是一个贫煤国，其工业化前途一直都是一个有争议的话题。而意大利在这一时期依靠大力发展水电产业不仅跻身于第二次工业革命的主流中，而且给意大利社会带来了对工业化前途的乐观的信心（Cafagna，1994）。意大利的电力工业于1883年诞生于米兰，米兰也是世界上第二个街头安装电灯的城市（张雄，2000）[178]。其发展得益于政府的决策和综合性大银行的青睐，1895—1914年间，大量的资本投到电力行业，这一时期意大利电力设备价值达1 000~1 200百万里拉，1914年发电量为115万千瓦时，其中85万千瓦时为水力发电。值得一提的是水电能源主要用于工业生产，据1911年的工业调查显示，这一时期制造业的动力机有一半是电力驱动的（Cafagna，1994）。

二、 意大利工业革命兴起的几个推动要素

1. 统一之后市场规模的扩大和需求的增长

政治上的统一对意大利工业与经济发展的影响首先表现在市场规模的扩大上。这一影响在上述工业革命的两个阶段有着不同的表现。

在实行自由主义经济政策的头20年（1860—1880年），虽然缓慢的工业进步被认为是从1830年开始的工业化发展的一个延伸，但政治的统一仍然带来了国内市场的扩大，成为维持和带动这20年工业逐步增长的主要因素之一。统一对意大利半岛市场及其需求产生的直接影响来自两方面，一是关税体系的统一，二是铁路网建设等基础设施投入的增长。

首先，1860年意大利实现统一之后，皮埃蒙特关税体系在整个意大利半岛迅速实施。这一关税体系原则上对进口货物征收10%的关税，但对进口原材料和谷物不征收关税，且对几乎所有的出口不征收关税（Schram，1997）[83-84]。另外，1863—1867年，意大利相继与法国、英国、奥地利、匈牙利签订了贸易协定，消除进出口障碍实施自

由贸易。这一关税体系对于统一之前的意大利多数小国来说意味着进出口关税的显著降低,首先半岛各国之间已不存在流通障碍,其次进出口门槛也大大降低。值得注意的是,因统一之前意大利半岛的不同地区有着各自的不同的政权,他们的经济发展政策和状况也有着很大差异。统一之后带有明显的自由贸易倾向的关税体系的实施,对意大利南北方工业发展所带来的影响并不相同。半岛内各地区流通障碍的消除,为北部新兴工业的发展带来了更大的市场。如北部伦巴第地区在统一之前是意大利最重要的丝织品生产地,其出口占意大利半岛总出口量的85%(Schram,1997)[81],米兰和科莫也建立起了棉纺织和金属工业。但19世纪50年代,奥地利统治者虽然对该地区新兴工业的发展加以支持,却对其产品出口到意大利半岛其他国家有严格限制,故而意大利半岛的统一给伦巴第地区带来了更大的没有障碍的市场。从这个意义上说,这无疑使米兰这样的新兴工业区获得了更大的发展空间。但对于意大利南部来说,统一之后实施的低关税意味着其刚刚发展起来的工业如机车制造等,因失去了原有的保护措施[①]而面临着来自北部更为激烈的竞争而处于相对被动的局面。

其次,统一后的头10年,意大利半岛迎来了一场"交通革命",主要体现在铁路建设高潮和蒸汽机在轮船上的普及。19世纪60年代是铁路建设的一个高潮,统一的铁路运营网络首先在北部得以实现,这10年意大利半岛新增铁路里程近4 000千米(表3-8),同时蒸汽技术在意大利轮船运输上进一步得到普及。虽然低关税政策使进口机车对意大利本土新兴机械工业造成了有力的竞争,但交通上的发展也为意

---

① 1823年开始,两西西里王国开始实施高关税保护政策,虽然1845年开始关税有所调整,但并未改变保护性贸易政策的性质。

大利本土机车与轮船制造工业带来了更大的市场需求，在一定程度上带动了本土制造业的发展。统一后头20年，约1 297辆机车投入铁路运输，其中意大利本土制造的约占20%，北部的安萨多生产了68辆，南部的皮埃特拉萨生产了148部（Merger，1986）。除了交通基础设施建设外，1860—1865年，意大利政府在公共设施、健康和教育等方面投入了约619 000 000里拉（Schram，1997）[96]，这也间接地为一些新兴企业带来了更大的市场需求。

表3-8　1861—1880年意大利三大铁路网线路的增长里程（千米）

（Merger，1986）[66-108]

	铁路公司			合计
	Alta Italia	Romane	meridionali	
1861—1865年	470	460	680	1 680
1865—1870年	960	548	865	2 373
1870—1875年	605	177	567	1 349
1875—1880年	184	0	314	498
合计	2 605	1 228	2 938	6 711

19世纪80年代，意大利政府开始实施保护主义的经济政策，统一之后所带来的市场规模和需求优势进一步扩大。保护性关税的实施和政府及军队采取的一系列保护本国制造业的措施，给意大利工业尤其是重工业带来了有利的发展空间，成为促进意大利机器、轮船、铁路设施等重工业发展的重要因素。

2. 理工大学的兴起和新兴的企业家阶层的诞生

1859年，伦巴第与皮埃蒙特和撒丁王国的君主政体合并，从而完成了第一阶段的意大利统一，新政府的首次立法行为之一是重组教育系统。11月，国王签署了所谓的卡萨蒂法（Legge Casati），该法分为4个部分，分别是管理高等、初等、技术和小学教育，这一法律涵盖了教育的所有层次和分支，并为新系统给出了一个主要框架。由于之前分裂的各国建立了不同的教育体系，因此对于这一新国家来说，统一教育体系被认为非常重要。

根据卡萨蒂法，皇家应用工科学院（Regia Scuola di Applicazione）在都灵得以创办。这一工科学院依附于都灵大学，其学生只有在通过了都灵大学或其他大学数学和物理系的第三年考试之后，才被允许加入在工科学院接受两年的教育。都灵皇家应用工科学院的这一与当地大学密切关联的模式是工科学院非常渴望的：一方面，由于很多工科学院的教师来自大学，他们希望通过与大学的联系保持他们的学术地位，而工科学院本身也希望通过这一联系来维持学校的地位；另一方面，学校的组织者认为工科学院培养的工程师需要具备利用科学分析方法解决实际问题的能力，而不仅仅是依赖经验，因此与大学数学和物理系的这一联系被认为是对该"科学方法"的保证（Guagnini，1988）[527-528]。这成为此后其他工科学院的模本。

一年之后，米兰高等技术学院（Istituto Tecnico Superiore）也开始创办，但情况与都灵的应用工科学院有所不同。从一开始，米兰高等技术学院的创办者们就坚持认为学校应该是一个独立的高等技术教育机构，不依附于大学。他们认为学校应该自己决定课程的设置；学校的课程应该能够引导学生进入工业技术的新领域，因此尽管所教的科学原理尤其是数学需要非常全面，但必须排除那些不适用于实际工程应用的知识。出于这一考虑，米兰高等技术学院的组织者选择了德国的卡尔斯鲁厄理工学院（Polytechnics of Karlsruhe）以及瑞士的苏黎世理工大学（Polytechnics of Zurich）作为其典范。然而以此为宗旨建立起来的米兰高等技术学院一开始就被卡萨蒂法认定为一个中等技术学院，而不是像都灵的皇家应用工科学院那样是一个高等教育机构。出于在米兰建立一个高等技术教育机构的愿望，学校的组织者们就学校的模式做了妥协，米兰高等技术学院也采用了都灵的模式，成为一所进行高等技术教育的机构。

米兰高等技术学院从一开始就表现出比都灵工科学院更高的创新和独立愿望，学校的第一任校长布里奥斯奇（Francesco Brioschi）既是一位著名的数学家和水力工程师，也是帕维亚大学的校长，还是意大利公共教育部秘书长。布里奥斯奇坚定地支持米兰应该成为高等技术教育的中心，他支持米兰高等技术学院的独立性。从办学一开始，学校就在课程设置和办学模式上进行了更明显的改革，比如很快将在大学数学和物理系的学习时间从三年降至两年，从19世纪70年代开始寻求在学校内部设立预科，教授原来由大学承担的课程。在这一措施没有得到教育部的支持下，布里奥斯奇运用自己极强的活动能力说服了地方企业家和官员，于1875年成立了一个高等教育协会，这一协会包括省当局、市政当局、米兰高等技术学院以及米兰其他文化教育机构。这一协会承诺每年给米兰高等技术学院30 000里拉资助学校预科的开设，其中10 000里拉来自省当局，20 000里拉来自市政当局（Guagnini，1988）。这一结果迫使教育部对学校预科表示认可。米兰高等技术学院由此成为一个独立的、以促进工业技术发展为目的的高等教育机构。

与都灵大学比较，米兰高等技术学院的创办者更重视工业技术，在课程设置上，在都灵大学模式中，实践性课程只有在最后三年的工程科目中设置。据称此传统一直被意大利的工科学校沿用，而米兰高等技术学院是唯一的例外（Guagnini，1988）[539-540]。布里奥斯奇对学生要求很高，学校要求学生周一至周六下午必须参与实践性的课程，包括参与实验室操作、实践训练、写测试报告以及进行科学旅行。科学旅行包括到企业、工业中心和城市建筑等地进行教育旅行，以及到国际工业博览会等进行参观，在参观中学生需要考察最具创新的生产过程并在课堂上讨论。

　　米兰高等技术学院的实践性倾向在另一方面更为突出，即其教师与当地企业家有着密切联系。从19世纪末直到20世纪20年代初，这一联系的中枢就是其第二任校长科伦坡（Giuseppe Colombo，1836—1921）。科伦坡出生于米兰的一个中产阶级家庭，1857年毕业于帕维亚大学数学系，并于1865年在米兰高等技术学院得到终身教授的职位，讲授机械力学。科伦坡的职业生涯可以说与米兰这座城市及其周边的工业化进程密切联系在一起。他于1877年出版了里程碑性质的《工程师手册》（图3-5），这部手册成为了意大利工程师手册的鼻祖和典范，经过无数次再版，这个名字已经成为意大利工程师手册的固定称谓了。科伦坡同时又是一个很成功的顾问工程师，他直接推动了米兰电厂的建立，这是欧洲第一家能够对外输送电力的电厂。在他的影响下，米兰高等技术学院的教师和学生在当地创业活动中非常活跃，形成了统一之后一个新兴的创业群体。通过创业，该校早期的毕业生中涌现出一批北部工业企业的创始人和领导者，如著名的涡轮机生产商里瓦（Alberto Riva）、轮胎生产商倍耐力（Giovan Battista Pirelli）等。

图3-5　科伦坡和他撰写的《工程师手册》

3. 左翼政府保护性经济政策的实施对重工业发展的影响

如前所述，19世纪80年代左翼开始执政，国家经济政策开始转向保护主义。一方面，政府在1876—1887年两次修改关税，在把几乎所有工业品和部分农产品列进保护之列的同时，粮食、棉纺织品和钢铁受到了重点保护；另一方面，政府还用其他方式给予钢铁、机械制造等行业直接支持。从某种程度上说，国家在19世纪80年代以后成为意大利重工业发展的代理，尤其是冶金、机械工程和造船，新的国家保护主义直接引导了意大利现代重工业的兴起（Row，1988）。

在整个19世纪80年代，意大利政府的开支在铁路、海运和皇家海军三个领域刺激了机器设备和轮船的需求。如海军大臣布林在80年代发起了海军重装计划，使面临发展瓶颈的大型机械制造业获得了来自海军的订单，直接推动安萨多这样的机械企业摆脱困境，并获得更大的发展空间。钢铁冶金业也是意大利左翼政府执政后保护和发展的重点行业，1884年在布林的积极倡议和支持下，企业家布雷达在国民银行和动产信贷银行两家大银行的资金支持下，创办了意大利第一家现代钢铁企业：特尔尼钢铁厂。特尔尼钢铁厂购买了法国最有实力的企业施奈德公司（la Societa Schneider）的技术（O'Brien，2001）[5]，施奈德公司向特尔尼钢铁厂派出了炼钢工程师。1886年该厂5个20吨的西门子-马丁炉和2个10吨的贝塞麦转炉投入使用。意大利海军向特尔尼钢铁厂提供了稳定的订单，此外，正如前所述，当特尔尼钢铁厂在1887年陷入困境后，意大利政府出台了旨在实现钢铁自给的政策出手干预和挽救，企业不仅获得了来自海军2 500吨武器材料的订单，还获得了国家银行的贷款。1887—1901年，海军在意大利购买的所有武器（装甲板、子弹、枪和榴弹炮）用的特殊钢材都来自特尔尼，该厂还生产了意大利25%的粗钢和64.5%的钢轨（Mitch et al.，2004）[304]。20世纪初，特尔尼与奥兰多、奥德罗两家船厂在银行巨头的支持下组成托拉斯，在军队订单的支持下迅速发展。

在关税保护政策和海军、造船、铁路的优先订单的支持下，意大利钢铁业增长显著。

从历史来看，国家保护主义政策毋庸置疑是意大利工业革命兴起的一个重要影响因素。欧洲国家的历史经验似乎提供了这样一种假设：在极端落后的情况下，国家政策在工业发展的大高涨年间会倾向于发挥一种十分重要的积极作用。但与其他国家相比，意大利这一时期的国家政策所发挥的实际作用却受到一些学者的质疑。

经济学中对于落后国家工业化初期的增长率常有这样的假设：落后国家在其工业化初期的增长率可以被假定为直接与该国工业落后程度成正比。越是迟到的工业化，当其出现时就可能力量越强。比如，瑞典的工业增长速度在1888—1896年间几乎达到每年12%，日本在1907—1913年间达到8.5%，19世纪90年代的俄罗斯则以每年大于8%的速率实现其工业产出的增长。如果这一假设成立的话，那么，意大利在其工业革命的第一个高潮时期（1896—1908年）实际的工业增长率比人们预期的要低。正是基于这样的对比，以格申克龙为代表的学者认为左翼政府将粮食、棉纺织业和钢铁作为其关税保护的重点是不恰当的。他们认为，"一个落后国家，由于具有如此低的能力，将会特别强烈地感觉到需要促进新产品和新工业部门的产出。在这方面，广泛而多样化的工程制造领域提供了更大的希望"（格申克龙，2009）[97]。因此，意大利政府应该把保护重点放在更有创新潜力的工程制造业上，而不是钢铁业。但事实上，除了铁路机车的进口税率与钢相同外，其他机械设备的进口关税都低于钢铁，而机械零件和一些新兴的"未明确规定"的机械，其关税尤其低。这一方面导致了人们倾向于组装机器而不是在国内生产机器的不良后果，另一方面对真正具有创新空间的新兴产业没有起到任何推动作用。而且，在高昂的钢铁进口关税保护下，"昂贵的本国产品充斥这个国家必然会阻碍那些实际上拥有巨大潜力的工业部门的增长"（格申克龙，2009）[99]。该分析可以说是对比人们预期要低的意大利工业革命时期的工业化增长率的一种解释。

然而，我们认为意大利工业革命时期所表现出来的问题并非用关税政策问题就可以完全解释，效率不高的、扰乱生产的政治协议，以及左翼政府日益上升的影响和腐败，也构成了一个特殊的工业成长的环境，意大利落后的重工业也就是在这样的环境中成长的（Row，1988）[11]。从这一角度说，保护主义经济政策本身在意大利工业革命进程中所起的作用则更多是在如此政治环境下的带动作用。

4. 意大利半岛能源状况对工业革命的影响

意大利是个煤炭资源缺乏的国家，这对其工业革命时期的产业与技术选择有明显的影响。例如，蒸汽机作为欧洲第一次工业革命的主要动力源和技术创新，在意大利的传播和运用就受到了煤炭资源缺乏的限制。在工业革命时期，蒸汽作为动力的成本与燃料关系最为密切，燃料成本可以占到一半以上。而由于缺煤，意大利不得不使用进口煤来作为蒸汽机的燃料，通常从英国进口，高昂的运输成本增加了使用蒸汽机为动力机的负担。据统计，到第一次世界大战之前，热那亚的煤价是英国东北威尔士和纽卡斯尔的3倍。高昂的成本使在工业革命时期的意大利使用蒸汽机相对于其他能源来说优势非常小甚至为零，这一状况直接影响意大利生产和技术结构的形成。实际上在19世纪末意大利工业部门明显集中在低能源消耗和较少使用蒸汽机的部门，甚至在第一次世界大战爆发之前，意大利只有29%的动力机使用蒸汽，而英国该份额达到了91%（Amatori，1999）[387-399]。煤炭资源缺乏还同样影响着意大利钢铁冶金工业的技术选择，虽然钢铁业是意大利保护主义经济政策重点支持的产业，但煤的缺乏也导致了生铁冶炼的高成本，这使得意大利更倾向于进口生铁，而长期放弃高炉炼铁，例如特尔尼厂计划在奇维塔韦基亚（Civitavecchia）建设4个高炉，但始终未能实现。由于生铁冶炼的不足，在炼钢方面，意大利的钢铁厂也更倾向于选择可以利用废旧钢铁进行精炼的西门子-马丁炉炼钢技术。因此，得益于关税保护和来自海军和造船业的订单刺激下的意大利钢铁企业，很长时期内并不像欧洲其他国家的大型钢铁厂那样建立由生铁到炼钢、轧钢的垂直一体化生产模式（Amatori，1999）[391]。另外，煤炭资源的缺乏导致意大利对水电资源的大力开发和发展，从而使意大利跻身于第二次工业革命的主流。1895—1914年，在支持电力输送的法案实施之

下，大量资本投到了意大利电力行业。电力设备价值达到1 000~1 200
百万里拉，相当于这期间所有企业和设备投资的4%。人们满意地发
现，水电可以取代每年二百万吨的煤炭进口，这相当于煤炭进口总量
的1/5（Cafagna，1994）。正是看到了电力给意大利工业与经济发展所
带来的巨大好处，意大利成为欧洲第一个建设发电站的国家，米兰也
成为世界上第二个安装电灯的城市。

　　水电业的发展对于意大利工业化的积极影响首先是在心理上给予了
意大利民族工业发展的信心。在工业化早期，意大利国内面临着能源缺
乏所带来的困难，这给意大利是否能摆脱经济落后带来了很大的心理障
碍，水电业的发展则在很大程度上给予人们摆脱工业落后的信心。

　　对于意大利的工业化来说，水电业带来的好处是直接促进了早
期工业化的能源瓶颈问题的解决。到第一次世界大战之前，意大利新
的水力发电主要用于工业，其中纺织业的用电量占了最高份额，其次
是机械行业；同时，化工业也因电力而成为另一潜在的发展产业。据
1911年的工业调查显示，这一时期制造业的动力机有一半是电力驱动的
（Cafagna，1994）。此外，意大利水电业的发展还直接促进了与之相
关的技术与机器制造行业的发展。19世纪末至20世纪初，以里瓦公司为
代表的意大利涡轮机制造业的发展就是在这一有利环境下，使意大利水
电技术在其设备和配件制造上完全实现本土化的一个典型范例。

　　5. 私人企业家和德国模式的大型综合银行对工业化进程发挥
的推动作用

　　与国家对意大利工业化进程的作用上的争议不同的是，私人企
业家和大型银行的作用似乎得到了一致肯定。在这一时期，意大利政
府自身很少进行直接的创业活动，因此，来自私人企业家和银行的资
本成为创业的主角。在传统的纺织业，虽然产出总量很大，但企业以

中小规模为主。在经济发达的三角地带，纺织业长期存在小企业传统，虽然这些传统在后来也因国外企业家的进入有所改变，但不可否认，这种生产相对分散的传统反映出意大利存在众多愿意进行创业活动的私人资本家，这对于一个地区的工业化发展起到了非常积极的作用。此外，在金融体系重构之后，德国式的大银行深入地参与到意大利工业的初创及其发展之中，形成了这一时期工业化的另一有效的推动力。这些银行不仅广泛投资于水电、化工、汽车这样的新兴产业，而且积极地帮助企业成立股份制公司，指导企业的创业活动。它们像在德国一样，热衷于影响企业间的关系，促进企业间的合作和提高工业部门的集中性，从而提升产业的竞争力。在这方面，银行与意大利电力工业的扩张之间的关系是一个典型案例，在这期间，商业银行与最早建立起来的电力公司爱迪生公司（Societa Edison）密切合作，通过投资各电力股份公司的形式，一方面使意大利电力产业迅速扩张，另一方面使电力工业处于爱迪生公司和银行的控制之下。爱迪生公司所掌握的其他电力公司的股份市值在1900年为1 200 000里拉，占全国电力公司股份市值的十三分之一，这一比重到1913年变为四分之一（Cohen，1966）[113]。

三、意大利工业革命与技术发展：以机械制造业为例

19世纪中期到第一次世界大战之前，意大利半岛不仅经历了复兴运动和政治上的统一，而且还经历了一场具有鲜明的意大利特点的工业革命。意大利半岛的工业革命不仅是一场与本土工业化及其技术成长相伴的过程，更重要的是，其工业化与技术发展的模式和状况既与意大利半岛统一前后的政治变迁和社会发展有密切关系，又受到来自欧洲其他先进国家工业与技术发展的影响。它在半岛的不同地域和不

同时期表现出显著的差异，因此呈现鲜明的意大利特点，这在机械制造业的发展中非常显著地体现了出来。

对于意大利工业革命时期机械制造业及其技术发展而言，政治的变迁是一个重要影响因素，它深刻影响着意大利机械工业化的地域格局。意大利北部尤其是米兰、都灵和热那亚三角地带，被公认为是统一之后意大利工业化的核心地区，但在此之前，意大利半岛的现代机械工业首先在半岛南部的两西西里王国兴起。在国王斐迪南二世的直接命令下建成的位于那不勒斯的皮埃特拉萨工厂是意大利半岛第一家火车机车的制造厂，成为意大利工业革命早期机械工业与技术发展的最为重要的标志。

19世纪60年代意大利国家的统一不仅改变了其政治格局，还使其机械工业发展的格局发生变化。南部的大多数企业开始衰落，与此同时北方工业则迅速发展，其中与机车、轮船、武器等相关的制造企业在20世纪的前半期国家政策和民族主义的经济发展思潮的直接推动和支持下，发展成为机械制造业巨头，其中安萨多就是这种发展模式下成长起来的典型案例。与此同时，为数众多的中小型机械企业也在意大利北部地区出现，这些企业的发展得益于北部活跃的新兴企业家的创业行为，并与欧洲其他地区正在发展的第二次工业革命所带来的新兴能源等技术密切相关。这些中小型企业与传统机车和造船等大型企业相比较，有着很不一样的发展模式，其中一些企业在意大利半岛的新兴机械制造领域如涡轮机制造和精密仪器的发展中起到了很重要的作用，从而成为意大利半岛工业革命的另一道特色鲜明的风景。

从历史的角度来说，南部最初的机械工业的发展、北部大型传统机械巨头的成长以及北部新兴中小型企业的发展有着不同的模式，反映出意大利半岛工业革命复杂的发展图景，与之密切相关的是意大利半岛在学术基础和地理位置层面发展的显著不同。在这一节中，我们以这三类典型的企业为案例，分别论述意大利工业革命时期这三种不同的工业化及其技术发展模式，从而更直观和深入地揭示意大利半岛工业革命和技术发展的特点。

1. 工业化的起步：两西西里王国的机械工业与技术发展

两西西里王国即意大利统一之前的由波旁家族统治下的意大利南部，其在地理上涵盖了整个意大利半岛南部和西西里岛。1130年圣诞节，罗杰二世（Ruggero II）在巴勒莫大教堂正式加冕为两西西里国王，该王国成为意大利半岛首个王国。在两西西里王国存在的最后几十年，尤其是1830年斐迪南二世当上国王之后，他实施了一系列振兴王国的措施，加强王国的军备和生产能力，希望以此来使王国摆脱对其他国家在军事和技术上的依赖。在此期间，两西西里王国通过引进先进设备建立起了铁厂、造船厂和机器厂，从而使意大利南部成为半岛机械工业化的摇篮。其中位于那不勒斯的皮埃特拉萨工厂毫无疑问是早期工业化最重要的标志。

皮埃特拉萨工厂最初源于两西西里王国海军的一家小机械厂，由海军上尉罗宾森（Willian Robinson）在安农齐亚塔（Torre Annuziata）创办。为了获得技术，"官员、铁匠和城镇工人乘船到了法国、比利时和英格兰，在那里他们获得的不仅是知识，还有基本的书籍、具体的资料，以及图纸"（Puca，2011）。1837年，企业迁至那不勒斯，这时正值斐迪南二世命令修建意大利首条铁路——那不勒斯至波蒂奇铁路，这家机械厂便成了意大利半岛最初的两辆火车机车的诞生地。实际上从技术层面严格地说，这两辆机车并非意大利本土的产品，而是由负责该铁路修建的法国工程师巴亚德（Armand

Bayard）在英国著名的史蒂文森机车基础上设计而成，机车的核心部件由英国企业龙格莱德公司（Longride and Co.）生产之后运到那不勒斯，再由当地的工人在英国工程师的指导下组装而成。

　　1839年10月3日铁路建成通车，为了满足铁路发展的需要，年轻的国王决定在皮埃特拉萨的海边建设更大规模的机械厂，并指派英国工程师罗伯斯顿（David Roberston）任该厂的技术指导。皮埃特拉萨工厂于1842年初步建成投产，为了能生产自己的火车头而不仅仅是修理和维护，在国王的直接命令下，该厂于1843年之后经历了一次大规模扩建，直到1853年止。这次扩建使皮埃特拉萨工厂成了当时意大利半岛最大的工业中心，被描述成一座先进的工业企业。企业在1853年雇用了近700名工人，拥有大型的铜铁铸造和蒸汽锤锻造设施，以及一系列机械加工设备，还有一个大型的组装车间，配有一整套适用于机车组装的设施及其动力设备（图3-6）。1841—1848年间，企业还创办了一所学校，以培养自己的技术工人。

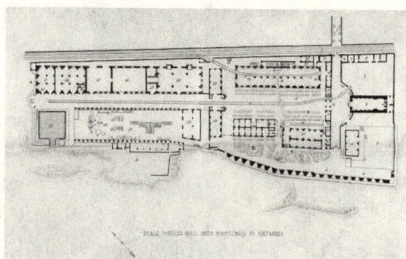

（a）皮埃特拉萨工厂的地图，由莫里（C. C. Mori）绘制于工厂建设完成时期

（b）关于皮埃特拉萨工厂大型组装车间的木刻画，画右角为一台瓦特蒸汽机

图3-6　19世纪50年代的工厂

　　1845—1860年，皮埃特拉萨工厂利用史蒂文森的设计许可，生产了20辆机车（Puca，2011）。其中头7辆生产于1850年之前，在工程师罗伯斯顿指挥下完成，部分部件由企业自产，其他部分则购于英国。除了轮轴外，第二批10辆则完全由皮埃特拉萨工厂自行设计和制造。当最后3辆拥有双动力的机车被生产出来之后，两西西里王国也灭亡了。1860年意大利统一之后，企业被意大利政府接收。虽然统一之后北部的机械工业迅速成长，但在最初的20年，皮埃特拉萨工厂仍然是意大利最大的机车制造企业，1861—1884年生产了148辆机车，占意大利本土产品的64%（Merger，1986）。

　　从工业与技术史的角度来看，皮埃特拉萨工厂可被视为统一之前意大利半岛上的一个国王致力于工业化的最初创业行为。从技术层面来说，19世纪30—40年代的两西西里王国并不具备工业化的基础。这样一个工业化行为完全出于国王斐迪南二世的个人强烈愿望，这是意大利半岛最初的机械工业化及其技术发展的主要动力。从理论层面上说，这是一个由外生因素引发的创业过程。为实现工业化和本土技术的发展，这一过程显然需要依靠对外的学习和技术的引进；而两西西里王国在18世纪末至19世纪与英国政府之间的良好关系，成为促使两西西里王国最初工业化过程中能够获得技术来源和实现技术学习的有利因素。从这一意义上说，两西西里国王可以被视为是那个时期意大利机械工业化的关键创业者，以他为核心形成了推动意大利机械工业化起步及本土技术发展的最初网络。（图3-7）

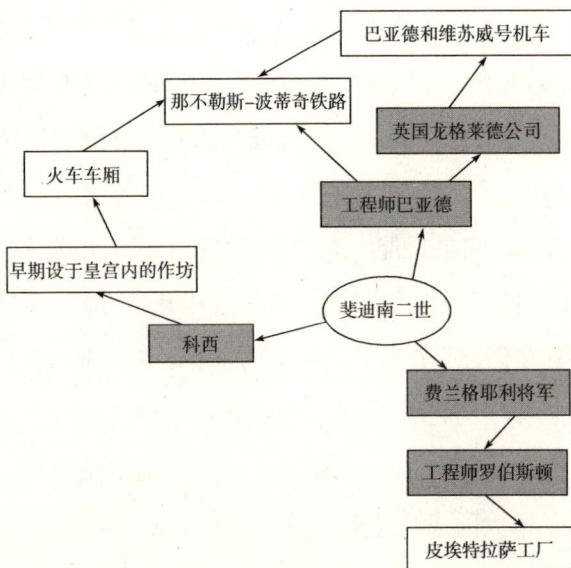

图3-7 1830—1860年两西西里王国的机械工业与技术发展中起主要作用的人员和机构网

2. 民族主义工业化思潮下的北部机械工业巨头的崛起：安萨多模式

对于历史学家来说，19世纪的意大利发展就是复兴运动（Risorgimento）的历史。兴起于皮埃蒙特-撒丁王国的复兴运动不仅将意大利半岛的北部地区推向了为民族统一而战的道路，也使经济发展的民族主义思想得以传播，而建设主要铁路网便是发展措施的一部分。1846年，皮埃蒙特政府出台了一个建设主要铁路干线的宏大计划，它参照法国的模式，将支线留给私人企业（Schram，1997）。19世纪50年代，皮埃蒙特的铁路干线网得到了迅速发展。值得注意的是，这一铁路干线网的建设成为刺激北部机械工业兴起的重要因素之一，尤其是在铁路机车和其他设施的制造领域。安萨多公司就是因此而发展起来的一个典型例子。

安萨多公司的创办可追溯到1846年，英国工程师泰勒（Philip Taylor）和皮埃蒙特人普兰迪（Fortunato Prandi）在热那亚附近的桑皮耶达雷纳（Sampierdarena）建立起一家制造和修理铁路设施的企业。泰勒是19世纪一名典型的英国工程师。受工业革命的影响，他致力于研究提高蒸汽机的性能，不仅于1822年发表了相关论文，而且发明了一种卧式引擎。更重要的是，泰勒极其渴望利用自己的技术知识和专利挣钱。在创办其在意大利半岛的企业之前，泰勒先后在伦敦、巴黎和马赛创办了自己的公司，利用自己的专利来生产和销售蒸汽机，在经历了伦敦和巴黎的挫败之后，他在马赛凭借向地中海地区的出口而取得了很大的成功（Raveux，2000）。1846年，泰勒被皮埃蒙特-撒丁王国政府吸引而到热那亚创办了这家工厂，旨在满足政府铁路建设的需求。泰勒对该企业寄予了很高的预期并进行了很大的投入，然而撒丁政府却将大部分订单给了英国和比利时的生产商，这使得泰勒的机械厂很快陷入财政困境。1853年，4名热那亚人在810 000里拉政府贷款的支持下接手了泰勒的企业。他们是银行家波姆布里尼（Carlo Bombrini）、造船厂主卢巴提诺（Raffaele Rubattino）、热那亚显贵和多家企业股东彭科（Giacomo Penco）以及大学教授、工程师安萨多。安萨多因其具有技术专长而成为企业的掌管者，企业也因此更名为安萨多公司。

安萨多是一名典型的意大利本土学者，他大学期间学习水利工程，1845年在热那亚大学获得数学博士学位，1846年成为热那亚技术学校的应用机械技术教授，1847年开始任热那亚大学数学教授。1851年，安萨多参观了伦敦博览会，并受其影响开始进行火车机车的设计。1854年，公司根据安萨多的设计，开始生产最初的两辆机车，从而成为意大利北部第一家火车机车生产企业（图3-8）。

　　从技术上说，为使机车适应意大利北部山区线路的特点，安萨多对这两辆机车的设计在提高速度和减少能耗上进行了诸多改进。机车所有主要部件均由安萨多公司制造，包括蒸汽动力系统、机械系统和车厢。两辆机车在1855年完工并立刻投入到都灵-里瓦里（Rivoli）铁路的运营。首次机车生产的成功使得安萨多公司从政府手里获得了更多的订单。到1895年安萨多去世之时，公司共生产了20辆火车机车。

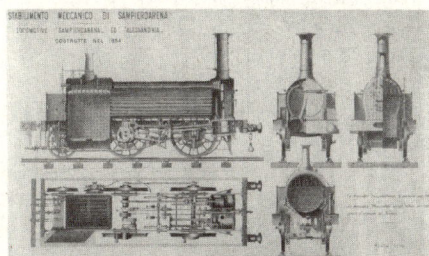

（a）桑皮耶达雷纳号机车的设计图，
1855年

（b）FS290和FS870型机车的
制造，1907年

图3-8　安萨多公司的机车制造

　　如前所述，政治的统一给意大利的铁路建设带来更好的前景，但在统一之后的头20年内意大利政府执行的是自由主义贸易政策，这导致约80%的机车订单给了国外制造商。19世纪80年代之后左翼政府开始实行保护主义经济政策，大力扶持本土重工业的发展，除关税保护外，还给予钢铁、机械、造船等行业直接支持。正是得益于来自政府和海军等方面的订单倾斜，安萨多公司在19世纪80年代进入了快速发展时期。除机车制造外，自1876年首艘轮船制造成功之后，公司将造船作为另一重要业务来发展，1889年已经能生产出拥有世界上最大动力系统的战舰，这标志着它在技术层面具备了与其他大型欧洲企业相抗衡的能力。到第一次世界大战结束时，安萨多公司已发展成为意大利最大的工业企业之一，业务涵盖铁路机车和其他铁路设施、轮船制造、军备制造和制钢。

与两西西里王国的皮埃特拉萨工厂不同，安萨多公司可以被视为意大利民族主义国家工业化道路的一个成功案例。安萨多公司从一开始就与复兴运动的领导政权及其带来的政治与经济前景有着密切联系。具体而言，其发展得益于以下方面：一是创业者是有技术专长的工程师和企业家。安萨多公司最初创办的主要动力来自英国工程师泰勒对利用其所拥有的技术挣钱的欲望，如果放在欧洲大背景来看，安萨多公司实际上就是欧洲工业革命时期由工程师扮演的企业家角色在欧洲各国通过办企业和销售新型机械产品而带来的技术传播大潮的一环。此外，接手并负责掌管企业的安萨多本人也是一名技术专家，这也说明，到19世纪中后期，意大利北部因其与欧洲其他地区的频繁交流，已初步拥有机械工业化的技术基础。二是来自国家的支持。如果说以上是推动意大利北部地区大型机械制造业发展的技术内在动力的话，那么复兴运动、政治统一及后来的国家支持，则成为刺激安萨多公司发展的最重要的外部因素。首先，4名接管企业的意大利人代表着新兴的企业家阶级，他们所处的位置使其意识到意大利的统一和经济发展之间的密切联系。例如波姆布里尼是热那亚银行的主要掌管者，该银行后来成为国有银行，而且是复兴运动领袖加富尔的主要支持机构（Row，1988）[6-7]。这些企业家创建安萨多公司的目的不仅仅是经营一个铁路设施的修理厂，而是看到了国家统一所带来的希望。其次，安萨多公司在19世纪80年代之后的快速发展，直接受益于1885年意大利政府的铁路协定所给予本土企业的优先权，以及海军装备计划的支持，这是左翼国家政权为振兴民族工业而采取的一系列措施的有效成果。可以说，如果没有政府作为"重工业代理人"的支持，在技术、生产规模和人员上都不具备优势的安萨多公司是不可能在强大的欧洲其他企业的竞争压力下迅速发展壮大的。从这一意义上来说，以安萨多公司为代表的意大利北部大型机械制造业及其技术的发展与政治统一和民族主义的工业化政策密不可分。

3. 更活跃的新兴中小型企业的技术发展：意大利北部涡轮机工业

在著名的大型制造业依靠保护性政策而发展的同时，19世纪后半期，更多的中小型机械企业因意大利北部本土企业家活跃的创业行为而兴起。据统计，1864年意大利半岛的机械企业中，中型企业占了最大的份额（表3-9）。由于早期意大利机械市场困难和复杂的形势，这类企业的发展结果各不相同。破产和兼并频繁发生，这种异常活跃的企业家行为，无论结果如何，使得意大利在一些特殊领域的机械制造技术得到显著发展并实现了技术自立，与水电密切相关的涡轮机制造就是这样一个行业。里瓦公司和它的众多前身是19世纪中后期北部活跃的这类企业家行为及其推动的技术发展的典型案例。

表3-9　1864年意大利的机械企业数量（Giordano，1864）[355—373]

省份	LE	ME	SE	合计
安科纳Ancona	1	1	0	2
贝加莫ergamo	0	0	1	1
博洛尼亚Bologna	0	2	0	2
布雷西亚Brescia	1	0	1	2
卡里亚利Gagliari	0	0	1	1
科莫Como	0	3	0	3
克里安诺Cuneo	1	0	0	1
佛罗伦萨Firenze	1	3	0	4
热那亚Genova	4	3	1*	8
利沃尔诺Livorno	0	0	3*	3

省份	LE	ME	SE	Total
鲁卡Lucca	0	1	0	1
米兰Milano	2	3	1*	6
摩德纳Modena	0	0	1	1
那不勒斯Napoli	3	2	2*	7
诺瓦拉Novara	0	3	5	8
帕勒莫Palermo	1	0	1*	2
皮亚琴察Placenza	0	0	1	1
比萨和普拉托 Pisa e Prato	0	0	2*	2
锡耶纳Siena	0	1	0	1
佩鲁贾Perugia	0	2	0	2
都灵Torino	2	4	0	6
其他	5	3	4*	12
合计	21	31	24	76

注：LE 指雇员超过250人的企业； ME指雇员在50—250人的企业； SE指雇员少于50人的企业。带 *号的数字为估算

　　里瓦公司前身的创办最早可追溯到1861年9月29日，帕奥罗蒂（Antonio Paolotti）和其他工程师在米兰创办了一家"制造和销售机器和蒸汽设备及其他设备"的工厂。1867年，毕业于米兰理工大学的工程师波罗（Hercules Porro）以25 800里拉的资金加入了帕奥罗蒂的企业，并接手了企业技术上的管理工作，波罗的加入成为这家企业的一个转折点。值得注意的是，这两名合伙人帕奥罗蒂和波罗有着完全不同的背景。帕奥罗蒂是一个长期在军队里做工匠的文盲，而波罗则是在理工大学里受过良好的机械工程专业教育的工程师，是掌握新技术知识并致力于将其用于生产实践的新兴管理阶级的一员（Bigatti，1988）。

由于年轻工程师波罗的才能和良好的资金状况，帕奥罗蒂的工厂运营良好。1874年，公司更名为帕奥罗蒂-波罗公司（Paolotti, Porro & C.）。1875年，波罗购买了帕奥罗蒂的股份而将公司更名为波罗公司（E.Porro & C.）。然而，波罗很快于1876年去世，其遗孀决定将公司经营权交给米兰农业学校的教授和工程师莫诺西尼（Giovanni Morosini），随着新股东的加入，企业很快更名为科伦-坡加里贝蒂-波罗公司（Porro & C. di Colombo & Galimberti）。1879年，公司一位股东的弟弟加里贝蒂（Ernesto Galimbertti）成为该企业的技术总管，莫诺西尼则负责企业的管理工作。

科伦坡-加里贝蒂-波罗公司是米兰19世纪末典型的中小型机械企业，由于没有政府的支持，这些企业需要依靠自己寻找资金而生存下来。19世纪80年代，科伦坡和加里贝蒂家族持有企业三分之一的股份，而大多数其他股东来自于工程师、教授或商人等圈子，且他们或是该企业掌管者的亲戚，或是他们的朋友或熟人。企业在19世纪80年代后期很快陷入困境。1887年企业开始涡轮机的生产，但也无法改善其状况。1888年末，加里贝蒂决定将企业清算并与里瓦公司谈判，使两家企业合并，加里贝蒂减持50%的股份。

里瓦公司于1872年由里瓦创办。里瓦是一名毕业于米兰理工大学的年轻人，在创办里瓦公司之前，在瑞士的一家企业找到毕业后的第一份工作。1887年，另一名工程师蒙莱特（Ugo Monneret）加入企业，蒙莱特曾在苏黎世联邦理工学院（ETH Zurich）学习，并效力于瑞士的一家传统的水力涡轮机生产企业。在兼并了加里贝蒂的企业之后，里瓦公司于1889年开始生产涡轮机，并将此作为主营业务而逐渐地放弃了其他业务。1894年公司更名为里瓦-蒙莱特公司（A. Riva, Monneret & C.）。

在英国的《工程师》杂志1906年关于意大利工业的报道中，里瓦公司被认为是"一家这样的意大利企业，它们为水电科学在意大利的传播并使其应用完全本土化做出了贡献，而且消除了意大利水电装备对国外的依赖"。1893年，里瓦为波代诺内（Pordenone）中心电站提供了450马力的涡轮机，并开始使用与水平轴直接耦合的弗兰西斯式反应类型。两年之后，公司成功地为意大利第一个大电站安装了5台涡轮机，其中3台为750马力，2台为100马力，并因此而使订单接踵而来。

紧接着在不长的时间内，里瓦公司为意大利几家重要的电站都提供了涡轮机，这使得企业很快获得了很好的声誉并在1899年获得了来自加拿大汉尼顿卡塔拉（Hanniton Cataract）电力公司的订单，为其生产了两台3 000马力的用于高落差（78米）的弗兰西斯式涡轮机（图3-9）。除了为2~100米的水流落差生产大型或小型的弗兰西斯式涡轮机外，公司还因其发明的佩尔顿（Pelton）涡轮机而著称，这一机型在水压控制器和自动燃油调节器上做了专门的改进。这些发明据称解决了困扰水力工程师多年的技术难题，在20世纪初被许多国家使用。1911年，在工程师乌切利（Guido Ucelli）的建议下，为了能给大型水电站提供完整的设备，里瓦公司开始生产水泵。1923年，里瓦与

图3-9　里瓦公司为高落差水流生产的弗兰西斯式涡轮机

另一涡轮机生产商卡尔佐尼（Calzoni）签订协议，合并成立了意大利最大的涡轮机生产企业——里瓦-卡尔佐尼制造公司（S.A.Costruzioni Meccaniche Riva reunite A.Riva-A.Calzoni.）。

里瓦公司的早期发展道路是19世纪后半期意大利北部新型机器制造业活跃的企业家行为的典型例子。与安萨多公司这样的大型企业不同，推动这些中小型企业发展的正是米兰等地本土的年轻技术人员，这些创业者通常与米兰本地的技术教育机构有着密切的联系，尤其是米兰理工大学。当企业成立之后，通常会因为企业财政或运营状况的变故而不断地有新的本地工程师或教授加入，他们中的大多数亦来自米兰理工大学等机构。公司的名字也会因管理者或股东的变更而频繁改动（图3-10）。这种频繁变更的历史对于意大利中小企业的发展来说非常常见，而正是由于这样的不稳定的创业过程，意大利北部新兴机械制造技术才得以实现发展和本土化。

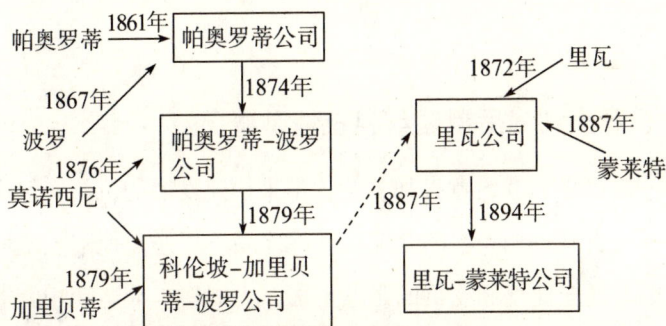

图3-10　19世纪里瓦公司的发展

另一方面，里瓦公司的发展模式也代表着意大利工业革命时期以水电业及其机器制造为代表的新兴产业领域的发展路径。实际上，19世纪末至20世纪初意大利本土中型机械企业所涉及的领域多数为欧洲第二次工业革命中发展起来的新兴产业。而正如前所述，由于意大利本土煤炭资源的缺乏，水电业在19世纪末至第一次世界大战期间迅速兴起，这无疑为北部掌握新技术的工程师和企业家们提供了新的商机，从而带动本土涡轮机等水电站设备制造企业的发展。与此同时，这些中小型企业的发展在没有像大型传统制造业那样获得政府支持的情况下，依靠来自米兰理工大学等机构的年轻技术人员频繁的发明和技术创新而得以生存，再加上本地活跃的关系网总能为处于不利境况下的企业找到资金上的出路。这种颇具意大利特点的中小企业生存模式一直延续至今，成为支持意大利现代经济发展的独特的社会因素。

第四节　战后意大利的科学技术与经济发展

一、意大利战后重建与科技体系概况

第一次世界大战给意大利工业化带来快速发展的机会，但由于战争中的极度发展，相当多的企业在一战之后不可避免地陷入困境。随之而来的是高失业率和物价的迅速上涨，大规模工人运动相继爆发，加之战争之后数以百万计的复员军人处境困难，这使得当时重新执政的乔利蒂政府备受指责，20世纪20年代初的意大利陷入了一种经济、社会、思想和政治都非常混乱的状况。在这种气氛下，由墨索里尼创建和领导的法西斯运动得到迅猛发展，利用乔利蒂政府当局的软弱和默许，法西斯组织通过向当时最强大的社会主义阵地施行暴力而站稳了脚跟（萨尔瓦托雷利，1998）[560]。1922年10月28日，墨索里尼通过法西斯组织发动"向罗马进军"的行动，成功地迫使国王邀请其组织内阁（赫德 等，1975）[376]。意大利由此进入了一个长达20年的法西斯统治时期。

1945年第二次世界大战结束，走出战争和法西斯统治的意大利进入了一个重建和快速发展的时期。1946年6月2日举行了公民投票，以此决定实行君主制或共和制，结果共和制胜出，意大利成为议会制的民主共和国。在经济重建方面，1947—1948年间意大利加入了美国国务卿马歇尔提出的"马歇尔计划"，欧洲国家达成经济合作协议。意大利在1947年冬即获得了来自美国的价值17 600万美元的食物和原料，1948—1952年获得来自"马歇尔计划"的援助共计151 900万美元的补贴和9 600万美元的拨款（威利斯，1976）[26]。美国援助对意大利的经济恢复和工业复兴发挥了很大作用。意大利在20世纪50—60年代初期经历了一个经济快速增长的黄金时期，并在60年代后缩小了与英、法、德等国的差距，跻身主要工业国的行列。

在工业化迅速发展的同时，二战后意大利在科技体系方面也经历了重建和发展。为应对大科学时代的挑战，国家对有组织的科学研究活动逐渐重视，科研体系在二战后至20世纪60年代发生实质性的演变和发展；到20世纪90年代，已形成一个相对稳定的科技及其决策体系（图3-11）。在这一体系中，意大利科学技术的研发主体主要由公共研究机构、大学和企业构成，公共研究机构与大学执行了70%~80%的政府研发资金，而企业投入的研发经费占意大利总研发费用的40%以上，就总体而言，企业每年都执行了超过50%的研发经费。值得一提的是，公共研究机构的组建和发展是战后意大利科研体系演变的一个重要特征。为改变意大利科研相对落后的状况，也为了适应大科学时代的科学发展特征，意大利政府在20世纪50—60年代逐渐认识到提高政府在组织和管理科学技术事业中的重要性。

在一些活跃于前沿领域的科学家的努力下，国家研究委员会的组织和职能发生了根本性改变并发展成全国规模最大的公共研究组织。政府组建了诸如国家核物理研究院、国家新技术能源与环境委员会这样的核能研究公共组织。核物理在二战后20年左右的时间内一度成为意大利最优先发展的领域，是使意大利在战后能够保持与国际科学前沿同步发展的一个主要平台。

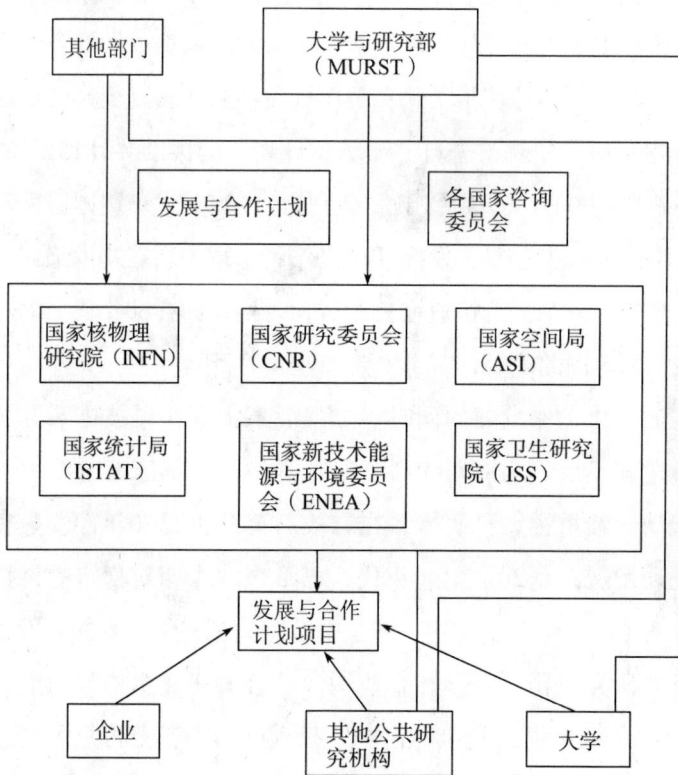

图3-11 意大利研发体系结构

二、国家研究委员会的成立、变迁与作用

1. 国家研究委员会的创办和法西斯时期的变迁

意大利国家研究委员会（Consiglio Nazionale delle Ricerche，简

称CNR）成立于1923年10月18日，即墨索里尼执政时期，但其缘起可追溯到第一次世界大战时期。战争刺激欧洲各国将研究活动与工业和军事应用有组织地联系起来，如英国在1915年夏成立了发明和研究委员会（the Board of Invention and Research）以及军火发明部（the Munitions Invention Departemnt）。1915年11月，法国设立国防部发明指导委员会（Direction des Inventions Interessant la Defense Natinale），以此取代之前的军事发明检查委员会的工作，并设置大学和工业实验室在战争亟需的领域展开研究工作（Guerraggio et al.，2012）[90]。这种以协调科学、工业、军事三方力量为目的的新型组织的创办热潮对意大利科学和工业界产生了影响。1916年7月，在意大利科学促进会（Societa Italiana peril Progresso delle Scienze，简称SIPS）的支持下，国家科学技术委员会（Comitato Nazionale Scientifico Tecnico，简称CNST）成立，其宗旨是促进工业界和科学技术界之间更好地合作。值得一提的是，该委员会成立的推动者为前文提及的米兰理工大学的第二任校长、意大利爱迪生电力公司的创办者科伦坡。1916年8月28日意大利在协约国的压力下对德宣战，法国数学家、时任巴黎高师校长波莱尔受其好友和数学家及政治家潘勒韦（Paul Painleve）的委托访问了意大利并会晤数学家和参议员沃尔泰拉（Vito Volterra），以推动协约国之间，特别是法国与意大利之间在武器研究和技术开发上的合作，尤其是希望与意大利建立起以组织为基础的科研合作关系。在此背景下，沃尔泰拉于1916年11月就协约国武器研发事宜访问法国，回国后他向国防部长提交了一份详细的报告，提出建立一个类似于法国的发明指导委员会（French Direction des Inventions）的机构。这导致1917年3月发明局（Office of Inventions）的成立，由沃尔泰拉领导（Guerraggio et al.，2012）[93-94]。1918年，发明局更名为发明与研究局（Invention and Research Bureau），通过这一政府部门的建立和运作，沃尔泰拉不仅将发明与研究局发展成联结科学、工业和军事三方力量的一个活跃的轴心，而且通过其个人在科学界的良好关系加强了与协约国之间的科研合作。

战争使参战各国看到了科研与工业和军事之间合作的必要性，也推动了国家之间基于实际应用的科研和技术合作，第一次世界大战的结束并没有减弱这一趋势。1918年10月来自协约国集团的英国皇家学会、法国科学院、意大利林琴学院、比利时皇家科学院和美国国家科学院的代表在伦敦召开会议，认为应尽快建立一个新的国际科学团体并吸收包括中立国在内的国家参与，这对于促进科学及其应用是非常有益的。1918年11月在巴黎召开更大规模的会议，邀请9个中立国参与，确定新的国际科学团体的名称为国际研究理事会（International Research Council，简称IRC）。沃尔泰拉作为意大利林琴学院和发明与研究局的代表出席会议，并成为IRC正式成立之前的临时委员会的成员之一，1919年7月，IRC在布鲁塞尔召开正式成立会议（Greenaway，1996）[21-23]。

实际上，为实现IRC的成立，1918年的伦敦会议就向各参会国建议成立各自的"国家研究理事会"。沃尔泰拉从巴黎会议回来之后，就致力于成立意大利的国家研究理事会。在他和其他来自科学和工业界的同行的推动下，1919年2月17日意大利总理奥兰多（Vittorio Emanuele Orlando）颁布了一部法令，将组建一个负责起草国家研究理事会法规的委员会，提出国家研究理事会将吸收一些已存在的机构，包括发明和研究局、科学技术委员会化学工业委员会以及航空研究所，并将利用与林琴学院已有的合作关系。委员会成员包括财政部长斯特林格（Bonald Stringher）和副部长康蒂（Ettore Conti），以及上述机构的负责人。所列国家研究理事会的宗旨和构成基本上是参照伦敦和巴黎会议的内容（Guerraggio et al., 2012）[104]。1919年法令的颁布标志着意大利国家研究委员会进入了正式筹备阶段，但成立计划在之后意大利的政局动荡中被搁置甚至一度被放弃，直到墨索里尼执政之后，这一计划最终得以实现。墨索里尼政权之所以这么快地将CNR计划付诸实现，是因为墨索里尼想以此作为意大利重回政局稳定的标志而获得更多的支持，并重新唤起民族主义者对技术立国的关注。因此他大力提倡恢复那种在战争中采取的调动一切国家资源的政府干预模式，而这种模式是之前的尼蒂（Nitti）和乔利蒂（Giolitti）政府都尽力避免的（Guerraggio et al., 2012）[107-108]。在这种背景之下，组建CNR的法令在1923年11月18日正式通过，其总部设在位于罗马的林琴学院。1924年1月，在林琴学院的推荐下，沃尔泰拉被选为CNR的第一任主席。

正式成立的CNR的宗旨仍然与IRC相同，在结构上以按学科组建的国家委员会为基础，各委员会的主席和秘书长以及来自外交部、公共教育部、林琴学院的各一位代表共同组成CNR理事会。在这个时期，已经成立的有天文学、大地测量和地球物理学、数学、无线电电报科学、化学、地理学，以及物理学委员会（Guerraggio et al., 2012）[109]。CNR成立之后，主要作为国际科学合作和交流活动的代表而出现，所获得的资金有限，仅能满足国际交流活动。

1927年，墨索里尼通过CNR的改革将意大利的科研活动置于他的掌管之下。此时CNR已拥有10个学科委员会，与之前不同的是，各委员会直接由委员会主席和理事会管理，主席和理事会人选由政府直接任命，委员会主席拥有包括任命委员会成员的大权，并直接向政府首脑负责（Cassata et al., 2011）[186]。1927年9月，墨索里尼政府任命

无线电报的发明者、诺贝尔奖获得者马可尼（Guglielmo Marconi）为
CNR的第二任主席。1928年1月1日，墨索里尼给马可尼去信，信中提
出CNR必须作为一个能承担起彻底统一和规范意大利科研活动的职能
机构，并直接列出了CNR的5项根本任务：

第一，必须将意大利的实验室以及好的博物馆体系化，使科学、
技术和工业实现有目的的发展，而不能白费资源。

第二，CNR必须确保意大利在国际科学技术交流中符合国家形
象。因此，禁止任何非官方的意大利代表团出国进行科技交流，除非
由CNR推荐并由墨索里尼批准。

第三，在意大利境内举办的任何科学技术方面的会议，无论是国
内还是国际性的，都必须统一管理，这些会议必须经CNR主席推荐并
由墨索里尼批准才能举办。任何意大利团体在没有墨索里尼的授权下
均无在意大利筹办国际科学会议的权力。

第四，CNR必须承担编辑意大利科学技术书目的任务[①]。由于意
大利科学技术发展对于经济发展的重要性，因此意大利政府必须对科
学家的活动进行评价和记录。任何人必须充满热情地配合这项国家任
务，任何人必须随时准备回答CNR的质询。墨索里尼要求所有地方政
府以及公共团体必须支持这项真正的法西斯事业。

第五，CNR应该统一负责对各政府部门的科学技术信息咨询的功
能，保证提供及时和准确的信息，以减少目前各部门在这一方面各自
耗费的金钱和精力。

墨索里尼所列的这5条意味着CNR由此成了一个完全为法西斯政

---

① 这里指的是由法西斯政权组织的《意大利百科全书》的编辑，这套百科
全书于1937年出版，词条以反映法西斯主义思想文化为主旨。

权服务的机构，意大利科学家从事科学技术活动和交流的自由被剥夺。通过这样的机制，意大利科学在墨索里尼时期成了法西斯政权的工具。

2. 第二次世界大战之后国家研究委员会的发展和作用

1948年，CNR被改组为一个直接向内阁部长会议（the President of the Council of Ministers）负责的永久性公共机构。直到1965年之前，CNR的主要职能可以用"资助"来概括，其作用为"以各种资助的形式（拨款、奖励基金）来促进实验室的建立和发展，资助研究机构和研究人员，协调意大利不同学科领域的科研活动"。它按学科下设7个国家委员会，分别为数学，物理，化学，工程，医药和生物科学，农业和畜牧业，地质学、地理学和海洋地理科学委员会。委员会主要负责咨询和制订本学科的研究计划，决定研究计划的资助（Minerva，1964）[225]。

20世纪50年代至60年代初，意大利进入一个经济高速增长的时期，1948—1962年，国民总收入年增长率平均为6%，名列欧洲第二位。1951—1961年，工业生产年增长率和毛投资年增长率分别为8.3%和9.9%，工业从业人员占全体从业人员的比重从29.4%增长到37.4%，工业和第三产业取得了显著的发展。可以说，意大利自19世纪末工业革命发生之后经历了一个长时间的"助跑"，终于在20世纪60年代初缩小了与英国、德国和法国的差距，超过了曾经高于它的比利时、瑞典和荷兰（瓦莱里奥，2000）[247-249]。这一时期也被一些经济史学家们称作意大利的经济奇迹时期。

这一时期意大利的经济发展建立在以下条件下：一是美援和一系列国际贷款用于机械、钢铁和冶金部门的机械设备现代化，带来了工业生产能力的提升；二是意大利战后选择了自由对外贸易政策，相对于其他欧洲国家来说，意大利劳动力工资增长缓慢使其拥有丰富的廉价劳动力，加上设备和管理技术的引进，极大地提高了生产率。这两个因素使意大利出口产品具有巨大的竞争力，出口生产因此成为工业与经济发展的重要推动力。此外，天然气等新能源替代燃煤也成为这一时期经济增长的另一动力。从技术进步对经济的贡献角度来看，可以认为，意大利20世纪50—60年代发生的经济奇迹主要来自外援而带来的技术引进和生产能力的提升，以及生产结构性调整带来的生产率增长远高于劳动力成本的增长所产生的出口竞争力（瓦莱里奥，2000）[435]。相对来说，意大利本国自身的技术创新投入和产出明显偏低。

1962—1964年，意大利经济增长放缓，出现了对外贸易和国内工业投资下滑、失业率增大等一系列问题，这迫使意大利执政者更深入地思考和探讨经济增长的动因和模式，开始审视意大利科学与技术发展的不足。另外，受美国战后在布什报告《科学：无止境的前沿》（*Science：the Endless Frontier*）的影响下采取的国家层面支持基础研究的政策的影响，从50年代末到60年代初，希望有一个更具活力、更有凝聚力和内容更充分的科技政策的呼声在意大利从学术界扩散到政界。1961年12月，当时的执政党天主教民主党（Democrazia Cristiana，简称DC）主持召开了一次关于意大利科研政策的讨论会，从意大利科研与经济发展、高等教育的关系，以及意大利科研经费、组织和政策制定等各方面来反省意大利相对于其他欧洲国家的不足，呼吁在国家层面建立更强有力的科研体制（Minerva，1964）。这一呼吁导致了1963年3月2日的283号法令的出台。新法令在意大利现有各部门的框架下整合科研的组织与发展，成立跨部门重组委员会（the Interdepartmental Committee for Reconstruction），该委员会与公共教育部、国防部和研究协调部一起负责推动科学技术研究的发展，形成和协调国家层面的研究计划，并监督研究计划的管理。该委员会至少每4个月召开一次会议，而CNR的主席必须参加该委员会的会议。

此外，1963年的法令专门对CNR的组织和职能进行了重新规定。CNR负责每年向跨部门重组委员会提交意大利科研状况年度报告，以及资助给意大利公共机构和研究所的年度和多年度研究计划。CNR的各学科国家委员会成员人数由72人增至140人，人员的构成较之前更为多元化。1960年CNR的72名国家委员会成员中有80%为科学领域的大学教授，5%为非大学的科学家，另外15%为政府各部门的代表。而新法令规定，国家委员会成员中48人应为科学和技术领域的大学教授，24人为法律、政治和社会科学、历史、哲学、文学、经济和统计领域的大学教授；16人来自科学和技术领域的大学助理和讲师，8人来自上述人文科学领域的大学助理和讲师；20人来自非大学的研究机构的专家和研究人员，12人应由内阁部长会议在农业和工业领域专家中任命，剩余12人由上述成员共同选出。在研究机构层面，CNR除了组建和管理属于自己的研究所、实验室和其他研究组织外，还以签订合同的形式，利用附属于大学和其他私有和公共部门的研究机构（Minerva，1964）[230-231]。

20世纪70年代以后，CNR发展成意大利最大规模的公共研究组织，随着1979年其科技管理职能逐渐移交给新成立的大学与研究部，其主要职责被界定为在意大利科学、技术、经济和社会发展中的各主要应用领域，承担、推进、扩散、转移和改善各类研究活动。1975—1987年，CNR相继启动了3代共44个有针对性的研究计划。1998—1999年，CNR再次进行改革，将原有的15个研究领域归并为基础科学、生命科学、地球与环境科学、社会与人文科学以及技术、工程与信息科学5大领域，将314个研究所合并为108个。进入21世纪，CNR

根据科学发展和意大利自身的特点再次进行了调整；2011年之后，其拥有的109个研究所分别归属于7个学部，即地球科学与环境技术学部、化学与材料技术学部、物理科学与物质技术学部、农业食品与生物科学学部、能源与交通科学和技术学部、生物医学学部、人文社科和文化遗产学部。如今，CNR拥有超过8 000名雇员，其中包括4 000多名研究人员和2 000多名技术专家与技术员。CNR成为一个旨在依靠其自己的研究机构来实现推动国家工业系统的创新和竞争能力，推动国家研究系统的国际化，为公众和私人所需提供技术支持和解决办法，为政府和其他组织提供咨询，以及为培养高质量人才做出贡献的庞大的研究体系。

从研究领域来看，CNR作为意大利最大的公共研究组织，其50%以上的研发活动为应用研究（applied research），约30%的研发为基础研究（basic research）。例如从20世纪70年代中期CNR启动了3个五年研究计划，时间分别为1976—1981年、1982—1987年、1988—1993年，这些研究计划旨在满足当时国家社会经济发展的最新需求。第一个五年研究计划投入了近7 000亿里拉资金，其中25%投入能源领域的研究，22%投入环境方面的研究，15%投入到工业领域，其余38%的经费用于其他研究（图3-12）。第二个五年计划投入了约10 000亿里拉，其中近一半投入到了先进技术领域，24%用于健康领域研究，能源研究使用了15%的资金，环境研究占10%，其余为7%（图3-13）（Hidalgo，1997）[236-237]。1988—1993年度的五年研究计划因遭遇欧洲经济危机而使资助金额大幅削减，但获得资助额最大的仍然是与先进技术有关的领域，这次的资助金额在各领域的分配如表3-10（OECD，1992）[47-48]。

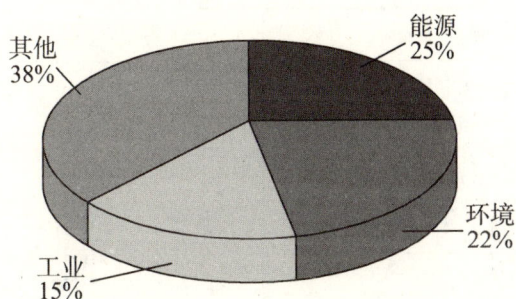

图3-12 CNR第一个五年计划项目资助分布（1976—1981年）

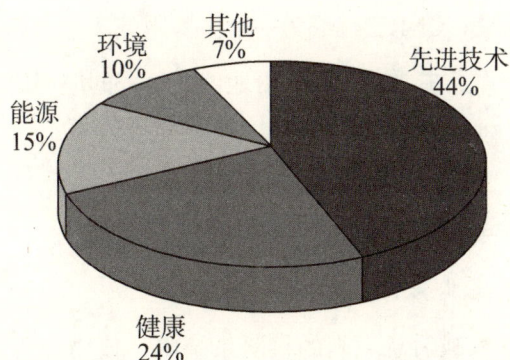

图3-13 CNR第二个五年计划项目资助分布（1982—1987年）

表3-10 第三个五年计划先进技术领域资助金额分配情况
（1988—1993年）

领域	资助金额/10亿里拉
电子通信	78.5
机器人	67.8
光电技术	52.9
精细化工	95.9
先进制造技术的新特殊材料	85.4
超导和低温技术	41.7

续　表

领域	资助金额/10亿里拉
意大利企业的国际化和出口发展的服务与组织	10.6
信息与并行计算系统	63.8
生物技术和生物仪器	84.4
建筑工程	115.3

从上述研究计划的资助分配情况不难看出，经过第二次世界大战后几十年的发展，CNR已经成为一个主要服务于意大利社会经济发展的需要、研究重点主要在具有前沿地位的急需的应用研究和应用基础研究的大型科研组织。

三、核物理研究在意大利的优先发展

1. 费米团队及其影响

第二次世界大战后意大利的科研系统中，核物理研究是一个不可忽略的部分，其突出地位显著地体现在国家资金的投入上。1960—1961年，意大利在科学研究上的政府资金投入为390亿里拉，其中210亿里拉投入到了国家原子能委员会（Comitato Nazionale per l'Engergia Nucleare，简称CNEN）；相比之下，同年度CNR的预算仅为42亿里拉（Minerva，1964）[215-216]。从学科发展上看，核物理在战后意大利科学研究中的这一突出地位，很大程度上源自20世纪30年代意大利人费米（Enrico Fermi，1901—1954）在该领域的成就及其影响。

费米是20世纪上半叶伟大的物理学家之一，他于1938年"因用中子辐射原子核产生放射性同位素以及相应地用慢中子引起核反应"

而获得诺贝尔物理学奖。他为了保护家人不受墨索里尼政府的迫害而在赴瑞典参加颁奖典礼之后即移民到美国，但帮助他得奖的重要发现则是在意大利完成的。费米出生于罗马，他所受的全部教育都来自意大利，在完成了比萨高等师范学校和比萨大学物理学专业的博士学业之后，他于1923—1924年在德国哥廷根大学和荷兰莱顿大学进行了短期的访问，1924年回到意大利并在佛罗伦萨大学任职。1927年，费米成为罗马大学的理论物理学教授，在这一教席上一直任职到1938年离开意大利。正是在罗马大学的10年时间里，费米和他的团队取得了令人瞩目的发现。在费米的年长同事——时任意大利王国的参议员、罗马大学物理研究所主任、实验物理学教授科尔比诺（Orso Mario Corbino，1876—1937）的大力支持和保护下，罗马的费米团队在1928年组建之后的6年中发展成为世界著名的核研究中心而极少受到外界政治和经济上的困扰。

罗马的费米团队是一个由年轻人通过私交和共同的兴趣而形成的一个特殊群体，因年轻而且关系亲密，这一团队被人们称为"潘尼斯佩尔纳街男孩"（Via Panisperna boys）（图3-14）。除了费米，这一团队的成员还有阿马尔迪（Edoardo Amaldi）、达戈斯蒂诺（Oscar D'Agostino）、马佐拉纳（Ettore Majorana）、庞蒂科夫（Bruno Pontecorvo）、拉赛蒂（Franco Rasetti）和塞格雷（Emilio Segre）。1938年之后，因政治环境的恶化，加上他们的保

图3-14　1934年潘尼斯佩尔纳街男孩在罗马大学物理所的院子里合影，从左到右依次为：达戈斯蒂诺、塞格雷、阿马尔迪、拉赛蒂、费米

护者科尔比诺去世，包括费米在内的大部分团队成员选择了移民。留在意大利的阿马尔迪在战后成为重建意大利物理学研究的主要推动者。实际上，在费米离开意大利之前，罗马大学的物理研究所已经由旧址迁至为实现法西斯体制而建成的新大学城，更名为马可尼物理研究所（Guglielmo Marconi Institute）。1937年，费米与同事阿马尔迪、拉赛蒂在CNR的资助下建造了一个中子发生器，这一装置于1938年末至1939年初开始投入使用，而此时费米已移民美国。1939—1941年期间，留下来的阿马尔迪与由其他大学聚集而来的几个物理学家一道，利用这一中子发生和加速装置进行铀裂变的研究（Rubbia，1991）[6]。可以说，正是他们的工作使罗马的费米团队及其传统得以继续，并成为战后意大利核物理研究得以重新确立其主导地位的重要因素之一。

由于战争中阿马尔迪及其罗马大学团队在与核物理相关的研究工作上的坚持，使得战后罗马大学的物理研究所得以几乎没有中断地继续研究工作，研究重点主要在核物理和宇宙射线两个方面；在此基础上，罗马大学马可尼物理研究所于1945年成立了核物理与基本粒子研究中心（Centro di Studio della Fisica Nucleare e delle Particelle Elementari）（Rubbia，1991）[8]，实际上这两个方面也是战后意大利物理学保持领先的主要领域。

2. 科研建制的转变：专职科研人员、独立科研机构及科学家的抗争

除了罗马大学物理所在学术上继承的费米及其团队的传统之外，意大利战后在核物理研究上的优先发展还在于独立研究机构的建立。在此之前，意大利科研活动集中于大学，科研体系围绕名额相当有限的终身教授而建立起来。尽管CNR于20世纪20年代开始建立，但这一

组织在创办之初更像是一个宣传工具而非研究组织。战争结束后这一状况并未马上改观，CNR作为资助者，反而被少数的终身教授控制，资金被分割与分配给各个大学里的小团体和机构进行着小规模的相对低效的研究工作，这一状况实际上与CNR的促进合作与协调意大利科研活动的宗旨是相悖的（Cambrosio，1985）[467]。在这一体制下，一方面，年轻人如果想从事科研工作，只能在大学里谋取职位，但科研活动受控于少数终身教授，缺少鼓励年轻人在新的前沿领域充分发展的机制，从而导致年轻学者们纷纷移民国外。另一方面，意大利本土一些处于国际前沿地位的教授，尤其是站在核物理研究前沿领域的教授也对意大利科研体制和机构的现状不满，认为在意大利以大学为主的科研机构与政治经济权力结合太过紧密，造成资源分散且阻碍科学向最前沿发展，而且也影响CNR的决策（Cambrosio，1985）[467-468]。在此状况下，以阿马尔迪为代表的处于核物理研究前沿的物理学家开始寻求在大学之外设立由政府支持的研究机构，希望获得财政和组织上的独立，并能独立实施科研计划，进而使他们所在的大学研究机构获得更大的支持。

正是在此环境下，与核物理有关的两个新组织在1952年前后得以成立，即国家核物理研究院（Istituto Nazionale di Fisica Nucleare，简称INFN）和国家核研究委员会（Comitato Nazionale per le Ricerche Nucleari，简称CNRN）。国家核物理研究院在一开始只是由大学的高能物理研究机构组成的联合体，其目标在于通过合作来使稀有的资源得到积极的利用，其另一目标是组建一个独立的研究中心并配备同步加速器。INFN的第一任院长为罗马大学的阿马尔迪，1953年其负责宇宙射线研究的同事提出建造1 100 MeV的电子同步加速器的计划，立即得到了阿马尔迪的积极响应和支持。1953年弗拉斯卡蒂（Frascati）的同步加速器开始建造，于1959年完成，在此基础上弗拉斯卡蒂国家实验室成立，并相继建立了正负电子对撞湮灭环（ADA）、正负电子对撞机、双环正负电子对撞机等设施，成为INFN最大的国家实验室。

CNRN在1957年之前隶属于国家研究委员会CNR，致力于核能的和平利用和开发。实际上，有组织地进行核能的和平利用的研发在意大利始于1946年，米兰的一群物理学家和工程师在阿尔马迪的合作与支持下，成立了私有的研究机构意大利研究与实验中心（Centro Itliano di Studi ed Esperienze，简称CISE），并得到了来自北方的企业家的支持，进行核能的研究和设计适用于和平用途的核反应堆（Rubbia，1991）[9]。1957年CNRN从CNR独立出来，并招募了来自米兰CISE中心的研究和技术人员，开始实施自己的研发项目。

通过这些新型独立于大学的科研组织的建立，意大利的高能物理学家们得以获得比在CNR那里所得的更多的资金，使年轻的优秀科学家得以摆脱大学传统教习体制的束缚，得到更多的发展机会。实际上，尽管INFN等独立科研组织在20世纪50年代初得以形成，但在那个时代意大利的专职研究人员无论在数量还是地位上都低于大学教授。为保持核物理这样具有大科学特征的学科处于前沿地位，也为了物理学家们自身的前途，20世纪50年代和60年代，意大利科学界经历了一个由物理学家主导的争取科研自主权力和地位的特殊时期。核物理学家们在这一时期更像是政治家，可以说是他们利用各种可能的方式通过自身努力才使意大利科研体系和政策发生了显著改变。

1948年之前，意大利没有供专职研究人员的合法永久职位。为数不多的CNR下属的科研机构的研究人员与科学家通过不懈的罢工和其他斗争方式，使意大利于1948年正式让专职研究人员的职位合法化，但这一职位的薪水等待遇等同于中学教师且只设置了41个科学家职位。1952年，CNR的官方刊物翻译并刊出美国科学家代表团访问意大利的报告，报告强调美国科研机构利用意大利廉价的科研人员与意大利科研机构进行合作的可能性，实际上刊登此文的目的是对独立科研机构及其组织化的公开支持（Cambrosio，1985）[471]。1955年，为有组织地争取提高物理学研究和物理学家的地位，200多名意大利物理学家发起成立了物理研究者联合会（Associazione Sindacade dei Ricercatori di Fisica，简称ASRF）。1956年7月，CNRN向政府提交了一份1 000亿里拉的五年计划（1952—1956年的预算只有50亿里拉）。两个月之后，ASRF于1956年9月11—12日在都灵召开了第一次会议，这次会议产生了一份共同决议，围绕CNRN的五年计划，呼吁政府将较多的钱投入到核物理这样的优势学科，这样将会产生多米诺骨牌效应，带动其他学科的发展并提高国家整体科学竞争力。此外，决议的另一内容是请求政府提高研究人员的社会经济地位，其中就包括要求政府无条件地增加INFN研究人员职位的数量。决议还提出将增加CNR研究人员职位数与控制其科研活动的质量和产出相结合，改革研究机构的内部组织等。物理学家们通过都灵会议成功地给政府施加了压力，并引起部分政治家与经济团体对意大利科学机构现代化的兴趣与支持。在此后的两年中，意大利政府将160亿里拉投入CNRN，用来建设INFN的第一座同步加速器。但物理学家们仍然认为政府的改变缓慢，ASRF不停地以各种方式提醒政府应尽的责任和义务，声称物理学对于国家社会、文化和经济发展的重要性，强调基础研究与应用研究存在不可分割的关联，提醒政府如果延迟资助核能研究将导致不可弥补的危害。1959年10月5—6日，ASRF在帕维亚召开第二次会议，当得知意大利政府新一轮的预算中没有对核能研究的支持，意味着核能研究将有可能被迫停止时，会议的议程便被临时改为商议如何应对即将发生的危机。会议决定将展开一系列向政府施压的斗争行动，包括会议、抗议和罢工。为了显示这些活动并不仅仅为了"黄油和面包"，而是从根本上为了意大利科学研究的发展，一个由著名物理学家组成的委员会开始负责领导罢工等一系列活动。物理学家的抗争活动一直持续到20世纪60年代中期，并得到了越来越多的社会团体的支持，包括商业联合会、学生联合会，以及林琴学院、物理学会，这使得越来越多的人关注意大利科研政策的制定。1960年核物理研究实验室的研究人员参加了为期3天的研究人员在意大利各主要城市的罢工活动和集会，迫使政府于1960年8月通过了成立国家核能委员会（Comitato Nazionale per l'Engergia Nucleare，简称CNEN，由国家核研究委员会改称）的法案，并在之后的4年投入750亿里拉的经费预算。

CNEN成立之后的三年中其规模得到迅速发展，人员一度达到2 000人。INFN在建立之初并无自己的工作人员，1967年已有研究人员340名。虽然经历了1963年的危机，但意大利核物理的优先地位并未改变，无论是资金、人力资源还是社会资源方面核物理都获得了更多，其成果也保持着领先地位。

可以说，战后意大利核物理研究的优势地位来自该学科自身的传统优势，但更来自意大利本土核物理学家对其地位和利益的有效争取，这一过程反映了意大利科学与政治之间的独特关系，也体现了战后意大利科学界是如何面临和应对大科学时代的危机和挑战的。从另一方面来说，伴随核物理学优势地位的确立和发展，意大利科学研究体系也发生着深刻的变化，在核物理这样的具有大科学特征的学科领域，独立科研机构代替了传统的大学教习制下相对分散的科研，发挥着重要的作用。与此同时，年轻的优秀科学家也在独立研究机构中找到更多的发展空间和机会，专职科研人员职位及其合法化也在意大利战后核物理发展中得以实现。

四、战后工业化发展及其与科学技术的关系

1. 战后工业化发展

第二次世界大战之后至20世纪70年代，意大利工业化与经济发展经历了由美援而支撑的重建时期以及50年代之后近20年的快速增长时期。意大利工业生产指数年增长率在这两个时期分别达到8.2%（1951—1961年）和6.6%（1961—1971年），这是意大利统一之后经济增长最快的20年，其发展速度超过了20世纪前10年的意大利工业革命兴起时期。之后，虽然经济增长开始显著变缓，但意大利在60—70年代成功跻身于世界主要工业国的行列。

具体来说，如果分时期来考察意大利战后工业化和经济发展，有以下特征：

1946—1951年的重建时期，两个不可忽略的因素使得意大利经济得以恢复，即美援和伊诺第（Luigi Einaudi）的货币政策。由于战争的破坏，意大利损失了约1/3的财富，75%的铁路被破坏，商船几乎全部被毁，农业生产降低至战前水平的60%，工业生产下降1/3（威利斯，1976）[17]。被破坏的经济加上战后旧殖民地的难民归国以及大批军人复员，意大利亟需外部援助以恢复经济，以同饥饿和失业做斗争。实际上，在马歇尔计划实施之前，联合国善后救济总署向意大利提供了价值4.17亿美元的谷物、煤和原料，同时美国给予意大利的补助和贷款达16亿美元。这些援助使政府能维持人们的最低生活水平，并促使工业生产重新进行（威利斯，1976）[18]。1947年，意大利总理

加斯贝利在美国的影响下在苏美对抗中选择了美国集团，受邀参加了由法、英主持、十四国集团参加的巴黎会议，这一选择使意大利获得了马歇尔计划的援助，共计15.19亿美元的补贴和0.96亿美元的拨款，占马歇尔计划援助总额的12%，而约70%的美援投入到工业、铁路和公共事业上（King，1985）[68]。美援对意大利经济恢复的作用除了使其获得重振工业所需的原料和动力资源之外，还在于支持了时任预算部长的伊诺第所制定的紧缩货币政策。由于有马歇尔计划的保证，伊诺第才敢大胆地用紧缩货币政策来应对通货膨胀。他在考察了意大利工业企业现状之后将其按生产和竞争潜力分类，仅将银行贷款信用给予那些有好的竞争实力的企业，其他企业则因不被支持而被收购或淘汰。伊诺第政策虽然暂时限制了生产和就业，但却稳定了产品价格和巩固了里拉的地位，使意大利工业的发展获得了一个更有竞争力的基础（King，1985）[68]，使意大利在采取自由化贸易政策的情况下能以较低廉的价格优势获得海外市场，带动工业生产的重新发展。

1951年是意大利战后经济回归正常的第一年，美援和伊诺第政策收到了实效，物价逐渐稳定，工业产值持续增长，失业率开始下降。意大利开始进入50—60年代的快速增长时期，工业化以前所未有的速度在发展。这期间，意大利人均国内生产总值年增长率仅低于德国，超过其他西欧国家，国民总收入的年均增长率也位列欧洲第二。1951—1961年的10年间，工业从业人员占全体从业人员的比重由29.4%上升到37.4%，公共事业职工的比重从26.7%上升至32.2%。制造业的产出与固定资产投资总额等指标的年增长率尤为突出（表3-11），制造业生产总值在1962年达到西欧的12.3%（瓦莱里奥，2000）[429]。

表3-11 1951—1971年意大利各主要指标年增长率（%）（King，1985）[71]

指标	1951—1957年	1958—1963年	1964—1971年
国民生产总值GNP	5.3	6.6	4.7
制造业产出	6.8	11.7	5.4
生产率	4.8	7.2	5.0
固定资产投资总额	9.8	10.2	1.6

在工业与经济总量迅速增长的同时，意大利经济无论是在工业结构上还是在地域上都具有明显的二元结构。快速增长集中在冶金、机械制造、化工、汽车工业等行业，特别是机械和运输工具制造业，这两个行业占制造业生产值的比重达到1/3。这些高速发展的行业同时达到了高生产率、高投资率、高利润率和市场控制的高度集中能力，这与其他处于生产效率低、设备与技术水平较差和活力不足的制造加工业形成了鲜明对比。与此同时，钢铁、化工、汽车和部分机械制造业的快速增长导致了有限的工业巨头在这些行业出现，这与其他为数众多的小企业的存在也形成了二元结构特征（表3-12）。

表3-12 意大利各行业的主要大型工业企业（1971年）（King，1985）[76]

企业	行业	年销售额/百万里拉	总资产/百万里拉	人数/人	排名（除美国外的200强）
Montedison	化工	1 158	2 281	142 326	8
Fiat	汽车	1 068	814	158 445	13
ENI	石油	722	2 013	59 960	28
Pirelli	轮胎	475	497	69 285	54
Italsider（IRI）	钢铁	443	1 325	37 427	64
Olivetti	打字机	296	166	60 681	101

续 表

企业	行业	年销售额/百万里拉	总资产/百万里拉	人数/人	排名（除美国外的200强）
Snia Viscosa	人造纤维	221	216	29 500	135
Alfa Romeo（IRI）	汽车	158	143	17 858	185

推动意大利战后大企业发展的因素来自多方面，其中，创办于20世纪30年代的大型国家控股集团工业复兴公司（Istituto per la Ricostruzione Industriale，简称IRI）在钢铁和部分机械制造业的发展中发挥了重要作用。IRI创办于1933年法西斯统治时期，其目的是利用国家资金来挽救、重组和资助在大萧条时期濒临倒闭的银行和私人企业。在1936年，IRI集团由融资部和投资部两部分组成，一方面，它负责研究1 500个以上的企业情况，资助那些值得帮助的企业；另一方面，它接管集团成立前国家干预的所有活动和出现的所有亏空，成为各家银行的债务人。在最严重的萧条时期过去后，它撤销了融资部，投资部完成了对国家、发行银行、银行和工业企业之间的关系的全面调整，并在大批重要企业中掌握了44%以上的股份资本，而且通过对一些基础行业的干预控制了其中一批企业。其投资行业主要集中在钢铁、造船、军火、能源等行业（瓦莱里奥，2000）[317-318]。如它在1937年成立的芬新德（Finsider）控制了当时意大利最主要的钢铁企业意大新德（Itasider）、特尔尼和达尔明（Dalmine）。这些企业产量已达全国生铁产量的77%，钢产量的45%，铁矿石产量的67%。它下属的另一集团芬麦坎尼卡（Finmeccanica）主要领域为汽车、电机、铁路机车制造和机械加工设备，其所控制的企业包括著名的阿尔法-罗密欧（Alfa Romeo）、安萨多和布雷达。

战后，IRI这样的在法西斯时期建立的大企业并没有被撤销，而是得以维持并继续扩张。1952年，IRI已控制了全国的各大银行，掌握了生铁和铁矿石生产的60%以上，军火生产的60%，铁路和有轨电车车辆制造、精密机械和电力生产的1/4份额，而且将60%的电话机和无线电业务纳入了IRI的利益范围（瓦莱里奥，2000）[448-449]。值得注意的是，战后意大利钢铁业排除了因国内原料供应缺乏而导致的悲观情绪，取得令人惊讶的显著发展的直接原因来自IRI所实施的西尼加利亚计划（Sinigaglia plan）。意大利的钢铁业在战时受到严重破坏，损失了约2/3的生铁冶炼和1/3的产钢能力（King，1985）[180]；加上意大利半岛煤矿和铁矿石资源的不足，致使国内部分人对未来钢铁生产产生了悲观估计。1950年，时任芬新德集团主席的西尼加利亚（Oscar Sinigaglia）出台了以IRI为龙头的钢铁工业发展计划，即西尼加利亚计划。通过该计划，IRI在意大利半岛的科尼利亚诺（Cornigliano）、巴尼奥利（Bagnoli）、皮翁比诺（Piombino）、塔兰托（Taranto）分别重建或新建了从生铁到钢的大型生产设施，各企业之间分工明确，实现了钢制品生产的专门化。这一计划取得了实效，证明意大利能够大规模生产在价格上具有国际竞争力的钢铁产品。到20世纪70年代末，意大利钢产量超过了英国、法国和比荷卢经济同盟，成为欧洲第二大产钢国。其钢铁产品在价格上也从20世纪50年代初的德、法价格的两倍降到具有能与其他欧洲国家产品抗衡的水平（瓦莱里奥，2000）[450]，这无疑为意大利机械制造业的发展提供了很好的保证。

除钢铁工业外，意大利的汽车工业、化学工业和机械工业也在战后呈规模化发展的态势。其中以FIAT为代表的汽车工业则是战后大型私有生产商快速发展的典型。实际上，意大利在1914年之前其汽车制造业就取得了国际地位。与这个国家在蒸汽-煤-铁时代的工业革命中的落后状况不同，意大利非常迅速地成功进入了汽车领域，而这要得益于意大利传统的技术专长、物理科学尤其是在电磁学领域的研究传统，以及19世纪90年代新的投资和银行体系等。1899—1907年，意大利共有40家与汽车制造相关的企业产生。其中最成功的一家是菲亚特（FIAT），由阿涅利（Giovanni Agnelli）于1899年在都灵创办。尽管阿涅利具有技术上的才能，但他并不是仅仅把汽车当作一种机械制品或运动上的刺激来做，其成功之处在于把汽车当作一件工业产品。他成功地说服权贵、金融家和工程师在一起工作，并很快使其产品在国际公路赛中获奖，其中最有名的是1907年的巴黎-北京汽车赛。由于意大利贵族对赛车的爱好以及大众多贫困，使得意大利汽车工业一开始并不定位生产廉价实用性汽车，而是生产运动和高档车。到1914年，汽车工业虽然发展得很好，但仍然处于手工技艺阶段，其年产量少于25 000辆，但这已满足国内需求。第一次世界大战导致实用汽车被大规模生产，卡车得以广泛使用和发展。在继德国和美国之后，意大利尤其是菲亚特也因大规模生产实用性汽车而闻名。到第二次世界大战时，菲亚特已是一家从生产到销售全过程一体化的公司，掌握了从铁矿开采到最后销售汽车的全部过程。

意大利汽车真正在产量上增长是在二战之后，尤其是20世纪50年代至1973年。1945—1949年菲亚特依靠马歇尔计划的雄厚资金，获得了所需的机器，而那个时期它主要关注国内市场和重建工作。1949年至20世纪50年代中期，由于受到关税保护，菲亚特使自己的产品控制了国内市场。1953年，为建立"600"型汽车的庞大生产线，菲亚特实施了一项3 000亿里拉的投资计划。当1958年欧洲共同市场成立之后，为应对来自欧洲伙伴的挑战，菲亚特继续实施庞大的投资计划。它每年的投资总额平均达1亿美元，主要用于新式设备和大规模自动化生产线的装备，其汽车和卡车的年产量由1958年的26.9万辆提高到1968年的140万辆（威利斯，1976）[225]。这些大规模扩张使菲亚特具备了大金融和工业王国的特点，由于大量辅助投资和对其他行业的带动效应，菲亚特汽车在20世纪60年代对意大利经济和社会生活形成了强大的冲击力，在很大程度上引导着意大利的经济发展。20世纪80年代，意大利的汽车工业吸收了20%的橡胶产品，12%的有色金属，10%的钢，5%的电气制品，以及4.5%的精密仪器和4.5%的塑料制品（King，1985）[198]。

　　除了大企业外，意大利的中小企业是二战后意大利工业二元结构中的另一重要部分。意大利中小企业的优势主要集中在纺织、服装、皮革制品、鞋类、陶瓷和金属制品、家具以及机械设备，在这些产业领域或特定的地域形成了一种具有灵活的创新能力的网络。这种产业集群式的中小企业网在意大利出口贸易中具有重要地位，被认为是意大利的国家竞争优势所在（波特，2002）[409]。比如在机械制造行业，除了IRI控制下的大规模企业外，意大利还有众多家庭式企业作坊，超过92%的企业雇佣的人数少于20人，其中机床制造是这类企业集群的典型。意大利的机床制造业是在60年代因汽车、家用电器和电子工业日益增长的需求而发展起来的。与众多传统的产业一样，机床生产几乎是建立在以北部中小企业构成的生产体系基础之上的，企业平均规模为82人，明显低于英国的270人和法国的188人。尽管如此，意大利在20世纪80年代成为世界第4大机床出口国，仅位于西德、日

本和瑞士之后（King，1985）[197]。建立在中小型企业基础之上的生产
体系之所以能形成竞争优势，一个关键因素是这些企业所赖以运作
的一种社会网络，一种具有高度个体灵活性和较低同一性的综合性社
会组织。这种社会结构能为企业合作、协调一致以及活跃的信息流动
提供坚实的基础，这为鼓励企业敢于冒险和引进创新提供了根本条件
（Colombo et al.，1997）[481]。这种社会网络在意大利通常是高度分化
的专门产业的行业协会，如机床企业家联合会（UCIMU），致力于
推动中小企业间的合作与协调，从而能为特定制造领域如皮革加工、
纺织和汽车的生产和出口提供一个完整的制造系统。从技术创新与经
济发展的角度来看，意大利最有效的生产要素不在其正式的研发上，
而在于它积极地吸收新技术和提升技术改良的能力。意大利中小企业
厂商通过和客户以及行业协会之间的关系，能够很快掌握新技术信息
并将新技术很快地转换与应用到更为专业和实际的用途上。这种中小
企业间形成的以地域和产业为基础的产业集群被认为是意大利在20世
纪80年代之后最有效的生产要素创造机制（波特，2002）[409]。

2. 工业化发展中的科学与技术

要达到客观考察意大利第二次世界大战后工业化发展与科学技
术的关系的目的，应该从意大利战后工业化和经济发展的主要动因入
手，并进一步讨论本土科学技术体系在这些推动战后工业化发展的力
量中的位置和作用。

首先，第二次世界大战结束到20世纪60年代末意大利的迅速重建
和经济高速增长是建立在以下条件下的：一是美援和一系列国际贷款
用于机械、钢铁和冶金部门的设备现代化，带来了工业生产能力的提
升；二是战后意大利选择加入西欧美国集团并采取自由贸易政策。相

对于其他欧洲国家来说，意大利劳动力工资增长缓慢，显著低于其劳动生产率的增长，这使它拥有丰富的廉价劳动力，加上设备和管理技术的引进显著提高了生产率，这两个因素使意大利出口产品具有巨大的竞争力，出口生产因此成为工业与经济发展的重要推动力。此外，天然气等新能源代替燃煤也成为这一时期经济增长的另一动力。

从技术进步对经济的贡献角度来说，这一时期被称为"经济奇迹"主要缘由是外援带来的技术引进和生产能力的提升，以及生产的结构性调整带来的生产率增长远高于劳动力成本的增长所产生的出口竞争力。

其次，意大利自身的科技研发投入与产出相对于经济发展的显著成果来说，是相对较弱的。据统计，意大利20世纪80年代的经济增长率高于经济合作与发展组织（OECD）国家的平均水平，是排名前5~6位的工业化国家之一。但相对于其经济增长，意大利研究与开发活动的发展却明显低于其他工业化国家。1980—1990年，意大利研究与开发经费的投入持续增长（图3-15），但从经费占GDP的比重来看始终较低，达到最高点的1990年亦未超过1.4%，这远远低于其他工业化国家。以1989年为例，意大利研究与开发经费占GDP的比重为1.23%，明显低于与其同为工业化强国的美国（2.82%）、日本（2.85%）、德国（2.88%）、法国（2.32%）和英国（2.20%）。20世纪90年代以后，意大利研究与开发经费投入未能维持持续增长的态势，经历了一段明显下降和缓慢回升的时期；至2000年之后该比重仍然徘徊在1%左右，仍低于其他主要工业国，也低于欧盟国家的平均水平（图3-16）。

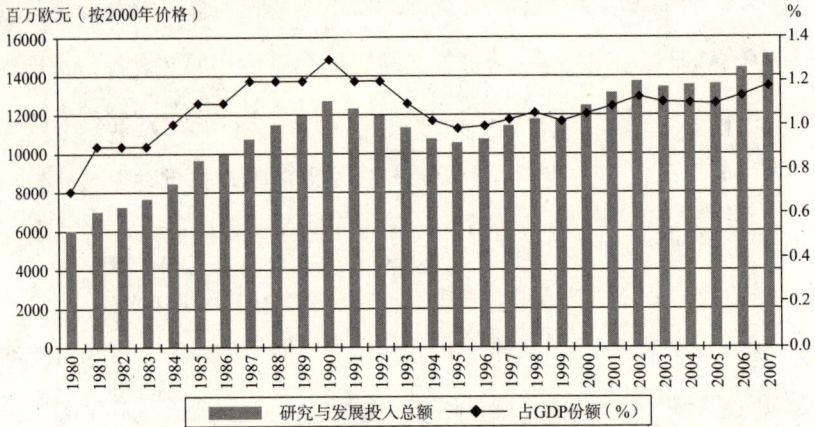

图3-15　意大利研究与开发年投入及其占GDP的比重（1980—2007年）

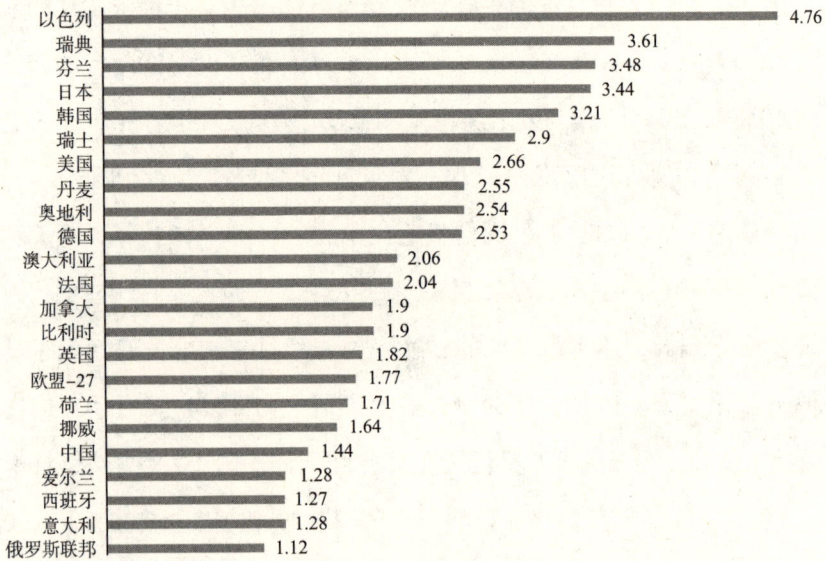

图3-16　2007年部分OECD国家和非OECD国家的研究与开发投入占GDP比重（%）

　　在明显较弱的科技研发投入下，意大利工业化发展在很大程度上并非依靠本国科技研发系统推动。一项名为"欧洲企业政策、适应能力与竞争力调查"（Policies，Appropriability and Competitiveness for European Enterprises，简称PACE）的研究表明，意大利企业创新过程中的科技含量与其他8个被研究的欧洲国家相当（比利时、丹麦、法国、德国、卢森堡、荷兰、西班牙和英国）。意大利企业在创新中倾向于使用与其他国家企业相同的科技知识，而且也使用类似的方法来保护技术知识，但意大利企业的知识来源和途径却显示出与其他国家的差异。作为知识创造的主体，意大利大学和公共研究机构所起的作用低于其他欧洲国家，此外，其创新的支撑要素，如技术协助项目和专利咨询等发挥的作用也不明显，公共研究在意大利作为应用知识、新技术和设备样机的来源的作用亦有限（Colombo et al., 1997）[487-488]。

　　那么，既然意大利从科技投入及其对工业发展的贡献程度来看非常有限，那么其战后工业化与经济快速增长除了来自最初20年以美援、自由贸易和欧洲共同市场为基础的新技术引进、生产结构和效率的提高以及相对廉价的劳动力带来的国际竞争力之外，在进入20世纪80年代之后，意大利的工业化发展中的中小企业传统所产生的产业集群越来越显示出其在适应高频率创新的生产和发展模式上的优势。正如前文中所描述的，意大利以中小企业为基础的产业集群，在特定地区和特定产业形成了富于经验和非常有利于快速吸收新技术并实现创新的一种社会网络和组织，这种源自产业整体组织的创新系统正是意大利能在本土科技研发能力较弱的情况下，使其得以维持竞争优势和社会经济发展的重要因素。在这种被意大利人称为"创新而不研究"的系统的作用下，意大利依靠一种有别于其他工业国家的路径而实现了现代化。

结　语

　　关于18世纪中叶至20世纪末意大利的现代化进程及其与科学技术

的关系，我们可以做以下几方面的概括，这是一条具有鲜明意大利特征的发展路径。

1. 在国家统一之前的18—19世纪，意大利半岛由伽利略时代产生的近代科学传统在一定程度上得以延续。拿破仑时代兴起的民族主义思潮不仅首次整合了分散的科学组织，也使复兴运动在意大利半岛全面兴起，最终产生了统一的意大利王国。

2. 国家的统一给意大利带来了工业化发展的契机，使工业革命在19世纪末至1914年在半岛兴起，虽然意大利的经济发展和收入水平仍然有限，但依靠对英、法技术的引进和有特点的消化，以及政府的保护性经济政策，意大利在纺织、机械制造、汽车和水电等领域发展显著。富有传统的科学研究和工程师培养为工业化发展提供了潜力。在一些科学研究和技术发展领域，意大利科学家仍然能够取得领先的成绩。

3. 意大利在战后经过快速发展，终于在20世纪60年代缩小了与英、德、法等国的差距，步入了发达工业国的行列。这一被称为"经济奇迹"的现代化进程，与意大利战后在政治和经济战略上的选择有密切关系。与西欧美国集团的结盟不仅使其获得巨额援助而实现重建，而且欧洲共同体市场、欧洲煤铁联盟为其相对廉价的工业生产带来了更大的发展空间。技术的引进及其带来的生产结构的调整是这一时期技术进步对国家经济发展的主要贡献。

4. 菲亚特等大型企业的规模化生产一度全面深刻影响着意大利的经济与社会发展，但意大利的中小企业传统越来越成为特殊的国家竞争优势。中小企业及其形成的产业集群和快速高效地应对新技术的模式，使意大利工业和经济发展在20世纪70年代危机之后得以持续。意大利的工业发展被认为是在很大程度上依靠这种"创新而不研究"

的过程推动的，而这一创新模式的根源被认为存在于国家文化和传统中，这一根源从文艺复兴之前至今从未消失。

5. 意大利在20世纪60年代之后建立和完善了以大学、国家科研机构以及企业为主体的科学技术系统，并推动国家层面的科学计划和决策，但科学被认为长期孤立于意大利国家社会经济发展体系。意大利政府也因此在20世纪90年代对此进行了较为深刻的讨论和反思。对历史的更深入的分析表明，意大利科学家和大学部分参与了意大利工业化，大学培养了高质量的人才，科学和技术知识被充分扩散，这使得机会到来时这个国家能迅速实现新的发展。

科学革命的先行者与技术革命的追随者——意大利

　　以科学革命、技术革命和国家现代化来梳理意大利的历史无疑是一个冒险的项目，因为它所涉及的是近代科学史、技术史和社会史、政治史等方面的最为关键也是最为复杂的问题。将科学革命置于国家或地区的与境之中也同样有着很大的难度，且是一个基础非常薄弱的研究领域。但通过对意大利自文艺复兴时期以降政府、科学与技术的互动的梳理，我们已可以得出以下的结论：

一、经济发展为科学家和技术专家职业的出现提供了基础

　　在科学革命的发生时期，意大利商业经济积累的大量财富和新兴阶级对政治、学术话语权的追求，使得研究技术与科学获得了经济资助，从而提高了研究技术和科学的专家的社会和经济地位。这是早期科学家和工程师，或者说科学家-工程师这一群体能够获得独立地位的基础。小城邦的自由政治也为学者思想的自由发展提供了保障。这

是意大利在科学革命早期成为欧洲最活跃的科学中心的社会与政治基础。中世纪末期，意大利成为欧洲商业经济的中心，商业经济的发展很可能是最早促进新的技术需求出现的重要原因。欧洲自身的工匠传统并不一定能够提供足够使技术出现革命性发展的需求，且工匠行会对自身利益的保护及眼界的局限也并不能为技术的发展提供足够的刺激。商人很可能有最早能够发现异地材料、产品的优势，并成为推动新技术发展的决定性力量。远距离航海技术的革命性发展正是在商业经济的需求推动下出现的。当然，这一需求也是由当时已经存在的技术而得以具体化。值得注意的是，意大利虽然在文艺复兴和科学革命初期成为欧洲技术和科学发展的重要中心，但在此后却在科学和技术方面较法国、英国等相对滞后，并最终成为工业革命的追随者。这与意大利半岛持续的战乱及小的城邦政府相对于教廷权力失衡有着很大的关联，因为意大利在19世纪之前确实未能成功地将商业经济转化为产业经济，而英国产业经济的发展确实是工业革命发生的一个重要根源。

二、在科学革命初期，技术为科学的发展提供了新的需求

以火炮技术为例，从意大利文艺复兴时期的技术与科学的发展我们可以看到，火炮技术的发展打破了原有的战场平衡，它提出了对进攻技术和防守技术的革新需求。我们看到对进攻技术的加强提出了对冶金技术、射击准确性等的技术需求，文艺复兴至早期科学革命时期，与这两类技术相关的科学确实有革命性的发展。对防守技术的加强不仅提供了对防御性建筑的需求，也提出了对新的防御工事和城市整体设计的需求，正是在这方面数学家得以介入。但值得注意的是，单纯应对这些技术的需求，科学家不需要进行欧几里得式的证明，不

需要强调新理论与亚里士多德自然哲学中相关内容的对立。科学家利用抛物在纸上的墨迹来探讨抛物理论，塔塔利亚等虽然是应军事需求开始注意抛物问题，但他们在得出新的理论之后，开始的是从哲学角度讨论运动的属性等问题。这显示出科学和技术专家追求目的的不同。

三、技术为科学的发展提供了新的研究对象

此方面，最为明显的是博物学的研究。航海技术的发展使得跨洋航行得以实现，美洲大陆的发现和欧亚之间的交通使得新的物种被发现并被带回欧洲，欧洲的博物学家们积极地投入到新物种的研究中。耶稣会士邓玉函远涉重洋来到中国的一个重要原因就是他要完成一部新的像普林尼《自然史》那样的著作。力学研究中，我们也可以经常看到由新技术提供的研究对象，对这些新对象的研究为科学家提出了新的对自然的认识的理论，机械论的宇宙观不仅以力学科学理论的发展为基础，也是从对机器的观察得出的。但同样的，科学的目的和技术的目的的不同，使得博物学的研究并不仅以新的经济物种的移植为目的，力学家也不仅以新机器的发明为目的。科学革命期间新的知识并不一定能够很快地被转化为技术发明，但为后期的工业革命打下了知识基础。

四、技术为科学的发展提供了新的研究手段

在此方面，具有代表性的是望远镜的发明。虽然科学家，如哥白尼、克拉维斯等早已提出数学证明可以与哲学、物理学证明具有等同的地位，并能够获得关于自然的真理，但这既未使得数学的地位得以获得真正的提升，也未能导致哥白尼宇宙体系被广泛接受。

五、类似于现代政府职能的出现和文化上的复古主义导致了人文主义的兴起

在人文主义的研究中，古代科学技术典籍被重新发现和追捧，这为科学在中世纪末期以后的发展及新科学的出现提供了基础。哥白尼体系的源泉不仅是数学，还有古代经典。在这个方面，科学革命时期发生的科学家与神学家之间的冲突并不能完全解释为宗教与科学的冲突，而更多地表现为知识等级制度和权力的冲突。耶稣会科学家不仅支持伽利略的研究，他们甚至提供了伽利略等科学家未发现的证据并以此论证经院哲学理论的错误性。宗教属性并未限制他们对科学的追求，限制他们的是教廷的权威与权力。以此为例，我们也可以更进一步探讨新教与科学的关系问题。前人研究已经证明新教本身并不能促进科学研究，但在新教与反新教的对抗过程中，世俗政权，也即类似于现代国家体制的政府获得了更大的权力，这在新教国家表现得更为明显。意大利中世纪之后发展出的城邦政府确实为科学革命早期科学的发展提供了基础，但战争环境中的弱势政府既不能发展出规模化的产业经济，也不能为其科学家提供必要的保护以抵御意识到新科学对其权威与权力具有挑战性的教廷的干预。

此处，我们并不是试图建立政府支持技术、技术促进科学的简单化的理论，但在科学革命早期，政府、技术、科学的互动关系确实为科学革命的发生提供了重要条件。

六、意大利在科学革命初期的中心地位并没有导致工业革命在亚平宁半岛的发生

从大环境来看，意大利的城邦体制促进了文艺复兴时期和科学革命早期科学和文化的繁荣与其在欧洲的核心地位，但自17世纪初开

始，意大利的经济开始明显衰退，同时，在意识到新科学和新知识对宗教神学知识体系的冲突之后，教廷对新科学的态度也更为审慎，并加强了控制。在此背景中，处于教廷势力辐射中心的意大利小城邦政府的抗衡力明显弱于法国、英国的世俗政权。到17世纪下半叶，处于整体经济衰退和战乱频发的意大利半岛很难在工业发展上与法国、英国等国家体制形成竞争。总之，从意大利科学、技术和政治体制互动的案例来看，现代国家制度的萌芽和经济与技术的发展确实对科学革命了出现起到了重要的影响作用，但科学革命的发生未必导致特定国家的工业革命与现代化的率先实现。

七、国家统一和近代科学传统是影响19至20世纪意大利现代化进程的两大重要因素

相对于文艺复兴和科学革命时期的突出地位，意大利半岛的发展在18世纪已经落后，但近代科学的学科和组织传统却保留下来，并在拿破仑入侵时期首次实现了整合。19世纪复兴运动之后，意大利在政治上成为具有统一主权的国家，成为推动科学和教育改革的重要力量，工业革命也在政府的保护政策下发生。

八、意大利主要通过对英、法等国技术的引进和有特点的消化实现自己的工业革命

对英、法等国技术的引进和有特点的消化，是意大利工业革命在19世纪末和20世纪初实现的主要路径，也是18世纪英国工业革命以后，技术全球化扩散的结果。国家统一后，政府强化保护性经济政策，进一步促进了意大利在机械制造、汽车、水电等领域的发展。北部地区富有传统的科学研究和工程师培养，也为工业化发展提供了潜

力和活力。在这些因素的影响下，意大利得以在欧洲现代化发展队伍中没有掉队，获得一席之地。

九、二战之后意大利的现代化发展具有鲜明意大利特征

意大利现代化的特征不仅表现在工业化发展的二元结构上，也体现在科研体系与国家经济发展之间的关系上。虽然菲亚特等大型企业一度深刻影响了意大利社会和经济发展，但中小企业传统越来越成为其国家竞争优势所在。中小企业形成的快速高效的"创新而不研究"的模式使意大利经济发展得以持续，这种创新模式的根源，被认为从文艺复兴之前至今从未消失。以大学、国家科研机构以及企业为主体的科学技术系统在战后得到完善，但科学被认为长期孤立于意大利国家社会经济发展体系，这引发了政府对此进行的深刻讨论和反思。

这更反映出，国家现代化与科学技术之间的关系，是深受国家文化与传统影响的和非线性的。正因为如此，意大利国家统一之后的现代化发展，才具有如此鲜明的意大利特征。

参考文献

埃特曼, 2010. 利维坦的诞生 [M]. 郭台辉, 译. 上海: 上海人民出版社: 44.

爱因斯坦, 2007. 物理学的进化 [M]. 长沙: 湖南教育出版社: 4.

巴特菲尔德, 1988. 近代科学的起源 [M]. 张丽萍, 译. 北京: 华夏出版社.

贝尔纳, 1959. 历史上的科学 [M]. 伍况甫, 等译. 北京: 科学出版社.

波特, 2002. 国家竞争优势 [M]. 李明轩, 邱如美, 译. 北京: 华夏出版社.

布克哈特, 1983. 意大利文艺复兴时期的文化 [M]. 何新, 译. 北京: 商务印书馆.

布鲁克, 2000. 科学与宗教 [M]. 苏贤贵, 译. 上海: 复旦大学出版社.

戴培德, 雷恩, 2008. 16—17世纪欧洲的力学与运动科学 [M]. 田淼, 译//张柏春, 田淼, 马深梦, 等, 传播与会通——《奇器图说》研究与校注. 南京: 江苏科技出版社.

丹皮尔, 1975. 科学史及其与哲学和宗教的关系 [M]. 北京: 商务印书馆.

狄博斯, 2000. 文艺复兴时期的人与自然 [M]. 周雁翎, 译. 上海: 复旦大学出版社.

格申克龙, 2009. 经济落后的历史透视 [M]. 北京: 商务印书馆.

赫德, 韦利, 1975. 意大利简史（下）[M]. 北京: 商务印书馆.

柯瓦雷, 2008. 伽利略研究 [M]. 刘胜利, 译. 北京: 北京大学出版社.

科恩 H, 2012. 科学革命的编史学研究 [M]. 张卜天, 译. 长沙: 湖南科学技术出版社.

科恩 I, 1999. 科学中的革命 [M]. 鲁旭东, 赵培杰, 宋振山, 译. 北京: 商务印书馆.

科恩 I, 2010. 新物理学的诞生 [M]. 张卜天, 译. 长沙: 湖南科学技术出版社: 20, 38.

克雷纳, 2013. 加德纳艺术通史 [M]. 李健群, 译. 长沙: 湖南美术出版社: 474.

勒布雷东, 2010. 人类身体史和现代性 [M]. 王圆圆, 译. 上海: 上海文艺出版社.

林德伯格, 2001. 西方科学的起源 [M]. 王珺, 译. 北京: 中国对外翻译出版公司.

刘景华, 张功耀, 2008. 欧洲文艺复兴史: 科学技术卷 [M]. 北京: 人民出版社: 314—315.

吕埃格, 2008. 欧洲大学史 [M]. 张斌贤, 译. 石家庄: 河北大学出版社.

马格纳, 2002. 生命科学史 [M]. 李难, 崔极谦, 王水平, 译. 北京: 百花文艺出版社.

玛格丽特, 2010. 欧洲文艺复兴（插图本）[M]. 李平, 译. 上海: 上海人民出版社: 94—100.

戎殿新, 罗红波, 1991. 意大利工业化之路 [M]. 北京: 经济日报出版社.

萨尔瓦托雷利, 1998. 意大利简史: 从史前到当代 [M]. 沈珩, 祝本雄, 译. 北京: 商务印书馆.

斯特雷耶, 2011. 现代国家的起源 [M]. 华佳, 王夏, 宗福常, 译. 上海: 上海人民出版社.

瓦莱里奥, 2000. 意大利经济史: 从统一到今天 [M]. 沈珩, 译. 北京: 商务印书馆.

威利斯, 1976. 意大利选择欧洲 [M]. 上海: 上海人民出版社.

沃尔夫, 1985. 十六、十七世纪科学、技术和哲学史 [M]. 周昌忠, 译. 北京: 商务印书馆: 468.

沃尔夫, 2011. 十六、十七世纪科学、技术和哲学史 (上册) [M]. 周昌忠, 译. 北京: 商务印书馆: 9.

詹姆士, 2004. 伽利略 [M]. 褚耐安, 译. 台北: 世潮出版公司.

张雄, 2000. "自由意大利" 时期的工业化进程研究 [D]. 北京: 北京大学.

AMATORIF, 1999. Storia d' Italia 15: L' industria [M]. Torino: Einaudi.

ANDRIOLI G, TRINCIA G, 2004. Padua: The renaissance of human anatomy and medicine [J]. Neurosurgery, 55 (4): 746-755.

ARISTOTLE, 1996. On the heavens [M]. Cambridge, Mass.: Harvard University Press.

BIAGIOLI M, 1989. The social status of Italian mathematicians, 1450—1600 [J]. History of Science, 27 (1): 41-95.

BIAGIOLI M, 1992. Scientific revolution, social bricolage, and etiquette [M] //PORTER, TEICH, The scientific revolution in national context.Cambridge: Cambridge University Press.

BIAGIOLI M, 1993. Galileo courtier: the practice of science in the culture of absolutism [M]. Chicago and London: University of Chicago Press.

BIGATTI G, 1988. Commercianti e imprenditori nella Milano postunitaria: Le origini della Riva（1861—1896）[J]. Storia e societa, 11: 53-99.

BIRINGUCCIO V, 1942. Cycil Stanley Smith and Matha Teach Gnudi [M]. PIRATECHNIA, trans. Cambridge, Mass.: M. I. T. Press: 36.

BLACK R, 2007. The philosopher and renaissance culture [M] // HANKINS J, The Cambridge companion to renaissance philosophy. Cambridge University Press: 17-19.

BLAENKNER R, 1992. 'Aboslutismus' und 'fruhmoderner Staat: problem und perspekti vender forschung [M] //VIERHAUSR, Fruhe Neuzeit-Fruehe Modern Forschungen zur Vielschichtigkeit von Üebergangsprozes. Goettingen: Vandenhoeck & Ruprecht.

BLANCHI L, 2007. Continuity and change in the Aristotelian tradition [M] // HANKINS J, 2007.The Cambridge companion to renaissance philosophy. Cambridge: Cambridge University Press.

BURCKHARDT J, 2012. The Civilisation of the Renaissance in Italy [M]. Middlemore S, Trans.Oxford: Benediction Classics: 4.

BÜTTNER J, 2001. Galileo' s Cosmogony [M] Orotava: Fundación Canaria Orotava de Historia de la Ciencia.

CAFAGNA, 1994. The industrial revolution in Italy, 1830—1914 [M] // FEDERICO, The economic development of Italy since 1870. Aldershot: Edward Elgar Publishing Limited.

CAMBROSIO A, 1985. The dominance of nuclear physics in Italian Science Policy [J]. Minerva. 23 (4): 464-484.

CARUANA L, 2008. The Jesuits and the quite side of the scientific revolution [M] // WORCESTER T, the Cambridge companion to the Jesuits. Cambridge: Cambridge University Press: 243-260.

CASPAR M, 1993. Kepler [M]. New York: Dover.

CASSATA F, POGLIANO C, 2011. storia d' Italia 26: scienze e cultura dell' Italia unita [M]. Torino: Giulio Einaudi.

CELENZA C, 2007. The platonic revival [M] //HANKINS J, The Cambridge companion to renaissance philosophy. Cambridge: Cambridge University Press.

CHOULANT J, 1920. History and bibliography of anatomic illustration [M]. FRANK M, trans, Chicago: University of Chicago Press.

CLAVIUS C, 1612. Opera mathematica [M]. Mainz: [s.n.].

COHEN J, 1966. Finance and industrialization in Italy, 1894—1914 [D]. University of California, Berkeley.

COLOMBO U, LANZAVECCBIA G, 1997. Science and technology in Italian industry: A unique model [J]. Technology and Society, 19 (3/4): 467-491.

DACKERMAN S, 2011. Prints and the pursuit of knowledge in early modern Europe [M]. Cambridge Mass.: Harvard Art Museums.

DAVOS J, 1991. Technology and innovation in an industrial latecomer: Italy in the nineteenth century [M] //MATHIAS P, DAVIS J, Innovation and technology in Europe: from the eighteenth century to the present day. Oxford: Basil Blackwell Ltd.: 84.

DETWILER D, 1999. Germany: a short history [M]. Carbondale: Southern Illinois University Press.

DOOLEY B, 1989. Social control and the Italian universities: from renaissance to illuminismo [J]. Journal of Modern History, 61 (2): 205-239.

DRAKE S, 1970. Early science and the printed book: the spread of science beyond the universities [J]. Renaissance and Reformation, 6 (3): 43-52.

DRAKE S, DRABKIN I, 1969. Mechanics in sixteenth-century Italy [M]. London: The University of Wisconsin Press.

EAMON W, 1985. Science and popular culture in sixteenth century Italy: the "professors of secrets" and their books [J]. The Sixteenth Century Journal, 16 (4): 471-485.

FEDERICO G, 1994. The economic development of Italy since 1870 [M]. Aldershot: Edward Elgar Publishing Limited.

FELDHAY R. 1995. Gelileo and the church: political inquisition or critical dialogue? [M]. Cambridge: Cambridge University Press.

FERRIRO L, 2007, Ships and science, the birth of naval architecture in the scientific revolution, 1600—1800 [M]. Cambridge: The Mit Press.

FESTA E, ROUX S, 2008. The enigma of the inclined plane from Heron to Galileo [M] //Laird W, Roux S, Mechanics and natural philosophy before the scientific revolution. Dordrecht: Springer.

FINDIEN P, 1991. The economy of scientific exchange in early modern Italy [M] // MORAN B T. Patronage and institutions science, technology, and medicine at the European court. Cambridge: the Boydell Press: 5-25.

FINOCCHIARO M A, 2010. Defending Copernicus and Galileo: Critical reasoning in the two affairs. Dordrecht: Springer.

FREUDENTHAL G, MCLAUGHLIN P, 2009. The social and economic roots of the scientific revolution [M]. Dordrecht: Springer.

GALILEI G, 1967. Le opere di Galileo Galilei [M]. Ann Arbor, Michigan: University of Michigan Library.

GAVROGLU K, 1999. The sciences in the European periphery during the enlightment [M]. Dordtecht: Kluwer Academic Publishers.

GIORDANO F, 1864. Industria del Ferro in Italia [M]. Torino: Tipografia Cotta e Capellino.

GREENAWAY F, 1996. Science internation: A history of the internation council of scientific unions [M]. Cambridge: Cambridge University Press.

GRENDLER P, 2002. The universities of the Italian renaissance [M]. Baltimore: The Johns Hopkins University Press.

GROSSMANN H, 2009. Descarts and the social origins of the mechanistic concept of the world [M] //FREUDENTAL G, MCLAUGHLIN P, The social and economic roots of the scientific revolution. Dordrecht: Springer: 157-229.

GUAGNINI A, 1988. Higher education and the engineering profession in Italy: The scuole of Milan and Turn, 1859—1914 [J].

Minerva, 26 (4).

GUERRAGGIO A, PAOLONI G, 2012. Vito Volterra [M]. New York: Springer.

HANKINS J, 2007. The Cambridge companion to renaissance philosophy [M]. Cambridge: Cambridge University Press.

HASKINS C, 1927. The Latin iterature of sport [J]. Speculum, 2(3).

HELBING M, 2008. Mechanics and natural philosophy in late 16th-century Pisa [M]. Berlin: Springe Netherlands.

HENRY J, 2002. The scientific revolution and the origins of modern science [M]. Houndmills: Palgrave.

HESSEN B, 2009. The social and economic roots of Newton's principia [M]//FREUDENTAL G, MCLAUGHLIN P, The social and economic roots of the scientific revolution. Dordrecht: Springer.

HIDALGO C, 1997. Science and technology in Southern Europe: Spain, Portugal, Greece and Italy [M]. London: Cartermill Publishing.

HOLMES G, 2001. The Oxford history of medieval Europe [M]. Oxford: Oxford University Press.

IVINS W, 1952. What about the fabrica of Vesalius? [M]//Three Vesalian essays. New York: Macmillan.

KAGAN R, 1986. University in Italy, 1500—1700 [M]//JULIA D, REVEL J, CHARTIER R, Les universitiés européenes du XVIe au XVIIIe siècle. Paris: Éecloe des hautes études en sciences sociales: 153-186.

KING R, 1985. The industrial geography of Italy [M]. London and Sydney: Croom Helm.

KLESTINEC C, 2004. A History of Anatomy Theaters in sixteenth-century Padua [J]. Journal of the history of medicine and allied sciences, 59 (3): 375-412.

KNOBLOCH E, 1995. L' oeuvre de Clavius et ses sources scientifiques [M] //GIARD L, Les Jésuites a la renaissance système éducatif et production du savoir.Paris: Presses Universitaires de France.

KUHN T, 1965. The copernican revolution [M]. Cambridge: Harvard University Press.

KUHN, T, 1970. The structure of scientific revolutions [M]. Chicago: University of Chicago Press.

LATTIS J, 1994. Between Copernicus and Galileo: Christoph Clavius and the collapse of Ptolemaic cosmology [M]. Chicago: University of Chicago Press.

LEFÈVRE W, 2001. Galileo engineer: Art and modern science [M] // RENN J, Galileo in context. Cambridge: Cambridge University Press.

MACHIAVELLI N, 1961. The Prince [M].GEORGE BULL, trans. Harmondsworth: Penguin Books: 121.

MACLACHLAN J, 1997. First physicist [M]. Oxford: Oxford University Press.

MALANIMA P, ZAMAGNI V, 2010. 150 years of the Italian economy, 1860—2010 [J]. Journal of modern Italian studies, 15 (1): 1-20.

MALLEY C, 1965. Andreas vesalius of Brussels: 1514—1564 [M]. Berkerley: University of California Press.

MARSHALL C, 1968. Nicole Oresme and the Medieval Geometry of Qualities and Motion [M]. Madison: University of Wisconsin Press.

MARTINES L, 1979. Power and imagination: city-states in renaissance Italy [M]. New York: Random House.

MCCLELLAN J, Dorn H, 1999. Science and technology in world history—an introduction [M]. Baltimore and London: The Johns Hopkins University Press.

MERGER M, 1986. Un modello di sostituzione: la locomotiva italiana dal 1850 al 1914 [J]. Rivista di Storia Economica, 3 (1).

MERTON R, 1939. Science and economy of seventeenth century England [J]. Science and Society, 3 (1): 3-27.

MERTON R, 1970. Science, technology and society in seventeenth-century England [M]. New York: Howard Fertig.

MICHELI G, 1980. Storia D' Italia 3: Scienza e tecnica nella cultura e nella società dal Rinascimento a oggi [M]. Torino: Einaudi.

MINERVA, 1964. Scientific policy in Italy [J]. Minerva, 2: 210-231.

MITCH D, BROWN J, LEEUWEN M, 2004. Origins of the modern career [M]. Aldershot: Ashgate Publishing Ltd.

MURPHY P, 2008. Jesuit Rome and Italy [M]//WORCESTER T, The Cambridge companion to the jesuits. Cambridge: Cambridge University Press: 72-73.

NAUERT C, 1995. Humanism and the culture of renaissance Europe [M]. Cambridge: Cambridge University Press.

NAYLOR R, 1974. The evolution of an experiment: Guidobaldo del Monte and Galileo' s discorsi demonstration of the parabolic trajectory [J]. Physis, 16 (4): 323-346.

NELSON E, 2007. The problem of the prince [M]//HANKINS

J, The Cambridge companion to renaissance philosophy. Cambridge: Cambridge University Press.

O' BRIEN P, 2001. Technology and naval combat in the twentieth century and beyond [M]. London: Frank Cass Publishers.

OECD, 1992. Reviews of national science and technology policy: Italy [R]. Paris: OECD.

OMODEO P, TUPIKOVAL I, 2012. Aristotle and Ptolemy on geocentrism: diverging argumentative strategies and epistemologies [M]. Berlin: Max-Planck-Institute for History of Science.

OSBORNE H, 1970. The Oxford companion to art [M]. Oxford: Clarendon Press.

PAOLETTI C, 2008. Amilitary history of Italy [M]. Westport: Greenwood Publishing Group.

PARK K, DASTON L, 2008. Cambridge history of science, early modern science [M] Cambridge: Cambridge University Press.

PARSONS W, 1939. Engineers and engineering in the renaissance [M]. Cambridge Mass.: M.I.T. Pres. 347-348.

PATRIARCA S, 2003. Numbers and nationhood: writing statistics in nineteenth-century Italy [M]. Cambridge: Cambridge University Press.

PEPE L, 2002. Volta, the istitutonazionale and scientific communication in early nineteenth-century Italy [J]. Nuova Voltiana: Studies on Volta and his Time. 4: 101-116.

PRODT P, 1987. The papal prince: one body and two souls: the Papal Monarchy in Early Modern Eruope [M]. Cambridge: Cambridge University Press.

PTOLEMY, 1984. Almagest［M］//TOOMER G, Ptolemy's almagest. New York: Springer.

PUCA A, 2011. L'impossibile modernizzazione L'industria di base meridionale tra liberismo e protezionismo: il caso di Pietrarsa（1840—1882）［M］. Fisciano: Tipografia Gutenberg.

RAVEUX O, 2000. Un technicien britannique en Europe Meridionale: Philip Taylor（1786—1870）［J］. Histore, Economie et Societe. 19（2）: 253-266.

RENN J, 2001. Galileo in context［M］. Cambridge: Cambridge University Press.

ROSE P, DRAKE S, 1971. The Pseudo-Aristotelian questions of mechanics in renaissance culture［J］. Studies in the Renaissance, 18: 65-104.

ROSSI P, 1970. Philosophy, technology, and the arts in early modern Era［M］. New York: Harper and Row: 42-62.

ROW T, 1988. Economic nationalism in Italy: the Ansaldo Company, 1882—1921［D］. Baltimore: Johns Hopkins University.

RUBBIA C, 1991. Edoardo amaldi: Scientific statesman［J］. Geneva: CERN.

SCHMITT C, 1976. Science in the Italian universities in the sixteenth and early seventeenth century［M］//CROSLAND M, The emergence of science in Western Europe. New York: Science History Publications.

SCHRAM A, 1997. Railways and the formation of the Italian state in the nineteenth century［M］. Cambridge: Cambridge University Press.

SERENE E, 1982. Demonstrative science［M］//KRETZMANN N,

KENNY A, The Cambridge history of later medieval philosophy: from the rediscovery of Aristotle to the disintegration of scholarsticism, 1100—1600. Cambridge: Cambridge University Press: 496-517.

SINGER C, 1922. The discovery of the circulation of the blood [M]. London: G. Bell & Sons, Ltd.

SYLLA E, 1991. The Oxfor calculators and the mathematics of motion, 1320—1350: physics and measurements by latitudes [M]. New York: Garland Publishers.

THOREN V, 1990. The Lord of Uraniborg: a biography of Tycho Brahe [M]. Cambridge: Cambridge University Press.

TONIOLO G, 1990. An economic history of liberal Italy: 1850—1918 [M]. London: Routledge.

UDIAS A, 2015. Jesuit contribution to science: A history [M]. Cambridge: Springer.

VALLERIANI M, 2006. From condensation to compression: How renaissance Italian engineers approached hero's pneumatics [M]. Berlin: Max Planck Institute for the History of Science.

VALLERIANI M, 2010. Galileo engineer. [M]. Dordrecht, Heidelberg, London, New York: Springer: 3-12.

WALLACE W, 1978. Galileo Galilei and the doctores parisienses [M] //BUTTS R, PITT J, New perspectives on Galileo. Dordrecht: Springer: 86-138.

WALLACE W. 1992. Galileo's logic of discovery and proof: the background, content, and use of his appropriated treatises on Aristotle's posterior analytics [M]. Cambridge: Springer: 111-114.

WESTFALL R, 1985. Science and Patronage: Galileo and the Telescope [J]. Isis, 76 (1): 11-30.

WESTMAN R S, 2003. Competing disciplines [M] //HELLYER M. The scientific revolution: the essential reading. [S.l.]: Blackwell Publishing: 44-71.

WHITE A, 1993. A history of the warfare of science with theology in christendom [M]. New York: Prometheus Books.

WILSON D, 2000. The historiography of science and religion [M] // FERNGREN G B, The history of science and religion in the western tradition: an encyclopedia. New York: Garland Publishing, INC.

后　记

　　本书为中国科学院自然科学史研究所"科学技术革命与国家现代化研究"项目的一部分。在五年的研究过程中，课题组成员田淼、方一兵、陈悦、李昂和赵振江曾共同研究相关文献并对一些问题进行探讨。虽然各章节的写作有确定的分工，但全书仍可视为整个课题组协同合作的成果。全书最后由我统稿，难免挂一漏万，如有不当，还望各位读者与作者批评。另外，此研究也从项目研讨会及与德国马普学会科学史研究所同行的探讨中受益。感谢自然科学史研究所图书馆与马普学会科学史研究所图书馆为我们查阅资料提供便利。感谢意大利卡西诺大学的马可·切卡莱利（Marco Ceccarelli）教授参与研究19世纪意大利工业化并帮助查找资料。感谢陈朴博士和在读博士生李明洋同学协助收集资料。

　　科学革命、工业革命（技术革命）和国家现代化是近代科技史、政治史和社会史研究的重大议题。对其中任何一个议题，甚至更具体的问题的研究都可以成为学者致力终生的事业。在五年内完成对这三个议题及其相关关系的认识与阐述几乎是无法完成的任务，这也注定本研究仅能选取特定的视角和涉及非常有限的内容。不过，我们发现，将科学、技术和国家政体的关键转变过程及其互动关系一并加以思考，确实可以得出很多新的认识。

对此课题的工作，我们自始至终心怀忐忑。我们习惯于基于自己掌握的原始资料去接近历史真相的研究方式。贸然进入这样一个重大的新领域，要仰赖前人所做的大量研究，无论是研究内容还是研究方法，都让我们一时无所适从。经过数年的努力，通过大量的阅读和思考，我们终归要将自己的工作展现给读者。而在这一过程中，对于这一宏大的历史进程有了自己的理解和认识，从中获益最多的应该是我们自己。感谢自然科学史研究所为我们提供了这一宝贵的探索机会。

本书展现的仅是我们的阶段性成果。我们会在今后继续进行这一方向的研究。希望得到学界同仁和读者的批评指正与宝贵建议。

田 淼

2017年6月5日于北京